中小企業経営者のための
事業の「終活」実践セミナー

親族内事業承継・M&A・廃業の考え方・進め方

LM法律事務所
株式会社コンサルティング・モール [編著]

清文社

はしがき

　中小企業の経営者にとってその引き際は、定年がないだけにその時期と方法の判断が悩ましいものです。積年の苦労の結晶である会社を親族に円滑に承継させ、あるいはその価値を最大化して他に譲渡することは、言うは易く、いざこれを実行するとなるとたいへんです。本書は、「就活」ならぬ「終活」に悩みをかかえる多くの中小企業経営者にハッピーリタイアへの道案内をしようとするものです。

　第1章「経営者のための事業終活の考え方」では、会社の現状把握の方法とその状況ごとの事業終活パターン（事業承継、M＆A、廃業等）をできるだけ平易に説明し、それぞれの会社にどの方法がもっとも最適な解決策であるか、そのポイントを示しています。避けられない専門用語には、さらに「コラム」でかみ砕いて詳細な解説を加えました。

　さて、自分の会社がどのパターンに当たるのか、とりあえずの自己診断ができましたら、先に進んでください。後継ぎとなる親族がいる場合には、第2章「親族内の事業承継」をお読みください。この場合は、時間をかけて計画的に事業承継のための準備を進めるべきですが、特に注意すべきは税金対策です。あいにく親族に後継者候補が見つからない場合には、第3章「後継者がいない場合の事業承継」に進みます。ここでは第三者への事業承継、M＆Aを円滑に進める方法を中心に解説しています。第4章「資金繰りが苦しいときの対処法」は、効率的な事業の立て直しと円滑な事業承継の方法を、第5章「廃業という選択肢」では、従業員、取引先などの関係者に迷惑をかけず、しかも経営者とその家族のこれからの生活を守るためにはどうしたらよいのか、どのような点に気を付けなければならないのかをアドバイスしています。

　本書は、日頃から中小企業経営者の相談に数多く対応しているLM法

律事務所の弁護士と税務・会計の専門家集団である株式会社コンサルティング・モールとが共同で執筆したものです。本書が、中小企業経営者、中小企業支援を行う実務家などの関係者に活用され、円満で円滑な「終活」が促進され、ハッピーリタイアできる方が増えることになれば幸いです。

2015年盛夏

ＬＭ法律事務所代表パートナー
弁護士　瀬戸英雄

目 次

第1章 経営者のための事業終活の考え方

第1節 経営者の終活セミナー（前編）
―現状把握のポイントと終活の方向性― …… 3

1 終活の方向性を決めるためのポイント …………………… 4
2 会社の現状を把握しよう ………………………………… 5
3 終活の方向性 ……………………………………………… 14
4 「事業引継ぎ」が国の重要課題に ………………………… 16

第2節 経営者の終活セミナー（後編）
―どの部屋で個別相談を受けていただくか― …… 17

1 会社の経営状態が良く、将来性もある場合 ……………… 17
2 財産状況、収益性、将来性のいずれかに問題がある場合 …… 20
3 会社の経営状態が悪く、将来性も見いだせない場合 ………… 23

第2章 親族内の事業承継

第1節　事業承継の準備を始めよう　……… 26
1　事業承継の準備をしよう ……………………………………… 28
2　後継者に求められることを理解しよう …………………… 31
3　後継者を代表取締役にするタイミングと株式承継のタイミングは？ … 34
4　事業承継計画を作ってみよう ……………………………… 36

第2節　事業承継に向けた検討を始めよう　……… 37
1　株式の承継方法を検討しよう ……………………………… 39
2　承継させる株式の割合を検討しよう ……………………… 45

第3節　「売買による株式の譲渡」を詳しく知ろう　… 48
1　売買による譲渡の特徴を知ろう …………………………… 49
2　売買の際に経営者・後継者にかかる税金を知ろう ……… 50
3　売買手続上の留意点を知ろう ……………………………… 54

第4節　「贈与による株式の譲渡」を詳しく知ろう　… 56
1　贈与による株式譲渡の特徴を知ろう ……………………… 57

2　贈与に伴う税負担を軽くする方法	58
3　贈与税の納税猶予制度を知ろう	68

第5節　「遺贈による株式の譲渡」を詳しく知ろう　…　76

1　遺贈による譲渡の特徴を知ろう	77
2　遺言について知ろう	78
3　遺留分に注意しよう	80
4　相続税に注意しよう	89
5　相続税の納税猶予制度を知ろう	92

第6節　株式が分散している場合の対策を知ろう　…　99

1　現在の株式の状況を知ろう	100
2　株式集約の方法を知ろう	103

第7節　自社株式の評価方法を知ろう　…………　106

1　どうして会社の株式の評価が必要なのか？	108
2　非上場株式の評価方式の選択について知ろう	109
3　原則的評価方式を知ろう	114
4　特例的評価方式を知ろう	120
5　会社の株式の評価額を下げる工夫を知ろう	122

第3章 後継者がいない場合の事業承継

第1節 M＆Aによる事業承継 …… 126

1 第三者への事業承継（M＆A） …… 128
2 M＆Aの検討は早めに …… 130
3 M＆Aの方法 …… 131
4 M＆Aと従業員の処遇 …… 141

第2節 売却先の探し方 …… 145

1 売却先の探し方 …… 146
2 タテヨコ法則とシナジー効果 …… 146

第3節 会社の価値の評価 …… 152

1 いくらで売れるのか　バリュエーション（Valuation） …… 154
2 実態貸借対照表、実態損益計算書を作ってみよう …… 162
3 事業計画を作ってみよう …… 168
4 専門家への委託 …… 172

第4節 M&Aの流れ …… 173

1 まずは相談できる専門家を見つけること …… 175
2 相談すると専門家がはじめにすることは？ …… 177
3 会社のPR資料づくり、情報発信 …… 178
4 秘密保持契約の締結、基本情報の開示、基本条件の交渉 …… 179
5 基本合意書の締結 …… 181
6 デューデリジェンスとは？ …… 183
7 最終条件交渉、最終契約の締結、M&A取引の実行へ（クロージング）… 184
8 従業員・取引先に対する説明、新体制のスタートへ …… 185

第5節 より売りやすく、安心して売るために …… 186

1 事前に問題点を解決しておくのが理想 …… 187
2 株式に関する問題 …… 188
3 労務に関係する潜在的債務 …… 188
4 会社と個人の経理の混同 …… 189

第6節 税金対策 …… 191

1 M&Aスキームと税金の種類 …… 192
2 M&Aでの主な税金 …… 197

第7節 取締役・従業員への譲渡（MBO／EBO）… 198

1 MBOとは …… 199
2 MBOの資金調達方法 …… 200

3 MBOの経営者保証問題 ･････････････････････････････････････ 203

第4章 資金繰りが苦しいときの対処法

第1節 資金繰りの把握 ････････････････ 206

1 資金繰り表の必要性 ･･････････････････････････････････････ 207
2 資金繰り実績表と資金繰り予定表 ･･････････････････････････ 208
3 資金繰り表の3つの要素 ･･････････････････････････････････ 209
4 資金繰り表の分析 ･･ 211
5 危機的な状況における日次資金繰り表の作成 ･･････････････････ 213
6 資金繰り表の更新 ･･ 214

第2節 資金繰り改善のための選択肢 ････････ 215

1 資金繰り改善の方法 ･･････････････････････････････････････ 216
2 対応策の選択 ･･ 217

第3節 自力での資金繰り改善 ･･････････････ 221

1 経営者の心構えとは ･･････････････････････････････････････ 222
2 資金繰り改善の切り口は何か ･･････････････････････････････ 223

(6)

第4節 金融機関との交渉、経営者による保証への対応 … 232

1 金融機関交渉 …………………………………………… 233
2 保証人の責任についての対応 ………………………… 248

第5節 法的整理を用いた事業の再生 …………… 252

1 事業承継のために法的整理を用いるのに適しているのはどのような場合か … 253
2 法的整理とはどのようなものか ……………………… 255
3 民事再生手続を申し立てるために検討すべき事項 …… 259
4 事業承継を可能にするための再生計画案とはどのようなものか … 263
5 民事再生手続における税務面の問題点 ………………… 267
6 経営者など保証人の責任 ……………………………… 271

第5章 廃業という選択肢

第1節 事業の廃止に向けて ………………… 274

1 会社の財産状況によって事業の廃止方法が異なる ……… 276
2 資産超過か債務超過か ………………………………… 277
3 経営者個人の保証債務あるいは個人資産に設定した担保の取扱い … 279
4 事業を終わらせるタイミング ………………………… 282

第2節 通常清算手続 285
1 通常清算手続の流れ 286
2 通常清算手続に向けた準備として何をすればよいか 288

第3節 破産手続・特別清算手続 294
1 破産手続とは 296
2 特別清算手続とは 301

第4節 保証債務の整理方法 303
1 自宅を残すことができるか―経営者保証ガイドライン 304
2 自宅を残すためのその他の方法 307

第5節 会社を清算する場合の会計・税務を把握しておこう 309
1 清算手続中の決算と税務申告 312
2 清算手続における税金還付 314
3 資産を売却した場合に発生する税金 316
4 経営者個人の税金 318

終章 セミナーを終えて

第1節　事業も順調で後継者もいるＡ社長 ····· 325

第2節　後継者がいなくてＭ＆Ａを考えているＢ社長 ··· 327

第3節　資金繰りに苦しんでいるＣ社長 ········ 329

第4節　廃業を考えているＤ社長 ·············· 331

第5節　最後に ····························· 334

コラム目次

第1章　経営者のための事業終活の考え方
貸借対照表とは　　6
債務超過とは　　7
損益計算書とは　　9
キャッシュフロー計算書とは　　10
ＳＷＯＴ分析　　12

第2章　親族内の事業承継
株式の承継だけで足りるか？　　47
親族図　　62
遺言の種類　　79
中小企業における経営の承継の円滑化に関する法律　　87
遺留分の特例を受けるための手続　　88
相続人が相続した会社株式を会社に買い取ってもらう場合の特例　　97
従業員持株会を利用した節税策　　97
株式発行に必要な手続を経ていなかった場合は？　　102
有限会社だと何か違うのか？　　102
売渡請求制度　　104
議決権制限株式　　105
同族株主がいない会社の株式評価　　111
類似業種比準方式が適用されない会社　　119

第3章　後継者がいない場合の事業承継
チェンジオブコントロール条項について　　133
株式譲渡における留意点　　134
「事業」とは　　134
事業譲渡後の留意点　　136
資産や許認可を目的とするＭ＆Ａ　　141

労働契約承継法について　143

様々なシナジー効果　151

「のれん」ってどんなもの？　156

社長保有の不動産　158

割引計算　159

プレミアムとディスカウント　161

時価の把握が難しい資産の評価　164

繰延税金資産・負債　166

統計データとは　170

不正競争防止法と秘密保持契約　180

基本合意書の法的拘束力　182

独占交渉権の付与　182

過大退職金に注意　194

赤字法人は売れるのか　196

投資ファンドの利用　202

Ｍ＆Ａの多様な利用法　204

第4章　資金繰りが苦しいときの対処法

アップセルとクロスセル　225

固定費の変動費化　229

経営革新等支援機関認定制度の利用　231

金融円滑化法とは　238

地域再生ファンドとは　240

いわゆる「暫定リスケジュール」とは　242

第5章　廃業という選択肢

否認制度について　300

〈凡例〉

経営承継円滑化法……中小企業における経営の承継の円滑化に関する法律

法法………………………法人税法

所法………………………所得税法

消法………………………消費税法

国徴法……………………国税徴収法

措法………………………租税特別措置法

法基通……………………法人税基本通達

※本書の内容は、平成27年7月1日現在の法令等によっています。

第1章 経営者のための事業終活の考え方

―― 第1章の登場人物 ――

X弁護士

Y会計士

はじめに

　戦後70年が経過しました。これまで我が国の経済成長を支えてきた中小企業の経営者は、高齢化と後継者問題に頭を痛めています。戦後の混乱期から、高度経済成長、オイルショック、バブル経済、リーマンショックそして東日本大震災等の自然災害等の荒波を乗り越えてきたものの、長きに亘る経済の低迷によって経営環境は益々不透明となり、創業者が育ててきた事業の行く末そのものが大きな問題となってきています。

　このような状況において、経営者には、自らが育てた**事業の終活**を人生の集大成として誇りあるものにするために、また、関係者への影響を最小化するために、適時に的確な意思決定を行うことが求められています。

＊　　　＊　　　＊

　それでは、何とかしないといけないと考えておられる経営者、もしくは、どうしてよいか悩んでおられる経営者の皆様には、これから「経営者の終活セミナー」に参加いただき、あるべき**選択**と正しい**行動**について一緒に検討していきたいと思います。

第1節
経営者の終活セミナー（前編）
―現状把握のポイントと終活の方向性―

終活の意思決定に向けて

X弁護士 本日は、経営者の終活セミナーにご参加いただきありがとうございます。終活と銘打っていますが、事業を終わらせる活動という意味だけではありません。戦後日本経済を頑張って支えてきていただいた経営者の皆様が、経営者としての最後の意思決定として、会社をどのような形で、誰に、いつ承継するのか、あるいは廃業してしまうのか、といった判断を適切に行っていただくこと、そして、日本経済の発展に今後も役立っていただく、あるいは、関係者に迷惑をかけずに上手に事業を終了させるための行動を積極的にしていただく、というものです。

前編（第1章）では、その判断基準のポイントを総括的にお話させていただき、後編（第2章から第5章）では、それぞれの経営者の皆様の置かれている状況が異なり、アドバイスの内容も異なってくることを前提に、個別にご相談を受けて、それぞれの状況に合った方策を検討していくという構成で進めさせていただきます。

Y会計士 事業の終活にあたっては、法律面だけでなく、税務面にも十分配慮を行って進めていく必要があります。ちょっとした間違いでたくさんの税金を納めてしまったとか、少し知識があればこんなに税金を納めることはなかったのにといった話はたくさんあります。私からは、税務面を中心に、アドバイスをさせていただきます。もちろ

ん、その前提として、皆様の歩んできた人生を共に振り返り、その苦労を共有しながら、皆様の事業の終活における方向性を一緒に描いていければと思っております。どうぞよろしくお願いいたします。

解　説

1　終活の方向性を決めるためのポイント

　まず、事業の終活の方向性を考えるにあたっては、経営者の方々が置かれている状況すなわち会社の現状や後継者の有無の把握が必要となります。事業の終活を実りあるものにするためのポイントは以下のとおりです。

(1)　会社の現状把握と事業の将来性の判断
(2)　後継者の有無
(3)　決断の時期と正しい選択

　この本では、第1の判断ポイントとして、正しい現状把握を行うために、①財務上の問題、②現在の収益性、③事業の将来性等について検討を行います。

　第1の判断ポイントに基づき会社の状況が分析されれば、次に後継者の有無による対応の違いが問題となります。これが第2の判断ポイントです。

　こうした判断ポイントで終活の選択と行動を進めていくわけですが、いくら正しい選択であったとしても、決断の時期を誤れば、満足のいく終活は実現すべくもありません。これが第3のポイントとなります。

　それでは実りある事業の終活に向けて、具体的な方策を検討していきましょう。

2　会社の現状を把握しよう

会社の現状把握にあたって、ポイントとなるのは次の項目です。

> (1) 貸借対照表をみて、資産・負債の状況を把握しよう
> (2) 損益計算書をみて、損益の状況、できたらキャッシュフローの状況を把握しよう
> (3) 事業の強み・弱みから、事業の将来性を把握しよう

　経営者の皆様は、会社の現状を既に具体的な数字で把握しているか、具体的でなくても感覚では相応に把握されていることかと思います。一方、普段の会社の流れを見ていない外部のアドバイザー（弁護士や税理士等）の場合は、会社の実態をまず数字を分析することによって見ていくことになります。アドバイザーの協力を得て、事業の終活を考えていこうとする場合には、経営者はアドバイザーに対し、全ての事実を正しく伝えなければなりません。例えば、粉飾等の事実があれば、これを正直にお話しいただく必要があります。他方、アドバイザーは、会社の実態をきちんと把握しなければなりません。

　実態と全く異なる数字で今後の終活の方向性を検討したとしても、その答えは決して正しいものにはならないからです。

(1) 財産状況の把握

　決算書の数字をそのまま見ても会社の実態が掴めるわけではありません。事業の終活にあたっては、会社の資産を全て処分したらいくらになるのか、すべての負債を弁済するにはいくら必要となるのか、という観点から財産状況を把握する必要があります。

　すなわち、資産が網羅的に計上されているかを確認したうえで、その時価を把握するとともに、帳簿に計上されず、簿外となっている負債（簿外負債）の有無を確認し、その金額を正確に把握する必要があります。

コラム　貸借対照表とは

　会計の世界では、左側を借方（かりかた）右側を貸方（かしかた）と呼びます。借方には正の財産である資産が、貸方には負の財産である負債が表示されます。また、資産と負債の差額を純資産と呼び、健全な会社では、純資産は貸方（右側）に表示されます。

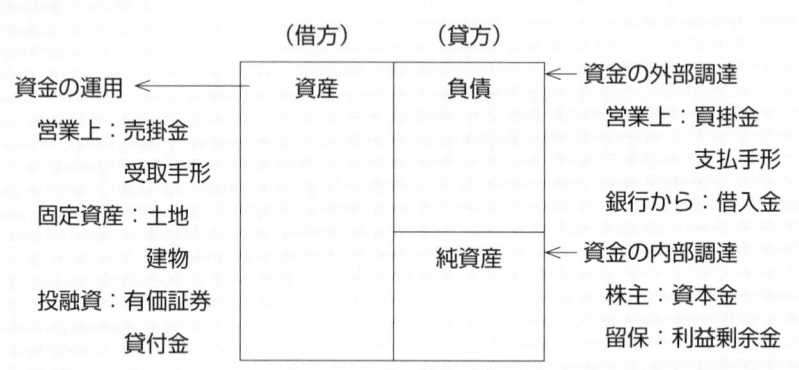

　上記が貸借対照表で、一定時点における会社の財産状態を示しており、調達したお金が右から入ってきて、いろいろな運用として左から出ていくイメージを表しています。

　右の負債は、資金の外部からの調達源泉を表し、その内容に従って、営業上の債務として買掛金や支払手形、銀行等から資金を調達した場合には借入金や社債という名前（会計上、「勘定科目」といいます）が付されます。

　左の資産は、資金の運用形態を表し、現預金、営業上では、債権として売掛金や受取手形、原材料や商品等の棚卸資産、不動産を購入した場合には土地や建物、投資や融資をした場合には有価証券や貸付金といった勘定科目で表現されます。

　会社の財産状況の実態を知るにあたっての各勘定科目における検討事項のポイントは、以下のとおりです。

売上債権……架空売掛金の把握と滞留売掛金の回収可能性・回収見込額の検討
棚卸資産……架空在庫の把握と滞留在庫の処分見込額の検討
不 動 産……利用状況の確認と時価による評価、遊休不動産の処分見込額の検討
貸 付 金……回収可能性・回収見込額の検討
仮払金等……経営者等との間の債権債務の検討
有価証券・その他投資……処分可能性の検討と時価による評価
退職給付引当金……自己都合・会社都合退職金要支給額の計算
　　　　　　　　（年金基金等の状況把握）
保証債務……存在の確認と履行することとなる可能性の検討
リース債務……残債務の集計とリース資産の評価
デリバティブ債務……存在の確認と損失計上可能性の検討
その他未計上債務……固定資産税等の未払、残業手当の未払等の確認
法人税等……税務調査の可能性や欠損金の確認
　　　　　　過去の企業再編の実施状況の確認

以上のような項目について、各種検討しながら、帳簿金額を実態に見合った数字に置き換えていく作業を行います。その結果作成される見直し後の貸借対照表を「実態貸借対照表」と呼びます。

> **コラム　債務超過とは**
>
> 　会社が利益を出して経営されている場合には、資産＝負債＋純資産という等式が成り立ちますが、赤字を出して資産と負債のバランスが崩れたり、また、売掛金が貸倒れて回収できなかったり、購入した不動産や株式（有価証券）の価値が下落したりして、資産の価値より負債の金額が大きくなってしまう場合があります。

こうした状態を債務超過状態といいます。

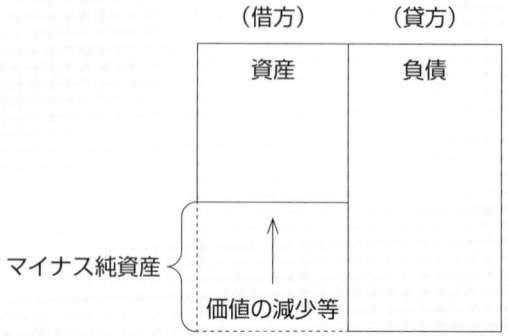

　中小企業では、土地や有価証券を購入した時の金額のまま取得価額で計上しているケースが多いですが、時価が下落した土地や有価証券を時価で評価した場合には、帳簿価額では資産超過だけれども、時価に置き直すと債務超過になるというようなケースもあります。こうした状況を、「実態貸借対照表では債務超過である」と表現します。

　純資産がプラス（資産超過）かマイナス（債務超過）かについては、事業の終活の方向性を検討するにあたって非常に重要になってきます。純資産がマイナスということは、会社の資産だけでは、会社の負債を全額支払うことができない状態にあることを意味します。仮に、この状況で会社を清算する場合には、第三者がその不足分を補てんするか、負債の一部の免除が必要となります。以上を踏まえ、将来の利益の計上による債務超過状態からの脱却の可能性、あるいはM&Aに伴うのれん価値（156ページ参照）の顕在化による事業売却の可能性その他各種方策を検討していくことになります。

(2) 損益状況の把握

　損益状況の把握は、過去の実績の分析から始まります。
　たとえ黒字決算であったとしてもそれを鵜呑みにしてはなりません。金融機関対応のため決算数字の操作が行われ、その実態は赤字であった

というケースもあるからです。

　損益を粉飾するためには、架空の売掛金や在庫が計上されている場合が多く、このような場合は、貸借対照表にも影響を与えることになります。そのため、貸借対照表を検討する過程で、粉飾決算が判明することもあります。

　また、中小企業では、会社の経費とはいえない費用が算入されているなど、経営者関係の費用により会社の決算数字が歪められている場合もあります。この点は、役員報酬や経営者保険、経営者との間の賃貸借等も分析にあたって考慮する必要があります。

　複数の事業を展開している場合には、事業別に損益状況を把握することが必要となります。各部門の損益を分析して、グッド（黒字）事業とバッド（赤字）事業に区分することにより、リストラやM&A等による終活の方向性を検討することができるようになります。

　以上のように、過去の実績から損益構造を把握し、赤字の原因やその除去可能性について検討することによって、事業の将来性や終活の方向性を判断することができます。

コラム　損益計算書とは

　損益計算書は、収益から費用を差し引いて、いくつかの段階に応じた利益（売上総利益、営業利益、経常利益、税引前利益、当期純利益）を表示して、会社の様々な収益性を表現します。簡単な損益計算書のイメージを示すと以下のとおりです。

売上高	10,000
売上原価	3,000
売上総利益（粗利といわれるもので、売上により直接得られる利益）	7,000
販売費及び一般管理費	5,000
営業利益（営業に要する費用を引いて求める営業活動による利益）	2,000
営業外収益	500

営業外費用	700
経常利益（通常の活動の中で毎期経常的に得られる利益）	1,800
特別利益	200
特別損失	500
税引前当期純利益（所得に関する税金を控除する前の当期の利益）	1,500
法人税等	500
当期純利益（税金を控除した後の当期の利益）	1,000

　なお、会計期間ごとの損益を正しく計算するために、収益は実現したものを（実現主義）、費用については発生したものを（発生主義）、それぞれ費用と収益が対応するように計上する（費用収益対応の原則）という原則に従って損益計算書は作成されます。

　「勘定合って銭足らず」という言葉があるように、損益計算書上は黒字であったしても、キャッシュが回っていないという場合があります。この点は、資金繰り表において資金の増減状況を確認することで容易に判明します。仮に資金繰り表を作成していなかったとしても、貸借対照表と損益計算書から資金収支表やキャッシュフロー計算書を間接的に作成して、キャッシュフローの状況分析を行うことにより判明します。

コラム　キャッシュフロー計算書とは

　損益計算書には、減価償却費のように資金の動きがないにもかかわらず費用に計上されるものがある一方、売上（収益）に計上されたものの回収がないため、資金の増加につながらない収益も存在します。つまり、必ずしも収益＝収入、費用＝支出とならないため、利益が計上されていても資金が回らない事態が生じます。こうした問題を把握するためにキャッシュフロー計算書が作成され、キャッシュフロー計算書を見れば、資金の状況を知ることができます。

簡単なキャッシュフロー計算書のイメージを示すと以下のとおりです。

	甲社	乙社	丙社	丁社
営業活動によるキャッシュフロー	100	△50	△50	△50
投資活動によるキャッシュフロー	△50	△5	△50	50
財務活動によるキャッシュフロー	△30	△80	50	△50
現金及び同等物の期首残高	150	150	150	100
現金及び同等物の期末残高	170	15	100	50

簡単に分析すると、甲社は、営業できちんとキャッシュフローが生じており順調で、そのキャッシュフローを使って、設備投資を行うとともに（投資活動キャッシュフローがマイナス）、借入金の返済も行った（財務活動キャッシュフローがマイナス）上で、手許資金が増加しています。健全企業といえます。

乙社は、営業活動キャッシュフローがマイナスなため、設備投資もほとんどできない状況にありますが、借入金の返済が多額に及び、その結果、手許資金がほとんどなくなっています。このまま営業活動キャッシュフローのマイナスが続けば、借入れの返済を止めても資金は不足することになるため、危機的な状況といえます。

丙社は、営業活動キャッシュフローのマイナスが一時的なものという判断であったのか、設備投資に必要な資金（投資活動キャッシュフローがマイナス）に見合う借入れ（財務活動キャッシュフローがプラス）ができています。投資効果が出て、営業活動キャッシュフローがプラスとなって借入れの返済ができる姿になれば健全状態に入ります。

丁社は、営業活動キャッシュフローのマイナスと借入金の返済（財務活動キャッシュフローのマイナス）資金を手許資金だけでは賄うことができないために、固定資産を売却する等（投資活動キャッシュフローのプラス）して資金を回している状況といえます。手許資金が減っており、売却して資金を作ることができる固定資産がなくなってしまい、このまま営業活動キャッシュフローがマイナスのままでは、危機的状況に陥ってしまうことになります。

特に重要なのは、営業活動キャッシュフローがプラスなのかどうかということになります。

　ある年の営業活動キャッシュフローがマイナスになったことから直ちに経営が危機的状況にあるということにはなりませんが、営業活動キャッシュフローが数年間にわたりマイナスという場合は、本業で資金を稼得していないということになりますので、危険信号の点滅と判断されることになります。

　このような状況になる前に、終活の方向性を決めて行動していかなければ、資金が目減りし、事業の終活は困難な状況になってしまいます。

（3）将来性の分析

　終活にあたっては、会社の現状を客観的に分析するとともに、会社の進むべき方向性を検討し、会社の将来性の有無を判断していく必要があります。

　後継者が事業を承継する場合や会社を第三者に売却する場合のいずれの場合においても、会社の現状を的確に分析し、将来の方向性や将来の収益性が明確にイメージできることによって、後継者への承継等がスムーズに進むことになります。

> **コラム　SWOT分析**
>
> 　SWOT分析は、ある目標に対して、外的要因（市場等の外部環境）を機会と脅威に分析するとともに、内的要因（自社の内部環境）を強みと弱みに分析し、経営戦略の立案に役立てようとするものです。外的要因としては、経済の状況、業界、市場、顧客等に区分して分析したり、内的要因としては、財務状況、商品やサービス、人材等について競合会社と比較する等して分析を行います。
>
> 　その分析の結果に従って、強みは活かして更に伸ばせられるか、弱みは克服して強みとできるか、機会は上手く利用して強みとできるか、脅威は取り除くことができるか等を検討して、戦略や計画の骨子として活用します。

例えば、ＳＷＯＴ分析を使って、地方の中小の建設会社を分析すると以下のような分析結果になりました。

機会（Opportunity）	脅威（Threat）
・耐震工事等のリニューアル（維持修繕）工事の必要性の高まり ・特殊技術による競争優位性	・コスト（材料費・外注費等）アップ ・入札制度改正等による競争激化
強み（Strength）	弱み（Weakness）
・特殊工事の利益率の高さ ・過去からの実績による信用 ・スキルの高い人材	・財務基盤の脆弱さ、資金繰りの窮境 ・原価管理の甘さ ・高齢化による次世代の人材不足

（4）その他の分析

　会社を支えているのは、従業員です。当たり前のことのように思えますが、この点をしっかり認識することが必要となります。会社の将来は、財産状況と収益性、将来性だけですべてが決まるわけではありません。

　経営者をサポートする番頭的立場の方はもちろん、現場の技術屋さんや営業マン、ベテランの経理マン等々、それぞれが会社の成長にとって重要な役割を担っています。後継者に事業を承継させる場合には、これら従業員の意向を無視することはできません。

　また、平時には問題とならなかった事項が、事業承継にあたり顕在化する場合があります。後継者と従業員のトラブルによって、多数の退職者が出てしまう事態となった場合には、退職金の負担ばかりでなく、会社の存続に関わることになります。従業員の重要性を認識しなければならない所以です。

3　終活の方向性

　第1ポイントに関する以上の分析を前提に、財産状況、収益性、会社の将来性について、それぞれの状況によって、今後どのような対応を行う必要があるのかについて検討することにします。なお、上記のとおり、従業員の協力は大変重要ですが、その協力度合いの影響については定量化が困難であり、個々の会社の状況を踏まえながら対応せざるを得ないものであるため、ここでの全般的分析の対象からは外しています。

　まず、第1ポイントで「○」の分析結果を得られたケースは、経営状態が良好であり、将来の見通しも立っている状況にある会社です。財産状況が健全で、収益性がある場合（①）はもちろんのこと、現在の収益性が悪くても、財産状況が健全で、将来性がある（③）のであれば、後継者への事業承継を十分検討できます。また、たとえ債務超過であったとしても、収益性があり、将来の債務超過の解消が見通せる（⑤）ということであれば、財産状況は健全化していくので、後継者への承継を検討できると考えられます。

　これらのケースにおいては、速やかに、「第2ポイント」の検討に入ることができます。

　次に、第1ポイントで、「△」と「▲」に区分されたケースです。この原因は様々であり、それぞれに経営上の大きな課題を抱えています。

　その課題を解決できる対策が打てるのであれば、後継者への承継の検討を行う必要がありますが、課題を解決する見通しが立たないのであれば、後継者への承継は厳しいと言わざるを得ません。

　このような場合は、M&Aの手法で事業を譲渡するか、それも叶わなければ、事業廃止の方向で進めざるを得ないということになります。

　最後に、第1ポイントで「×」に区分されたケースです。財産状況は既に債務超過であり、収益性も乏しく、自力では将来性を見通すことができないというのであれば、自力での再建は困難と言わざるを得ませ

《第1ポイント》

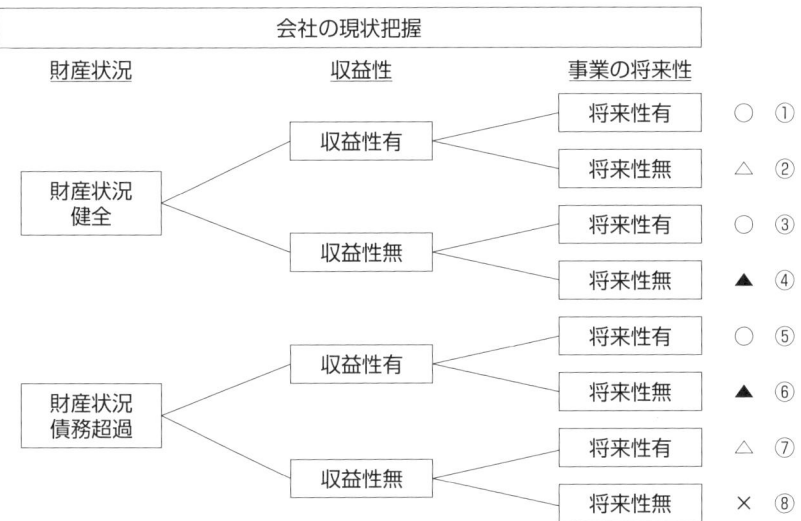

《第2ポイント》

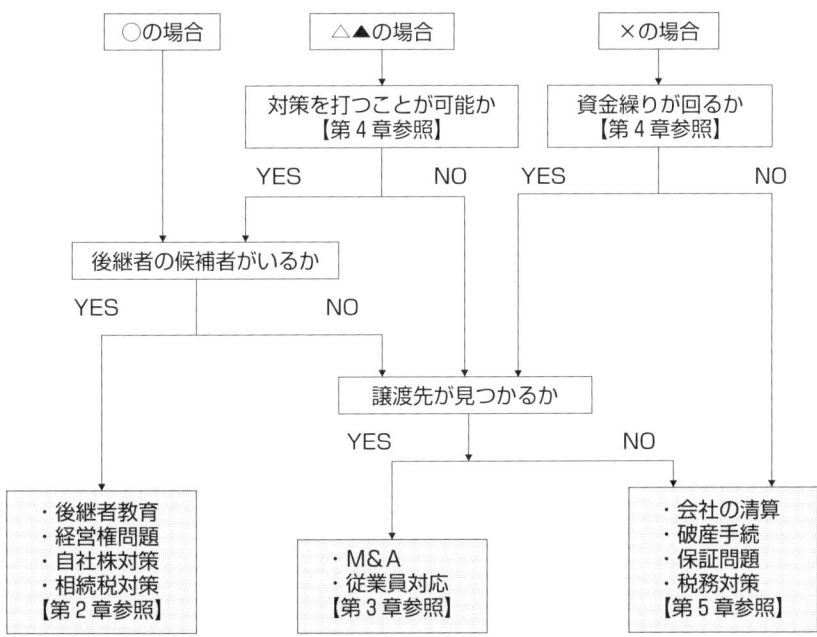

ん。このような場合でも、すぐに従業員を見捨てて事業廃止に舵を切るのではなく、シナジー効果等何らかの事業価値を見出しうるスポンサーが存在しないか、すなわちM&Aの可能性を最後まで検討する必要があろうかと思います。ただし、この場合には、事業価値の劣化や資金不足等の問題に直面する前に決断することが必要となります。

4 「事業引継ぎ」が国の重要課題に

　平成27年4月7日に、中小企業庁から「事業引継ぎガイドライン」、「事業引継ぎハンドブック」が公表されました。

　国としても、経営者の高齢化が進む中で少子化等の影響から親族内後継者の確保の厳しい状況を踏まえ、このような資料を公表することで事業引継ぎ（他の会社に引き継ぐM&Aや個人に引き継ぐこと）に道筋をつけることによって、日本経済の活力維持・継続的発展に貢献しようとしているのだと思われます。

　まず、「後継者がいない…」と悩む前に相談をすることが大事ということで、相談先として、商工会・商工会議所、よろず支援拠点、士業等専門家（弁護士、公認会計士、税理士、中小企業診断士等）、金融機関の紹介に加え、国の制度として、事業引継ぎ支援センターや後継者人材バンクによる支援事業を紹介するとともに、M&Aという言葉に対して、経営者の方々が不安にならないように、M&Aの流れや内容についての平易な解説を行っています。

　我が国において、事業引継ぎをはじめ、経営者の事業の終活が重要課題であるということを改めて認識することができます。

第2節
経営者の終活セミナー（後編）
―どの部屋で個別相談を受けていただくか―

会社の状況に応じた相談へ

X弁護士 ここまでで、会社の現状を分析して、どんな行動を取っていくことができるのか、また、どんな行動を取らないといけないのかについて話をしてきました。あとは、皆様の会社がどのような状況にあって、どういうことに気を付けて、事業の終活を行っていくのかということになります。

今から第2ステップについて、簡単にお話をさせていただきます。そのうえで、皆様には、それぞれの会社の状況に合わせて部屋を分かれていただいて、個別に相談をお受けすることになります。どの部屋で相談していただくか、よくお聞きになってご判断ください。

解　説

1　会社の経営状態が良く、将来性もある場合

第1節（15ページ）で「○」に分類された会社が該当します。

現在の経営状態が良くて、将来性もあるというのであれば、その事業を停止、廃止する必要性は、まったくありません。事業をきちんと承継して、日本経済の活力維持・継続的発展のために尽力していただかなくてはなりません。

問題は、どのような形で事業承継を行うかということになります。事

業の承継の絵姿は、後継者の有無で変わってきますので、具体的に見ていきましょう。

（1）親族内に後継者がいる場合（第2章のA社長が該当）

　親族内に後継者がいるということで、安心して何も事業承継についての行動を起こしていない経営者の方がおられます。最初にお話ししたとおり、事業承継については、いつ代表取締役の地位を譲り、経営を任せるのかという問題とともに、いつ所有（株式）を引き渡すかという財産権に関する問題も重要となります。

　経営の承継については、後継者教育をどのように行っていくかが重要な問題です。拙速に承継手続を進めた結果、後継者の経営に対する社員の理解が進まず、業績が悪化して、経営者の再登場という事例もよくある話です。社員の理解、取引先や金融機関の理解、更には親族の理解といった環境の整備ができるかどうかも含めて、スムーズな承継を実現するための準備には、思いのほか時間がかかります。

　確かに、財産状況が健全で、現在の収益性も、将来性もあるということなら、後継者教育等の周囲の環境が整えば、後継者に承継することは可能でしょう。ただし、所有（株式）の承継については、慎重に検討を行う必要があります。

　非上場株式で自社株の相続税評価が高い場合に、どのような方法で、後継者に株式を移転していくか、売買、贈与、相続（遺贈）いくつかの方法が考えられますが、いずれにしても株価によって、移転する資金や納税資金が大きく異なってきます。非上場株式の株価については、相続税法における株価の算定方法がその基本となるので、相続税や贈与税の仕組みを知っておくだけでなく、株価がどのように算定されるかについても、基本的知識は持っておくとよいでしょう。

　最近は、国の施策としても、事業承継問題が大きな柱となっており、「相続時精算課税制度」の導入や経営承継円滑化法の施行等による「贈

与税や相続税の納税猶予制度」「民法の遺留分に関する特例」等による支援も行われています。こうした知識の習得も、少ない負担で事業を承継していくためには重要です。

この点については、第2章にて詳しく検討します。

（2）親族内に後継者がいない場合（第3章のB社長が該当）

現在の経営状態が良くて、将来性があったとしても、船頭がいなくなった船は漂流して難破してしまう可能性があります。業績の良かった会社も、経営者が急に亡くなってしまい後継者がいないため、まったく経営にタッチしていなかった奥さんが代表取締役に就任したものの、取引先が不安に思って徐々に取引を縮小していった結果、最終的に従業員に退職金は支給したものの職場を失わせて、それ以外は何も残すこともできずに、廃業をやむなくされたという例もあります。

親族内に後継者がいない場合には、従業員の中に会社の経営を担っていけるような人物がいるか、いるとした場合に、株式を購入する資金を有しているか、また、借入金の連帯保証に押印する覚悟が備わっているか、が重要となります。しかし、財産状況が良く、収益性もある場合には、当然のことながら株価が高くなり、従業員等が株式を取得することが困難となってしまいます。

後継者がいない場合に、どの段階で、会社の売却（M&A）を考えていくか、それとも外部から後継者を見つけてくることができるか、経営者の納得ができる形でM&A等を実現させるためには、時間をかけて、じっくりと検討することをお勧めします。拙速にM&Aを実行した結果、買い手が売り手の意向を十分くみ取ることなく、思わぬ方向に事業を展開し、その結果、再度のM&Aの対象になるなど、想定外の結果が生じてしまう場合もあります。業績が悪くて、会社の立て直しのため急いで買い手を見つけようという場面になければ、将来の事業の方向性について納得できる段階に至ってはじめてM&Aを実行するという進

め方がよいでしょう。

2　財産状況、収益性、将来性のいずれかに問題がある場合

　第1節（15ページ）で「△」と「▲」に分類された会社は、財産状況、収益性、将来性のいずれかに問題がある会社です。

　「△」は、進め方によっては、単独でもやっていける可能性がある会社です。②は、現在に問題はないが将来性が乏しい会社、これに対し、⑦は、現在に問題はあるが将来性がある会社です。

　「▲」は自力で再建していくにはなかなか難しい会社です。④は、現在の財産状況だけは問題ないが、収益性もなく、将来性も乏しい会社、⑥は、現在の収益性だけが良くて、現在の財産状況も将来性にも問題のある会社です。

　いずれにしても、対策を打つことができて、「○」に近づけることができるのであれば、親族内の後継者に承継させることにも意味があるでしょうし、逆に対策を打つことができないのであれば、後継者に負担を負わせることになってしまうので、M&Aの検討を早期に開始することが求められるところです。

　この点を具体的に見ていきたいと思います。

（1）自力で対策を打つことができそうな場合（第4章のC社長が該当）

　「△」や「▲」の場合には、財産状況、収益性、将来性の一つか二つに問題があります。その問題に対し、適切な対策を打つことができ、改善することができるのであれば、親族内の後継者への事業承継を進めていくかどうかを検討することができるようになります。

　対策を打たないまま、何ら改善の兆しもない中で、後継者が、義務的に事業を承継しなければならなくなり、過大な負担を背負わざるを得なくなってしまうことは、できれば避けたいものです。

　②の場合には、まだ、現在の状況が良いので親族内の後継者に事業の

承継をするにも許容範囲ではありますが、現在の株価が高く、将来は下がっていくことが見込まれるとすれば、必ずしも、今すぐに後継者が承継することが望ましい状況とはいえません。しかし、過去の蓄えと現在の収益をもとに、後継者として新たな事業にチャレンジしていくこともできることからすると、早期に承継して将来性に対する対策を後継者自身が実行していくことも選択肢の一つといえるでしょう。

④の場合には、過去の蓄えを現在食いつぶしており、将来もその方向が変わらないということですから、その改善対策はあるのか、あるとして、その対策を誰がどのように講じていくかということが問題となります。②の場合より、時間軸は更に短くなりますが、過去の蓄えだけをもとに、後継者として新たな事業にチャレンジしていくこともありうるかと思います。

⑥や⑦の場合には、財産状況が悪いだけに、収益性や将来性の構築だけでなく、財産状況を改善する対策を講じる必要性が加わります。⑥の場合には、事業承継を前提にして、財産状況の改善策を講じて、その上で、後継者に将来性の構築を委ねることができるかもしれません。⑦の場合には、現在の財産状況を改善する対策を講じることができなければ、マイナスからのスタートになりますから、後継者とすれば、一から会社を立ち上げて、そこで将来性のある事業を開始する方が、⑦の状況で将来性のある事業に取り組むよりましということになります。

よって、それぞれのケースにより、対策の内容や対策の方向性は異なりますが、現在の状況で親族内の後継者がいるのであれば、対策を打つことができそうな場合に限っては、後継者に承継する道を選択することも可能といえます。

しかし、将来性のある事業を構築することは簡単ではないため、将来性がない場合には、短絡的に親族内後継者への承継を進めるのではなく、M&Aも視野に入れて、並行的に検討を進めていくことが望ましい

と考えられます。

（２）自力で対策を打つことができそうにない場合

　このような場合には、親族内の後継者に事業の承継を行って、その将来負担まで承継させてしまうという道を進むのではなく、M&Aにより、事業の存続と従業員の雇用をできる限り確保する道を選択する方が望ましいと考えられます。

　特に、過去の蓄えがあるものの、時代の流れで収益性が悪化しているような場合には、危機感を持たないまま事業を漫然と継続していることがあり、事業承継を行わなければならない時期には、手遅れというケースもあります。

　財産状況が良くても、収益性がなければ、どんどん財産状況は悪化していきますから、可能な限り早い時期に方向性を決める必要があります。

　会社を売却するという発想のできる経営者はまだまだ少ないため、こうした方向に進めることに対しては、抵抗感があると思います。しかし、何ら対策を講じていない中途半端な状況では、いざ、事業承継問題が発生した時に、家族や従業員が大変な状況に追い込まれることになりかねません。

　中小企業のM&Aの市場も拡大しており、国の施策でも環境整備が行われていますので、会社の売却によって事業や雇用を守るという方策は、十分検討に値する選択であるということを理解いただきたいと思います。

　詳しくは第3章、第4章を参照ください。

3 会社の経営状態が悪く、将来性も見いだせない場合
（第5章のD社長が該当）

　現在の財産状況は債務超過で、かつ、赤字決算であり、将来性も乏しいという場合（第1節（15ページ）で「×」の場合）には、たとえ、資金が一時的に回っているとしても、早期に、会社の廃業を考える必要があると思われます。会社の状況によって、通常清算、特別清算、破産等、廃業の方法にもいろいろな方法があり、その選択を適切に行うためには弁護士等の専門家に相談することが最善の策となります。

　急に取引を停止したり、支払いを止めてしまうような事態を招いてしまうことによる関係者の方々への影響は大変大きなものがあります。どうしようもなくなったので、何ら対応することなく突然破産申立てをすることは、経営者にとっては、一番楽な方法になりますが、周りに与える影響や負担は大きなものになります。

　事業の終活とすれば、資金が何とか回っている間に、いつ、経営を諦めるかの意思決定を行い、従業員の雇用の確保を考えて、最後に、事業の売却先を見つける努力を行ったり、債権者に対して衡平な対応を確保するために、弁護士に早期に相談を行ったりして、迷惑の最小化や手続の公平性を確保することが求められます。

　経営者個人についても、弁護士に早い段階から相談をすることにより、経営者保証ガイドラインの活用等のアドバイスを得られるものと思います。

　詳しくは第5章を参照ください。

前編を終えて

X弁護士 今までの説明で、大体皆様の置かれている状況を踏まえ、進むべき方向性はつかめてきましたでしょうか。これで、事業の終活にあたっての判断基準についての解説を終了させていただきます。

　ある程度現状把握ができていて、自身の相談すべきポイントが理解できた方は、各相談室（第2章～第5章）にお越しいただければと思います。

　まだ、十分方向性が理解できておらず、自身の進むべき道がわからないという方は、この場所で、継続的に判断基準についての説明を行わせていただきますので、そのままお残りください。

　それでは、いったん休憩に入り、この後、それぞれの状況に応じた各論に進みます。

第2章

親族内の事業承継

―― 第2章の登場人物 ――

A社長　　X弁護士　　Y会計士

第1節 事業承継の準備を始めよう

後継者がいるとはいっても…

A社長 先生、本日はどうぞよろしくお願いいたします。この前、同業者の会合で事業承継の話題が出ました。私の会社は、ここ数年景気が良くて、毎期利益が上がっています。息子は会社に入って取締役として頑張ってくれていますが、まだまだ私もバリバリ現役で仕事をしたいと思っています。少なくとも、うちの会社にとって事業承継というのは随分先のことだと考えています。今は特に何の準備もしなくてもいいですよね？

X弁護士 会社が順調で、親族に後継者の方がいらっしゃるというのは素晴らしいことですね。ただ、いざ事業承継を行おうと思っても、周囲の環境の整備、承継の手法の検討などでいろいろ解決すべきことがあり、時間を要します。社長ご自身がまだ現役で活躍される予定であっても、できる限り早い段階から専門家に相談して準備をされることをお勧めします。

A社長 先生は事業承継の準備を早目にした方がよいと仰いますけど、私はまだ60歳で、息子は30歳ですよ。事業承継の準備なんて、まだまだ早すぎませんか。

X弁護士 実際に事業承継を行うこととその準備を行っておくことは異なります。多くの中小企業の経営者の方が、60歳前後から何らかの準備に着手されているといわれています。

A社長 準備といっても、何をすればよいのですか。既に、息子は会社に入って頑張ってくれていますし。

X弁護士 まずは、円滑に事業承継を行うために、御社にはどういった問題があって、それをどうクリアするかの検討から始められるとよいのではないでしょうか。息子さんが既に取締役として会社に入られているということですが、後継者の方が、現時点で従業員の皆さんや取引先の方々と良好な関係を築けているかなども重要になってきますので。また、将来的には、社長が引退され、息子さんが後を継がれるという段階になると、経営者の個人保証の問題も避けて通ることはできません。

A社長 うちの息子は大丈夫だと思うのですけれどね。

X弁護士 息子さんが優秀で、社長にふさわしい人物であるというのは素晴らしいことです。ただ、厳しいことを言うようですが、特にご自身の息子さんが後継者になる場合、客観的な評価がなかなか難しいということもあります。不遜な言い方で大変恐縮ですが、後継者として、どのような能力が必要か、また、社長の息子さんがそれをクリアして、将来にわたって会社を任せられるか、冷静に検討することも必要になってくると思います。

A社長 うーん、そう言われてしまうと、確かに身内びいきなところがあったことは、否定できないですね。息子が社長にふさわしいというのは、私の判断だけでそう決めただけですからね。一度、息子としっかり話し合うことはもちろんですが、私以外の方からの客観的な意見を聴くことも必要かもしれませんね。

解　説

1　事業承継の準備をしよう
（1）準備は早めに始めよう
　今回相談にいらしたA社長が経営されている会社は、事業が非常に順調であり、当面はご自身が引退する予定はないものの、引退した場合には取締役である息子さんに会社を任せることを既に決められているようです。会社も順調で、後継者もいるということで、現時点では特に事業承継の準備はまだ必要ないと考えているようですが、本当にそうでしょうか。

　中小企業庁が公表している2013年度の中小企業白書によると、中小企業の約15％は事業を縮小・廃業したいと回答しており、その理由の約55％が後継者が見つからない、後継者に継ぐ意志が無い等の後継者難によるものでした。

　事業が順調であるにもかかわらず、後継者がいないというだけで、廃業という途を選ばざるを得なくなってしまう会社にとっては、事業承継という問題は、非常に重要なテーマであるということができるでしょう。

　他方、A社長の場合のように、現在ご自身は経営者として脂が乗り切っており、まだまだ働き盛りであって、取締役である息子さんも後継者としてやっていくつもりである場合には、一見、何も心配する必要はないようにも思えます。

　しかし、冷静に考えてみると、いつ何が起こるかわかりません。10年後、20年後にはおそらく何らかの方法で息子さんに経営権が移り、その後も会社は順調に発展していくだろうと漠然と考えているのかもしれませんが、ある日いきなり事業を承継させようと思ってもそう簡単には進まないのが現実です。株式会社東京商工リサーチの「休廃業・解散企業動向調査」によると休廃業・解散した会社は近年25,000件以上で推移し

ており、その中には、将来は息子に会社を任せたいと漠然と考えていたものの、社長も後継者も具体的に何の準備もしていなかったため、社長が突然亡くなられた後の空白期間を埋めることができずに、廃業せざるを得なくなったという事例もあるでしょう。

　必要な準備を行い、将来にわたって会社の経営を安定させていくということは、従業員や取引先に対する、現在の社長としての責任といってよいのではないでしょうか。

　そうすると、まだ早いというように感じられるとしても、いざ、となってからでは遅いという場合もある以上、将来の事業承継に向けて準備を行っていくことは不可欠といえます。また、後継者が既に決まっているということであれば、後継者探しから始めなくてはならない場合よりも随分と着手しやすい状況にあるといえます。

　後継者が会社を円滑に運営するためには、当該後継者自身が経営者として十分な能力を備えるための準備はもちろん、従業員や取引先の理解、あるいは親族の理解も不可欠になってくるでしょう。

　また、後継者に円滑に経営権を承継させるためには、代表取締役の地位だけでなく、最終的には、会社の株式を承継させることになりますが、そもそもいま、会社の株式を誰が何株保有しているのか、自分が保有している株式を後継者にどのように取得させればよいのか、その場合にはどのような税金がかかるのか、また、株式を無償で後継者に贈与した場合に他の相続人との間でトラブルとならないか（相続ならぬ「争族」の問題です。）、有償で譲渡するという場合にはいくらで譲渡すればよいのか等、悩みは尽きません。

　このように、後継者が決まっている場合であっても、事業承継を円滑に進めるためには、ある程度時間をかけて、計画的に準備をしていく必要があるのです。

（2）準備を始める時期の目安は？

　では、どのタイミングで事業承継の準備を始めるべきでしょうか。株式の状況やふさわしい承継方法、あるいは後継者の教育に必要な期間等、会社の具体的な実情に応じて異なるでしょうから、一律に判断できる問題ではありませんが、現経営者が60歳になった時というのが一つの目安になると考えてよいと思います。

　独立行政法人中小企業基盤整備機構が、平成23年に国内中小企業計1万社に対し実施した、代表取締役の地位を後継者に譲った時の先代経営者の年齢に関する調査結果があります（平成23年3月付　事業承継実態調査報告書）。これによると、先代が60歳代の時との回答が一番多く約41％であり、50歳代以下とあわせると全体の60％を占めています。他方、先代が70歳以降まで代表取締役の地位にあった会社は35％にとどまっています（その他は無回答）。

　事業承継の準備に数年かけるということを考えると、多くの中小企業の経営者は、60歳の頃から準備を始めていたと考えられるのではないでしょうか。

　もちろん、事業承継を考えるタイミングは、個々の会社の事業計画や将来の展望によって違ってきて当然です。現在の経営者が60歳である場合、その後継者は30歳前後ということが多いかと思います。高齢化が進展している現代社会においては、60歳というのはまだまだ元気であり、後継者に道を譲ることを考え始めるような老け込む歳ではないという頼もしい意見もあるかと思います。しかし、事業承継の準備には相応の時間を要するものであり、着手するのが早過ぎることはないということを肝に銘じていただきたいと思います。

2　後継者に求められることを理解しよう
(1) 能力・資質・覚悟

　まず、社長ご自身が後継者に事業を任せようと考えていたとしても、そもそも、大切な会社を任せられるだけの十分な能力や資質を後継者が有しているのかという問題があります。資質はさておき、能力については、それを高めていく努力が必要です。特にマネージメント能力はもちろんですが、財務、法務、税務等、企業経営に不可欠な幅広い分野に関する基本的なスキルも身につけておく必要があります。財務経理に関するものであれば、貸借対照表や損益計算書の基本的な理解、これができるまでの仕組み、税金に関する基礎的な知識は、経営を行う上で不可欠であり、これらをすべて他人に任せていては、自らの判断による経営はできないことになります。法務に関して言えば、仮に優秀な法務スタッフがいたとしても、最終的な判断を行うのは社長ですから、会社の経営に必要な知識と理解力が必要となります。

　これらの知識は、座学で身につけるだけでなく、後継者を会社に入社させ、営業部門、財務経理部門、総務部門等、いろいろな部署において実務の経験を積ませることなども重要といえるでしょう。

　財務経理部門でいえば、お金の流れを肌で理解し、それが、最終的にどのように貸借対照表や損益計算書の数字として表れるのかを理解することが求められます。このようなスキルに加えて、社長としての判断力やメンタル面での強さなど、本人の個性に依存する能力も重要です。

　また、社長が作り上げた、あるいは先代から承継してきた会社の経営理念を理解・共有し、実践することが必要となります。このような経営理念の理解が不十分なままでは、経営のスムーズな承継や安定的成長が難しくなるといわざるを得ません。後継者として、これらの能力を備えているかを見極めることが重要であり、経営者として相応の後継者教育を行っていく必要があります。

ところで、社長自身が、会社を任せようと考えていたとしても、後継者本人にその意思・覚悟がなければ事業承継はうまくいきません。代表取締役の地位を承継すれば、金融機関への連帯保証の承継問題、従業員の人生・生活の問題等々、背負わなければならない問題が山積みです。これらの問題に立ち向かう覚悟が経営者に求められることについて、社長から後継者にいつどのように伝えるべきか、十分に考えておく必要があります。

(2) 従業員の理解に努めること

　後継者は、会社の事業に対する理解を深めなければなりません。当然のことのように思えますが、重要なことです。後継者を会社に入社させて経験を積ませることが一般的ではないかと思います。

　ただし、会社に入社させる際に、取締役として入社させるかについては、慎重に判断する必要があります。

　後継者には、会社の各部門を経験させ、将来の経営者として必要な知識を身につけさせることが重要であると述べましたが、これを実践するためには、取締役ではなく、まずは一従業員として現業に従事させた方がよい場合もあります。

　また、これに加えて、現場の従業員とコミュニケーションをとるという点からも、取締役ではなく、一従業員として経験を積ませるということが重要な場合もあります。

　従業員の中には、経歴も長く（場合によっては、現社長よりもさらに前の社長の代から会社に在籍されている方もいるでしょう。）、後継者と親子ほどの年齢の差がある方もいます。言葉は悪いですが、現場を知らない、実務の知識もない入社したての新人が、社長の息子というだけで取締役の立場に立ち、その立場を笠に着て行動してしまったら、古参の従業員とうまくいくでしょうか。実際に現場で従業員とともに汗を流して、苦労を分かち合い、親密なコミュニケーションをとり、従業員の気

持ちを理解することで、徐々に信頼を得ていくというのが理想的かと思います。現場が好きで、現場を知ろうと必死に汗をかく、そうすれば、社長が「こいつが後継者だ」と従業員に押し付けることがなくとも、周りが自然に社長候補として認識するようになり、後継者への事業承継が円滑に進むはずです。そもそも現場を知らなければ、経営者となった後に、現場を踏まえた適切な現状認識・解決法の模索ができず、適切な判断ができないということにもなるでしょう。

(3) 取引先や金融機関の理解を得ること

　取引先や金融機関に対しても、いきなり「来月から私の息子が後を継いで社長になります」と告げたとしても、会社に対する不信感を煽るだけで、理解を得ることはできないでしょう。中小企業の場合、現経営者の人格、能力に信頼を置いて取引をしているという取引先が多く、いきなり社長交代ということになれば、信頼関係を維持することが難しくなります。

　これは極端な例だとしても、実務経験のない後継者を取締役とした場合に、「あんなに若くて何も知らない人が、社長の息子というだけで取締役をやっているのか」と、良い印象をもたれないこともあります。

　取引先や金融機関とのコミュニケーションも、従業員とのコミュニケーションと同じです。自ら営業に従事し、取引先と関係を保ち、金融機関との信頼関係を構築していくことが将来にわたって重要となります。

(4) 親族との関係を軽視しないこと

　同族会社で親族に株主がいる場合、会社の経営について、株主でもある親族のバックアップが望ましいことは言うまでもありません。経営方針をめぐって親族間に対立が起きた場合、特に後継者候補が複数いるようなときは、会社にとって大きなリスクを背負うことになります。

　例えば、社長に2人の息子がおり、どちらも後継者候補として会社に

入社して経験を積んできたが、長男よりも次男の方が社長としての適性があるという場合に、次男を後継者とすることで、親族間の紛争が生じないかという問題です。

　経営の安定という観点からは、例えば、株式の承継を次男のみに行う、あるいは、長男には議決権のない株式のみを承継させる（議決権のない株式については、改めて第6節コラム（105ページ）にて説明します。）という方法で問題を鎮静化させることは可能ですが、親族間の不和を解消することは容易ではありません。社長としても、このような親族間の不和を生じさせる事業承継は本意ではないでしょう。

　問題の本質が感情的対立だとすれば、即効性のある解決策を見つけることは容易ではないでしょう。親族間に紛争を生じさせないために、周到な準備を行うことが重要です。

3　後継者を代表取締役にするタイミングと株式承継のタイミングは？

　後継者を選び、時間をかけて経営者としての教育を行い、また、関係者の理解も得られたという判断に至った場合に、経営権の承継が行われることとなります。ただし、代表取締役の地位の移転と株式の承継を同時に行うべきかは、よくよく検討する必要があります。

　詳細は次節にて述べますが、会社の経営権の取得のためには、最低でも50%超の株式を保有することが必要であり、経営の安定のためには、100%にできるだけ近い株式を保有することが望ましいといえます。会社の株式を保有するということは、会社を所有するということと同義であり、中小企業の場合、会社の所有（主要株主）と経営（代表取締役）は一致しているのが通常です。

　そのため、会社の経営権（代表取締役としての地位）の承継と、会社の所有（経営権を確保できるだけの株式）の承継を行って初めて事業承

継が完成することになります。

　もっとも、先代の代表者が元気である限り、株式を保有したまま、代表権を有さない会長等として残ることもあり得るでしょう。つまり、会社の経営は交代しつつも、会社の所有は依然として先代がしばらく保持し続けるというものです。先代の代表者が完全に引退してしまうのではなく、代表取締役となった後継者の行き過ぎにブレーキをかける役割を担うことも期待できます。

　また、株主の権利である取締役の解任権を留保することで、経営の監視機能が高まることも考えられます。

　後継者を代表取締役に選任する時期や株式を承継させる時期を検討するにあたっては、会社の状況だけでなく、中小企業については、相続・贈与の納税猶予制度の要件（第4節3、第5節5参照）等を考慮することも求められます。

後継者を代表取締役に
選任するタイミング

株式を承継させる
タイミング

➡同時に行うかどうかよく検討する

4　事業承継計画を作ってみよう

　第1章でも述べたとおり、会社の事業承継を検討するにあたっては、まずは会社の現況を把握することが必要になります。

　現況の把握ができたら、事業承継計画のアウトラインを作ってみるとよいでしょう。

　事業承継計画は、会社ごとに内容が異なってくるものですが、
① 　次世代に向けた改善点・方向性の検討
② 　現在の環境が変化することを踏まえた上でその対応策・重点的な課題の検討
③ 　会社の持続的成長のビジョンと目標設定
④ 　円滑な事業承継に向けた課題の整理（後継者教育、会社の株式の整理、税務対策）

を踏まえた上で、中長期的な会社の経営計画の作成と並行して、事業承継に関する課題解決のための具体的な対策の実施スケジュールを検討していくとよいでしょう。

　事業承継計画をどのように作成すればよいかに関しては、独立行政法人中小企業基盤整備機構が公表している「中小企業経営者のための事業承継対策」、あるいは、中小企業庁が公表している「事業引継ぎガイドライン」においても詳しく述べられています。

第2節
事業承継に向けた検討を始めよう

株式の承継のためには

A社長 事業承継といっても、具体的にどう進めて行けばよいか、よくわかりません。私はまず何をすればよいのでしょうか。

X弁護士 普通はまず後継者選びから始めるのですが、社長の場合、息子さんを後継者とすることが決まっているのですから、この点は大丈夫ですね。あとは、息子さんにいかにして承継をさせるか、その方法を検討することになります。

A社長 承継の方法ですか。『事業』の承継といっても漠然としていてピンとこないのですが、そもそも、具体的に何を息子に承継させるのですか。

X弁護士 代表取締役の地位だけでなく、会社の株式の承継です。この株式を承継させる方法を検討するのです。

A社長 なるほど、株式ですか。これを承継させる方法はどういうものがあるのですか。

X弁護士 大きく、3つあります。①後継者から代金の支払いを受けて株式を譲渡する「売買」、②無償で後継者に株式を譲渡する「贈与」、③株主である社長が亡くなった後に遺言によって株式を譲渡する「遺贈」です。

A社長 うちの会社の場合、どの方法がよいのでしょうか。

Y会計士 方法を決める際のポイントはいろいろとありますが、ま

ずは、現時点における会社の株式の価額を把握する必要があります。業績が好調な会社の場合、経営者の方が考えているよりも株式が高く評価され、株式を承継する際に経営者・後継者にかかる税金等の資金負担が、重大な問題になり得る場合もあるからです。

A社長 株価が高い場合は、どうしたらよいのでしょうか。

Y会計士 株価が高い場合にはそれを引き下げるための対応策を検討することは可能ですが、引下げ施策の実施のタイミングについては十分な検討が必要です。また、中小企業者であれば、後継者に対する株式の贈与にあたって贈与税の納税の猶予を受けることができる制度が設けられています。中小企業者に該当し、後継者が決まっている場合には、ぜひ一度検討していただければと思います。

A社長 国も事業承継についていろいろと考えているということなのですね。それでは、株価がそれほど高くない場合には、どうしたらよいのでしょうか。

Y会計士 その場合は、先に挙げた3つの方法のメリット・デメリットを総合的に比較して、検討することとなります。ただ、注意しなければならないのは、現在の株価が安いと言っても、会社の業績が良い場合には、社長が亡くなった後の相続税の申告にあたって、株価が高くなっており高額の税金がかかる場合があることです。株価が上がる見込があれば、売買や贈与で承継しておいたり、納税猶予制度や相続時精算課税制度の活用を検討しておくとよいでしょう。

A社長 なるほど、よく分かりました。ところで、承継方法の検討が必要ということはよくわかりましたが、実際にはどのくらいの割合の株式を引き継がせればよいのでしょうか。株式を過半数持っていれば、会社の経営についての大概のことは決められますよね。息子には50％少し持たせて、残りは娘たちにも引き継がせるということでもよいですよね。

> **X弁護士** 後継者には50％を超える株式を保有させることは必須ですが、会社の一部の重要な事項の決定には、過半数では足りず、3分の2以上の株式が必要とされています。息子さんに安定した経営をさせたいのなら、できれば3分の2以上の株式を、さらに可能なら100％の株式を引き継がせることができればと思います。

解 説

1 株式の承継方法を検討しよう

(1) 株式の承継の必要性を認識しよう

　事業の承継とは、会社の経営権を後継者に承継させることです。そして、会社においては、株主総会を頂点として、株主の議決権の多数決により重要な事項を決定し、株主総会で選任された取締役、そして取締役の中から選定される代表取締役が会社の業務を執行することになります。すなわち、会社の経営権は、株式の保有によって初めて確保されることになります。事業の承継は、具体的には、この株式の承継によって行われることになります。

(2) 株式の承継方法を知ろう

　経営者から後継者への株式の承継方法としては、以下の3つがあります。

ア　売買	……後継者から代金の支払いを受けて株式を譲渡する方法
イ　贈与	……無償で後継者に株式を譲渡する方法
ウ　遺贈	……遺言によって、株主である経営者が死亡後に株式を譲渡する方法

(3) 株式の承継方法を選択しよう

① 中小企業における株式の承継の問題点とその対応

　2013年度の中小企業白書によると、中小企業の経営者の約40％が親族

に事業を引き継ぐ際の問題として「相続税、贈与税の負担」という、事業を承継する際の後継者の資金負担を挙げています。確かに、(2)のいずれの方法で会社の株式を承継したとしても、経営者から株式を買い取るための資金や、贈与税・相続税の納税資金など、一定の資金が後継者には必要となります。特に、業績が好調な会社に関しては、会社株式の価額が経営者が思っているよりも高くなることもあり、そういった場合に何の対策もしていなければ、事業を引き継いだ後継者が高額の税負担に苦しむこともあるでしょう。

ただし、株式の各承継方法のメリット・デメリットをしっかりと検討し、対策を考えればこういった後継者の負担を減らすことは可能です。例えば、上記のように株式の価額が思っていたよりも高額である場合、何も検討せずに売買による承継を行うと、後継者は会社株式を買い取るための資金を用意するのに苦労するでしょうし、場合によっては借金が必要となるかもしれません。しかし、贈与による承継で、中小企業者である等の一定の要件を満たしていれば「贈与税の納税猶予制度」という制度を適用して税負担を減らすことが可能ですし、また、「相続時精算課税制度」という制度を加えて利用することで、株式の承継にかかる税負担を更に減らせる可能性もあります。遺贈による場合にも「相続税の納税猶予制度」があります。(各制度の詳細については第4節「贈与による株式の譲渡」第5節「遺贈による株式の譲渡」を参照ください)。

このように、各承継方法のメリット・デメリット、活用できる制度を理解すれば、株式の価額が高かったとしても後継者の負担を減らすことは可能ですし、株式の価額が低い場合には、税負担ゼロで株式を承継することもできるかもしれません。

なお、株式の価額の算定方法については、税法上、非常に細かく規定されているため、税理士等の専門家に助言を求めることをお勧めします。参考までに、第7節「自社株式の評価方法を知ろう」に具体的に記

載していますので、詳しい株価計算方法を知りたい方はそちらを参照ください。

② 各方法のメリット・デメリットを知ろう

上記のように、株式の承継方法を検討する際は、各方法のメリット・デメリットを知る必要がありますが、それは以下のとおりです。

アの売買による承継は、現経営者の生前に行いますので、早期に事業を承継させることができます。また、生前に確実に株式を後継者に承継させるため、経営者死亡後の相続人間の跡目争いという心配も生じず、後継者としての地位を安定させることが可能となります。デメリットとしては、後継者が株式を取得するための資金を用意する必要があり、後継者にとって最も資金負担が大きいという点があります。

イの贈与による承継は、現経営者の生前に事業を承継させることができる点は、売買と同様ですが、株式を無償で後継者に譲るものであるため、売買と異なり、後継者が株式取得の対価を用意する必要はありません。デメリットとしては、後継者側に贈与税がかかる点です。ただ、一定の要件を満たすことで「納税猶予制度」という制度を適用し、贈与にかかる税金の納税を猶予することも可能です。また、現経営者の死後に、相続人間で紛争が生じる可能性があるため（「遺留分」の問題です。これは第5節「遺贈による株式の譲渡」の項で詳しく触れることとします。）、相続人の中に、後継者指名について強い不満を有している者がいる、あるいは、後継者に非協力的な態度を取る者がいるなど、相続人間に不和があるような場合には、注意が必要となります。

ウの遺贈による承継は、売買のように株式取得の対価が必要となることはありませんし、贈与のように高い税金を課されることもありません（相続税はかかりますが、基礎控除額が贈与税より大きいこともあり、贈与税に比べると負担が軽いのが一般的です。）。よって、経済的な負担は他の2つの方法に比べて最も軽いといえます。また、贈与と同様に、

遺贈の場合にも「納税猶予制度」があります。デメリットは、現経営者の死後の承継となり、また、贈与の場合と同じく、相続人間で紛争（遺留分の問題）が生じる可能性があることから、早期の経営安定が図られにくい点です。

各方法によるメリット・デメリットをまとめると以下のとおりです。

■各方法によるメリット・デメリット

承継方法	メリット	デメリット
ア　売買	●現経営者の生前に株式の承継を行うことができ、安定した事業の承継を行うことができる。 ●遺留分による問題が生じることがない。	●後継者が株式買取資金を用意する必要がある。 ●後継者の資金負担が大きい。
イ　贈与	●現経営者の生前に株式の承継を行うことができ、安定した事業の承継を行うことができる。 ●後継者に株式取得のための資金負担がない。 ●要件を満たせば納税猶予制度の適用が可能。	●基礎控除額を超える贈与の場合、後継者に納税資金が必要となる（遺贈の場合より税率は高め）。 ●遺留分の問題が生じる可能性がある。
ウ　遺贈	●後継者に株式取得のための資金負担がない。 ●相続税がかかる場合があるが、贈与と比べると後継者の税負担が比較的少ない。 ●要件を満たせば納税猶予制度の適用が可能。	●現経営者死亡後の承継となるため、安定した事業の承継が行えない可能性がある。 ●遺留分の問題が生じる可能性がある。

③　承継方法選択の検討ポイント

これらのメリット・デメリットを踏まえて、いずれかの方法を検討することになります。以下、検討のポイントを挙げます。

まず考えなければならないことは、現経営者の生前に承継させるか、死後の承継で足りるとするのか、という点です。これは、現経営者の年

齢・健康状態、会社の状況等にも関係してくる事項です。

　生前の承継にこだわるのであれば、「売買」か「贈与」となります。もっとも、いずれの方法も、後継者に一定の資金（株式購入代金や贈与税の負担）が必要となりますので、その手当が困難な場合には、改めて「遺贈」の方法を検討する（生前承継の点は譲歩し、経済的負担軽減の方を採る）、ということになります。

　生前の承継を希望し、かつ、一定の資金も確保できるという場合は、「売買」、「贈与」のいずれの方法も選択が可能です。あとは、「現経営者の死亡後、相続人間で紛争が生じる可能性があるか」「経済的負担の軽減に重きを置くか」といった視点から、どちらかを選ぶことになります。相続人間に不和があるような場合には、死亡後に紛争が発生する可能性のある「贈与」の方法はリスクがあるため、「売買」を選択する方向に傾くと思われます。他方、経済的負担を重視する立場からは、「売買」において支払うこととなる株式売買代金及び売買によって生じる利益に係る所得税等の金額と、「贈与」において発生する贈与税の額（贈与税の額を減少させる施策の活用も検討する）を比較したうえで、どちらかの方法を選択することになるでしょう。

　生前の承継を特段希望しないということであれば、経済的負担が最も少ない、「遺贈」を選択する方向になると思われますが、こちらも、後継者と他の親族の不和等、相続人間に紛争が生じる可能性がある場合には、このリスクを避けるため、経済的負担は覚悟のうえで「売買」の方法による、という選択肢もありえます。

　また、納税猶予制度の適用の可否も含めた総合的な税負担額も検討の材料とすべきでしょう。

　以上のとおり、ア売買、イ贈与、ウ遺贈のいずれの方法によるかは、以下の点等を総合して、判断することになります。

- 早期（現経営者の生前）の承継をどこまで強く望むか
- 現経営者の死亡後に相続人間において紛争が発生する可能性がどれくらいあるか
- 後継者の一定の資金の調達が現時点で可能か
- 経済的負担の点をどこまで重視するか
- 納税猶予制度等を適用することができるか

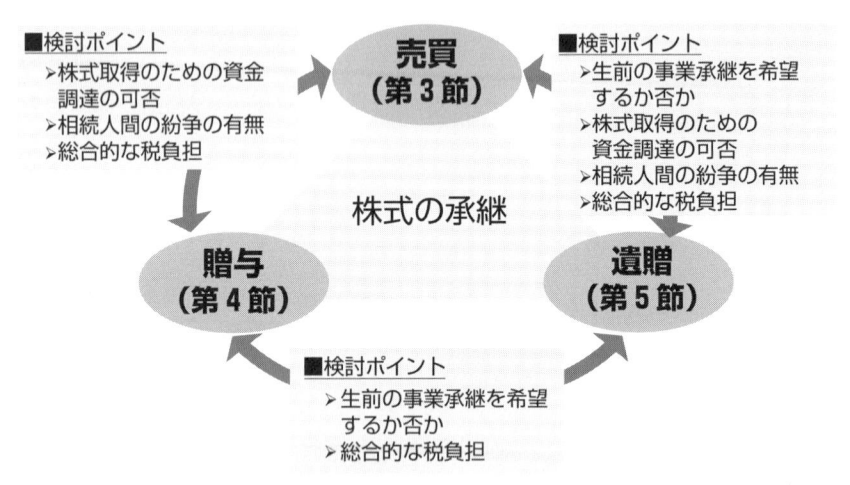

株式の承継

売買（第3節）
■検討ポイント
- 株式取得のための資金調達の可否
- 相続人間の紛争の有無
- 総合的な税負担

贈与（第4節）
■検討ポイント
- 生前の事業承継を希望するか否か
- 総合的な税負担

遺贈（第5節）
■検討ポイント
- 生前の事業承継を希望するか否か
- 株式取得のための資金調達の可否
- 相続人間の紛争の有無
- 総合的な税負担

<u>上記のポイントを総合的に判断して、適切な承継方法を選択します</u>

　本章では、第3節から第5節で、この「売買」「贈与」「遺贈」の3つの方法について詳しく解説します。その中で、各方法における「デメリット」について、これを克服する、もしくは不利益を最小限に留める方策なども説明します。中小企業の経営者にとっては納税の際の資金負担も重要な論点になるので、納税猶予制度については「贈与」「遺贈」の説明の中で詳細を解説します。株式の承継方法を検討するにあたっては、上記各節を参照し、これら方法を採るにあたって具体的に何に注意すべきか、また、各方法における「デメリット」をどこまで軽減することができるか等もあわせて考慮し、会社の状況や、社長・後継者の状況

などを踏まえて、最終的にどの譲渡方法が最もふさわしいか決定されることをお勧めします。

2 承継させる株式の割合を検討しよう
(1) 過半数の株式の承継だけでは十分でないことを知ろう

　まず、株式会社の最高意思決定機関である株主総会の決議は、議決権の過半数を有する株主が出席し（定足数）、その出席した株主の議決権の過半数の賛成があった場合に成立するというのが原則です。全株主が株主総会に出席すると仮定した場合には、50％を上回る過半数の株式（議決権）を保有していれば、会社の基本的事項については決定できるということになります。そういう意味では、最低限、50％を上回る株式を承継させれば、一応の経営権の承継はできるということになります。

　なお、平成23年の独立行政法人中小企業基盤整備機構の事業承継実態調査報告書によると、6割を超える中小企業の経営者は、過半数の株式を保有して経営権を確保していることが明らかとなっています。

　ただ、会社の定款変更や合併・事業譲渡・会社分割等の組織再編行為など、株主の地位に重大な影響を及ぼす事項、支配株主等一部の株主のみが利益を受けることになるような事項等に関する決議については、法律上、議決権の過半数を有する株主が出席し、その出席した株主の議決権の3分の2以上の賛成がなければ決議をすることができません（特別決議）。したがって、このような特別決議をする可能性があることを踏まえると、3分の2以上の多数決を取ることができる議決権数に相当する株式を承継させるのが望ましいといえます。

(2) 100％の株式の承継をした方が望ましいということを知ろう

　欲をいえば、社長の下で保有している株式の割合が100％であることがベストといってよいでしょう。発行済株式総数の3分の2以上であれば、特別決議を支配できるため、ほとんどのことは当該株主の判断で決

定できることになりますが、少数株主が残っていることで、機動性がなくなる場合があるからです。例えば、5％の株式を保有している方がいたとして、その方が亡くなれば、相続が発生し、これにより、さらに複数の少数株主が発生することになります。少数株主がいることで、株主の管理の手間・コストもかかります。

　また、仮に、第三者に会社を売却するという話になった場合、株式のすべて、つまり100％を譲渡することになるのが通常です。しかし、少数株主がおり、その下で相続が発生していたような場合には、現在の株主の特定、あるいは、株式の買い集めに時間を要することになり、機動的な対応が困難となる可能性があります。

　そのため、経営を安定させるという点からは、100％の株式を承継させるのが望ましいといえます。

　なお、本章は、内容の理解を進めやすくするために、最もシンプルな「現経営者が会社の株式を100％保有している」ケースを前提に議論を進めますが、現経営者の保有する株式は一部に過ぎず、他の部分は別の者が保有しているというケースもよく見られます。そのような場合には、可能な限り現経営者のもとで株式を集約したうえで承継することが望ましいものといえます。第6節「株式が分散している場合の対策」では、このような株式が分散している場合において具体的にどのような対応をすべきかについて解説します。

コラム　株式の承継だけで足りるか？

　社長が所有している土地建物を会社の本社や工場として使用している場合があります。また、社長個人が、会社に対して多額の貸付けをしておりこれが残っているということもあります。後継者に事業を承継しようとする場合、このような現経営者が個人で所有する事業用の資産や貸付金をどのようにするかも問題となります。

　後継者に株式を承継させれば、会社の意思決定は後継者が支配できることになりますが、それだけでこれまでどおりの事業を継続できるとは限りません。現経営者が個人で所有している土地が、会社の事業に不可欠な工場の敷地として使用されているような場合、この土地の使用関係を安定させることができなければ会社の事業継続にも支障が生じる可能性があります。株式は後継者に承継できた、他方、工場敷地の所有権は他の相続人が取得したという事例で、後に相続人間で仲違いが生じた場合には、工場敷地を承継した相続人との間で敷地の使用に関してトラブルが生じることも十分想定されます。また、現経営者の会社に対する貸付金（基本的には返済があまり想定されていない）を相続した後継者以外の相続人から会社が請求を受けて、経営に支障をきたすこともあるかもしれません。

　現経営者が経営しているのと同じ状態で会社の事業を後継者に承継させ、安定した経営をしていくためには、株式だけではなく、事業用資産（上記の例でいえば工場敷地）や経営者から会社への貸付金の承継についても検討する必要があります。

第3節 「売買による株式の譲渡」を詳しく知ろう

株式買取資金と税負担に要注意

A社長 株式を息子に売却する方法は、私の生前に確実に承継させられるので、確かに魅力的ですね。でも、息子は売買代金を用意する必要があるのですね。その金額はどのように算定されるものなのでしょうか。また、売買によって税金も発生すると思うのですが、それはどのような税金でしょうか。

Y会計士 まず売買価額は、「譲渡する株式数×株価」で決定しますが、ここで、株価は直近の取引価格や税法上の時価を考慮して決定されることになります。また、株式の売買によって生じた利益に係る所得税等が社長に発生することになります。

A社長 売買価額の決定や、税金の関係で、何か注意することはありますか。

Y会計士 純然たる第三者との取引であれば問題とならないのですが、息子さんへの譲渡の場合、時価とかけ離れた金額で取引を行ってしまうと社長又は息子さんに贈与税の負担が生じることがありますので、この点は注意が必要となります。

解　説

1　売買による譲渡の特徴を知ろう

　「売買」の方法は、後継者が代金を支払って、経営者からその保有株式を取得するというものです。

　これは、現経営者の生前に承継する方法であるため、後継者に引き継ぐ前後において、現経営者が従業員や取引先等のフォローをしたり、あるいは、後継者の相談に乗ることもできますので、円滑な経営の承継を図ることが可能になります。また、この方法で承継すれば、相続でもめる心配はありません。第5節「遺贈による株式の譲渡」で詳しく触れますが、「贈与」「遺贈」の方法を用いると、現経営者が死亡し、相続が発生した後、後継者と他の相続人との間で「遺留分」の問題が生じる可能性があります。しかし、売買の方法であれば、売買の実行によりその時点で確実に株式を後継者に移すことができ、代金の設定が適正である限り、遺留分の問題は生じず、経営者の死後に禍根を残す可能性を排除することができます。

　このように、早期にかつ確実に株式を後継者に引き継がせ、後継者による経営の安定を図ることができるのが、売買という方法の最大の特徴といえます。

　他方、後継者には株式を買い取るだけの資金が必要となります。また、現経営者の側に譲渡所得が発生するため、場合によっては経営者が受け取った株式譲渡代金から多額の所得税等を支払わなければならなくなる可能性があります。このように、売買による譲渡は、どうしてもある程度の資金の用意が必要になる方法です。前節でも触れたように、現経営者・後継者の資金負担は、「贈与」「遺贈」と比べても、最も多くなることが想定されます。

　以上から、この「売買」の方法は、次のような場合に検討すべき方法

といえます。

> ① 現経営者が、自身の生前に承継を行い、会社関係者や後継者のフォローをし、承継後の姿も見届けたいという場合
> ② 現経営者の死後に、後継者と親族らとの間で争いが生ずることは絶対に避けたい場合
> ③ 後継者の株式取得のための資金調達が可能である場合

2 売買の際に経営者・後継者にかかる税金を知ろう

(1) 譲渡価額の決定

　売買による譲渡の方法を採る場合、経営者・後継者それぞれに税金がかかる可能性がありますが、その計算をする際のポイントは、株式の譲渡価額です。

　皆様の中には、「どうせウチの会社の株式など大した価値はないのだし、親族との間の売買だから、適当な価格の設定でいいのでは」と考えられる方もいらっしゃるかもしれません。中には、息子との売買なのだから、売買の形だけ取っておけばよく、譲渡価額を記載した契約書の作成も、実際の売買代金の支払いなども必要ないだろうと簡単に考えられる方もいるかもしれません。

　しかし、それは大きな誤りです。そのようなことをした場合の具体的なデメリットとしては、まず、時価とかけ離れた、いい加減な譲渡価額で売買をすると、税務当局に「実質は贈与である」とみなされ、当事者に高額の贈与税が課される可能性があります（詳しくは後述の計算例を参照）。また、契約書の取り交わしがなかったり、売買代金について現実の動きがなかったりすると、のちに現経営者が死亡し、相続が発生した場合に、後継者と他の相続人との間で、「売買は形だけで、実際には契約関係はなかった。したがって、株式は後継者に移転していない」といった紛争が生じる可能性があります。特に、売買代金の支払いの痕跡

が見られないような場合には、株式の贈与があったとみなされ、後継者に贈与税が課される可能性もあります。よって、譲渡価額は、しっかりした根拠に基づいて、明確な金額を算出し、それに沿って適切な手続で売買を進めることが必須です。

問題はその算出方法です。保有株式が上場会社の銘柄であれば、市場価額もありますので、算出は容易ですが、本件のような非上場株式の場合には、そのような拠るべき明確な基準がありません。では、どのように株価を算定すればよいのでしょうか。

譲渡価額は、「株価×株式数」で計算されます。そして、株価については以下の①から③に基づいて判断することになります。ただ、実際には下記③の財産評価基本通達に定められた方法で算定した金額で行うことが大半です。

① 売買実例価額

　純然たる第三者との会社株式の取引実績がある場合、その金額を株価として取り扱うことが考えられます。ただ、一般的に中小企業の株式を取引することはあまりありませんので、この方法で決めることはほぼありません。

② 類似会社比準価額

　これは、会社と事業・規模・収益の状況等が類似する上場会社がある場合、その会社の株価から推定する金額です。ただ、一般的にそういった会社を見出すことは困難です（この方法は、第7節に記載している「類似業種比準方式」とは異なる考え方による方法です。）。

③ 財産評価基本通達に定められた方式で算定した価額

　財産評価基本通達という、相続税法上の時価を算定する際に用いられる方式によって定められる価額です。大抵の中小企業の株式の評価はこの方式で計算された金額で行われます。

　具体的には、財産評価基本通達において、会社の規模に応じた株式

の評価方式がいくつか定められていますので、会社の従業員数・総資産価額・取引金額を考慮した上で会社の規模を判定し、その判定結果に沿った方式で価格を求めることになります。

これらについては、後述する第7節「自社株式の評価方法」でさらに詳しく触れていますので、関心がある場合はそちらを参照ください。ただし、その算定には、会計・税務の専門的な知識が求められるものであり、一般の方々には算出が難しいものです。詳しい検討をされる際には、これらの評価方式に詳しい専門家に相談することをお勧めします。

(2) 売買に係る税負担

次に、税金の計算です。売買をすると、譲渡によって生じた利益にかかる所得税等が譲渡者である現経営者に発生することになります。

では、その税額はどのようにして計算されるのでしょうか。

中小企業の株式の売買は、通常、非上場株式等の譲渡となるため、原則として次の算式により計算されることとなります。

所得税等の金額＝
(譲渡価額－必要経費 (取得費＋譲渡費用)) ×20.315%（※）
（※）所得税＋復興特別所得税＋住民税

「譲渡価額」「所得税等」の計算方法については上述のとおりです。

ここで注意が必要なのは、「譲渡価額とその株式の時価が著しく異なる場合、課税上の不利益が生ずることがある」という点です。すなわち、

① 時価よりも著しく高い金額で株式を譲渡した場合には、株式を譲渡した経営者に、

② 時価よりも著しく低い金額で株式を譲渡した場合には、株式を譲り受けた後継者に、

　それぞれ、贈与税が課される場合があります（贈与税の計算については58ページ参照）。

この時価と譲渡価額の差額が、贈与税の基礎控除額110万円を超える場合には、贈与税の申告・納税が必要となってきます。

■譲渡時の計算事例

●前提事項
・株式の時価：1億円（株価100万円×100株）
・株式の取得価額：1,000万円（株価10万円×100株）
・株式の売却手数料：500万円
・現経営者から後継者である息子（20歳以上）に、売買によって株式を譲渡する

①時価で譲渡を行った場合
（1）「経営者に」課される所得税等・贈与税
　　所得税等：(1億円－(1,000万円＋500万円))×20.315％＝約1,700万円
（2）「後継者に」課される所得税等・贈与税
　　特に無し
　　合計：約1,700万円

②著しく高い金額（2億円）で譲渡を行った場合
（1）「経営者に」課される所得税等・贈与税
　　所得税等：(1億円－(1,000万円＋500万円))×20.315％＝約1,700万円
　　贈与税：((2億円－1億円)－110万円)×55％－400万円＝約5,000万円
　　計：約6,700万円
（2）「後継者に」課される所得税等・贈与税
　　特に無し
　　合計：約6,700万円

> 時価で譲渡するよりも約5,000万円の税負担増

③著しく低い金額（3,000万円）で譲渡を行った場合
（1）「経営者に」課される所得税等・贈与税
　　所得税等：(3,000万円－(1,000万円＋500万円))×20.315％＝約300万円

> (2)「後継者に」課される所得税等・贈与税
> 　　贈与税：((1億円－3,000万円)－110万円)×55%－640万円＝約3,100万円
> 　　合計：約3,400万円

時価で譲渡するよりも約1,700万円の税負担増

　（注）贈与税の税率及び控除額は、平成27年以後の税率等（60ページ参照）によっています。
　　　また、後継者に課される贈与税の税率は、特例税率を適用しています。

　なお、経営者が受け取った譲渡代金から諸税金を控除した残額が経営者の財産となり、相続が将来発生した際の相続税を計算するときに、相続財産として検討していくことになります。

3　売買手続上の留意点を知ろう

　売買による譲渡の手続においては、以下の事項について特に留意が必要です。

(1) 売買契約書の作成

　後継者（譲受人）が親族の場合、馴れ合いで、堅苦しい手続を省いてしまいがちであり、例えば売買契約書を作成しないといったケースも見られるところです。

　しかし、当事者間ではそれでよいとしても、例えば、元の経営者（譲渡人）について相続が発生した場合、後継者と他の相続人との間で、売買の有効性等について紛争が生じる可能性もあります。そのような場合に備える意味からも、売買価額、売買年月日、資金決済日等を記載した売買契約書は必ず作成しておくべきです。

(2) 譲渡制限付株式

　株式に譲渡制限が設けられている場合、株式を有効に譲渡するために

は定款で定められた機関（株主総会、取締役会等）による承認が必要となります。中小企業では譲渡制限が付いているケースが多いので、注意が必要です。これも、上記**（1）**の売買契約書と同様、他の相続人等との間で売買の有効性について紛争になる場合などもありえますので、必ず所定の手続を踏み、議事録を書面で残しておかなければなりません。

（3）売買代金の決済

これも親族間の馴れ合い等により、「形だけ」売買の格好を取り、実際に金員は動かさないということも散見されます。しかし、売買契約書を作成するのみで、実際の売買代金の決済（資金の収受）を行っていない場合、株式の贈与があったとみなされて、後継者に贈与税が課される可能性があります。そのため、売買代金については明確な形で資金の決済を行うようにすべきです。仮に売買代金について資金調達が困難な場合は、現経営者と後継者との間で金銭消費貸借契約書を締結し、借入金の返済として資金の収受をすることも考えられます。

（4）所得税等の申告手続

株式を譲渡した現経営者については、所得税等の確定申告手続が必要となります。自社株式の譲渡で利益が出た場合、他に含み損のある株式を所有している場合には、その株式を譲渡して二つの取引を同一年とすることでその損益を通算することを検討するとよいでしょう。

（注）平成25年度税制改正により、平成28年1月1日以降の譲渡については、非上場の株式等の譲渡損益と上場株式の譲渡損益の損益通算が廃止されます。

第4節 「贈与による株式の譲渡」を詳しく知ろう

贈与の税負担は工夫次第

A社長 贈与による株式の承継は、タダで息子に株を与えるのですから、お金はかからないし、しかも私が生きているうちに引き継がせることができるので、一番よい方法のように思いますが。

Y会計士 社長、それは甘いですよ。贈与の場合、息子さんに贈与税が課されます。贈与税は税率が高いので、下手をするととんでもない額の税金を負担しなければならなくなります。

A社長 そうでしたか。その贈与税を軽くするような工夫はないのですか。

Y会計士 1年間のうち110万円までの贈与であれば税金はかかりませんので、数年かけて贈与を実行すれば一括で贈与するより税額を抑えることができます。また、相続時精算課税制度というものがあります。利用すべきケースは限られますが、これを通常の贈与と合わせて活用することでより一層税負担を軽減することも可能です。

A社長 なんですか、そのなんたらセーサンカゼーというのは。

Y会計士 一言でいうと、ある一定の関係者間の贈与について、制度適用以後の2,500万円までの贈与については税金を後送りし、相続が発生した際にまとめて精算する、という制度です。最初の数年間は年間110万円づつ株式を譲渡し、例えば後継者が会社を引き継ぐのに足るようになったと社長が判断した際に相続時精算課税制度を利用して残

りの株式の全てを贈与する、といった方法が考えられますね。

A社長 税金を軽くできるのであればありがたいですね。ただ、ある程度の納税は発生しますよね。額にもよりますが、すぐに全額を納付できるか少々心配です。

Y会計士 そのような場合には、贈与税の納税猶予制度を活用するとよいかもしれません。全ての株式を対象とするわけではありませんが、会社の経営権を維持するために必要な株式については、一定の要件を満たせば贈与税の納税を猶予してもらうこともできるんですよ。また、その後相続が発生した段階で、贈与税が免除されたり、更に、相続税の納税猶予、相続税の免除というスムーズな事業の承継と継続に必要な資金負担の軽減を図る制度もあります。とはいえ、その適用にはさまざまな要件が求められており、制度を利用するにあたっては、十分な検討が必要となります。

解　説

1　贈与による株式譲渡の特徴を知ろう

「贈与」は、後継者が経営者から無償で株式を譲り受ける方法です。

先に説明した「売買」と同様、生前の承継となりますので、現経営者自らが後継者その他会社関係者のフォローや対応をすることが可能であり、早期かつ円滑な事業承継に資することとなります。

売買と異なり、無償での譲受けなので、株式取得のための資金は不要です。

ただし、贈与税の負担が後継者に生じます。のちに説明するとおり、贈与税は税率が高く一般的には高額になりがちであり、この負担を見込んでおく必要があります。

また、売買と異なり、相続発生後に、後継者と他の相続人との間での

「遺留分」に関する紛争が生じる可能性があります。

以上から、この「贈与」の方法は、次のような場合に検討すべき方法といえます。

> ① 経営者が、自身の生前に承継を行い、会社関係者や後継者のフォローをし、承継後の姿も見届けたい場合
> ② 後継者と親族らとの関係等からして、自らの死後に争いが生ずることはない（又はそのリスクは相当低い）と考えられる場合
> ③ 後継者の株式取得のための資金調達が困難である場合

2　贈与に伴う税負担を軽くする方法

　贈与の場合、後継者に贈与税が課されることに注意しなければなりません。

　贈与税は、税率が高いことから、この点の注意を怠ると、多額の税金の負担に苦しむことになってしまいます。

　しかし、やり方次第では、贈与による株式の譲渡にかかる税負担を軽くすることができます。

　以下、その方法について説明します。

(1) 複数年かけて贈与する方法

① 贈与税の計算方法

　まず、贈与税の計算方法を確認しておきます。

　贈与税の計算式は、以下のとおりとなります。

> 贈与税の金額＝（贈与財産の価額－基礎控除額（110万円））×税率－控除額

　まず、贈与財産の価額についてですが、「無償で渡しているのにどうやって金額を決めればいいんだ？」と思いませんか。この点、会社株式を贈与した場合には、税法上、その株式の金額の計算方法が決まっています。詳細は第7節「自社株式の評価方法」で説明しますので、そちら

を参照ください。

　次に注意するのは、「基礎控除額」です。贈与税は、この基礎控除額以下の贈与の場合は発生しません。この額を超えた贈与のみが課税の対象とされるのです。

　そして、その基礎控除額は、「110万円」です。これは、その年の1月～12月（暦年と言います。）に受けた贈与の合計額から控除できる金額です。この、暦年1年間を基準とする基礎控除の制度が、贈与税を軽減するポイントとなります。

　もうひとつの、贈与税負担軽減のポイントが、段階的に設定されている贈与税の税率です。

　贈与税の税率は、以下のように10％～55％（注）まで、基礎控除後の金額に応じて段階的に（価格が高くなるほど高率に）設定されています。

(注) 平成27年1月1日以後の贈与。同日前の贈与については最高50％。

■贈与税の速算表
【平成27年1月1日以降】

基礎控除後の 課税価格	一般税率		特例税率（注）	
	税率	控除額	税率	控除額
200万円以下	10%	0万円	10%	0万円
300万円以下	15%	10万円	15%	10万円
400万円以下	20%	25万円	15%	10万円
600万円以下	30%	65万円	20%	30万円
1,000万円以下	40%	125万円	30%	90万円
1,500万円以下	45%	175万円	40%	190万円
3,000万円以下	50%	250万円	45%	265万円
4,500万円以下	55%	400万円	50%	415万円
4,500万円超	55%	400万円	55%	640万円

（注）特例税率は、贈与を受けた年の1月1日現在で20歳以上の直系卑属（子・孫など）が直系尊属（祖父母や父母など）から贈与を受けた際の計算に使用します。

【平成26年12月31日以前】

基礎控除後の 課税価格	税率	控除額
200万円以下	10%	0万円
300万円以下	15%	10万円
400万円以下	20%	25万円
600万円以下	30%	65万円
1,000万円以下	40%	125万円
1,000万円超	50%	225万円

② 複数年かけて贈与した場合の税負担額

　以上のとおり、贈与税は、暦年1年間単位で「基礎控除」が定めら

れ、かつ、基礎控除後の額が大きいほど高い税率がかけられています。

そうすると、もし一度に贈与するのではなく、数年かけて小分けにして贈与した場合、どうなるでしょう。

その場合、毎回（毎年分）、基礎控除の適用を受けることができることになります。また、控除後の額も、毎回（毎年）少額で済み、税率を低く抑えられるため、一括して贈与した場合と比較して、大幅に贈与税を低減させることができます。

以下、具体例を挙げます。

■計算事例

●前提事項
・株式の時価：1億円（株価100万円×100株）
・株式の時価は一定であるとする
・現経営者から、後継者である息子（20歳以上）への株式の贈与であるため、特例税率を適用する

①一度に全株式を贈与した場合の贈与税額
（1億円－110万円）×55%－640万円＝約4,800万円

②20株ずつ、5年かけて贈与した場合の贈与税額
（(2,000万円－110万円)×45%－265万円）×5年分＝約2,900万円

一括で贈与するよりも約1,900万円の節税

③5株ずつ、10年かけて贈与した後に、残りを一括で贈与した場合の贈与税額
1年目〜10年目：((500万円－110万円)×15%－10万円)×10年分＝485万円
11年目：(5,000万円－110万円)×55%－640万円＝約2,050万円
合計：485万円＋2,050万円＝約2,530万円

一括で贈与するよりも約2,270万円の節税

このケースでは、一括の贈与と比べて、5年かけて贈与すると約1,900万円、10年かけて贈与すると約2,270万円も税額を抑えることができています。

③　複数年かけて贈与した場合の注意点

　このように、数年を費やしての贈与による株式承継の場合、税負担の軽減が可能です。

　ただし、以下の点について注意する必要があります。

ⅰ．贈与の客観的証拠を残すこと

　法律上、贈与契約は当事者間の合意のみで成立しますが、贈与を行う際には書面による契約書を締結することが大切です。書面による契約書が無い場合、相続時に他の相続人との間で紛争が生じる原因にもなりますし、また、税務署がその数年間に渡る贈与を「定期金の給付」として、初年度にまとめて行われたものと判断し、一括の贈与と同様の贈与税が課されることも考えられるからです（連年贈与といいます。）。

ⅱ．事務作業の煩雑さ

　既述の計算例のように、基礎控除額等を活用すれば節税が可能ですが、株式の評価額が高い場合には長期の計画的な贈与を行う必要があり、その場合、株式の評価と贈与税の申告手続を毎年行う必要があります。

> **コラム　親族図**
>
> 　贈与税の計算の際に、尊属・卑属などの日常ではあまり使用しない用語が出てきますが、これらの関係は以下の親族図のとおりです。なお、親族とは、6親等内の血族、配偶者、3親等内の姻族をいいます（民法725条）。

■親族図

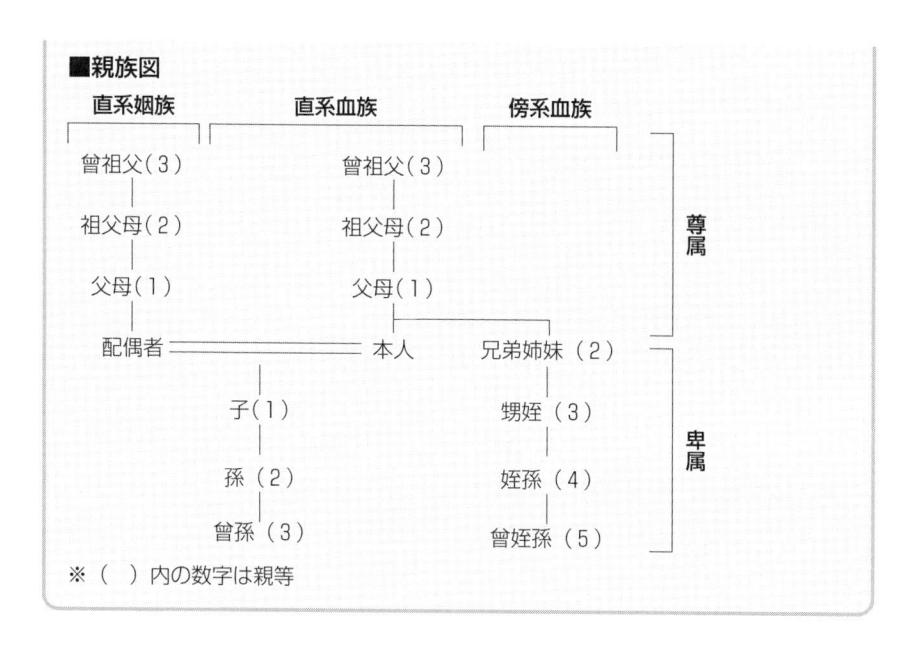

直系姻族	直系血族	傍系血族	
曾祖父(3)	曾祖父(3)		尊属
祖父母(2)	祖父母(2)		
父母(1)	父母(1)		
配偶者 ―――	本人	兄弟姉妹(2)	
	子(1)	甥姪(3)	卑属
	孫(2)	姪孫(4)	
	曾孫(3)	曾姪孫(5)	

※( )内の数字は親等

（2）相続時精算課税制度を活用する方法

　もうひとつ、利用すべきケースは限られますが、株式の贈与にかかる税金を抑えられる方法があります。それは、相続時精算課税制度というものです。ただし、この制度は贈与税・相続税を通じて納税を行うものであり、最終的な税負担の軽減を図るためには相続発生時の税負担まで考慮する必要があります。

① 制度の概要

　相続時精算課税制度とは、上記の暦年課税の贈与税の制度に代えて、生涯累計で2,500万円（特別控除額）までの贈与は非課税とし、2,500万円を超えた場合には超過部分に20％課税する、という制度です。そして、親等が亡くなり相続が発生した際に、この制度を用いて贈与を受けた財産を相続財産に含めて相続税を計算することになります。

　具体例を見てみます。

■計算事例（相続時精算課税制度を選択した場合としない場合の計算過程）

●前提事項
・贈与時の株式の時価：1億円（株価100万円×100株）
・株式の時価は一定であるとする
・現経営者から、後継者である息子（20歳以上）に株式を贈与する
・株式は、1年目に2,000万円、2年目に3,000万円贈与する
・3年目に先代経営者に相続が発生する
・相続財産は1億円とする（株式5,000万円を含む）
・法定相続人は後継者である息子のみとする

①相続税精算課税制度を適用した場合
　1年目：特別控除額の2,500万円以下の贈与なので、贈与税の支払は無し。
　2年目：特別控除額のうち、1年目に2,000万円を利用しているので、贈与税は以下のとおり
　　　　｛3,000万円－（2,500万円－2,000万円）｝×20％＝**500万円**
　3年目：ⅰ）相続税の課税評価額：1億円＋5,000万円＝1億5,000万円（相続財産と贈与財産の合計）
　　　　ⅱ）相続税額：｛1億5,000万円－（3,000万円＋600万円×1人）｝×40％－1,700万円＝2,860万円
　　　　ⅲ）納税額：2,860万円－500万円＝**2,360万円**（相続時精算課税制度で納税した500万円を控除）
　合計：500万円＋2,360万円＝**2,860万円**

②相続時精算課税制度を適用しない場合（＝通常の相続税の計算）
　ⅰ）相続税の課税評価額：1億5,000万円
　ⅱ）相続税額：｛1億5,000万円－（3,000万円＋600万円×1人）｝×40％－1,700万円＝2,860万円
　ⅲ）納税額：**2,860万円**

（注）相続税額の計算方法については、89ページを参照ください。

このように、株式の価額に変化がない場合は相続時精算課税制度を適用した場合としない場合の税負担額に差異はありません。ただし、株式について剰余金の配当が行われる場合には、贈与後の株式にかかる配当は後継者に帰属することになりますので、財産の一部移転が図られることになります。

　仮に相続時の株式の価額が1年目よりも上がっていれば、相続時精算課税制度の適用を受けていない②の場合には、相続税の計算上は価額が上がった後の「相続時の」金額で株式を評価するため、上記①の計算例より課税評価額が増え、税負担額が増えることとなります。

② 利用を検討するべきケース

　相続時精算課税制度は使い方次第で大変有用な制度ではありますが、これを闇雲に用いても、節税の効果をほとんど上げられないこともありますし、それどころか通常の場合よりも税が高額になってしまうという事態もありえます。この制度に適するケースか否かの見極めが必要となります。

　では、この制度の活用に適するケースとはどのようなものでしょうか。

ア　将来価値が上がりそうな資産をもっている場合

　この制度を適用して株式を後継者に贈与した場合、株式は「贈与時の」時価で評価することになります。会社の経営が順調で、会社の株価が将来上昇することが予想される場合には、相続税の計算上、株価が上がる前の金額で株式を評価できるので、税負担を減らすことができるという点でメリットがあります。

イ　配当が行われる株式等の収益を生む財産を贈与しておくことで、その後の収益を子に帰属させたい場合

　会社の業績が好調で株主に配当を行っているような場合にも、この制度は有用です。この制度を利用して会社の株式を贈与した場合、配当があればそれは後継者の収入となるため、経営者の相続財産の増加を防ぐ

効果があり、相続発生時の後継者の負担を減らすことができるからです。もちろん、経営者の方が配当のある上場株式や賃貸不動産等を保有している場合にも、同様の理由からこの制度の利用を検討すべきです。

ウ　早期に多額の資産を後継者に移転したい場合

　特別控除額2,500万円以内の贈与であれば、非課税での贈与が可能なので、一度にまとまった財産を贈与したい場合にも有効な制度となります。「会社の株式を確実に後継者に承継させたい」という強い意思が経営者にある場合には、遺言書を残すよりも相続時精算課税制度を活用することにより確実に後継者に会社の株式を承継させることができます。

③　要件

　相続時精算課税制度の適用を受けるためには、以下の要件を満たすことが必要となります。

ア　60歳以上の親又は祖父母から20歳以上の子又は孫への財産の移転であること（年齢は贈与を受けた年の1月1日における年齢）

　（注）平成26年12月31日以前は「65歳以上の親」から20歳以上の「子」への贈与を対象としていました（平成25年度税制改正により改正）。

イ　最初の贈与を受けた年の翌年の2月1日から3月15日までの間に所轄税務署長に対して申告・届出を行うこと

④　留意点

　使い方によって税務上の恩恵を受けることができるこの制度ですが、その適用にあたっては以下の点について留意する必要があります。

ア　通常の贈与の課税（暦年課税）への変更不可

　ある者から贈与を受けた財産について相続時精算課税方式を選択した後は、その者からの贈与については通常の課税（暦年課税）方式による申告ができなくなります。このため、適用にあたっては慎重な判断が必要となります。

イ　株式評価額の下落による税負担への影響

　贈与する株式の価格が将来上昇すると見込んで相続時精算課税方式を選択したにもかかわらず、その評価額が下落した場合、相続税の計算上は、贈与時の、評価額が下がる前の金額で株式を評価することになるため、結果的に税負担が増えることがあります。

ウ　事務作業の煩雑さ

　贈与によって承継された株式は、経過年数の制限なく全贈与財産が相続財産へ持ち戻しされる（通常の相続の場合には相続開始前3年以内の贈与財産のみ）ので、相続税の計算を正確に行うために、贈与時の契約書等を全て保管・整備しておくことが必要となり、この点は事務作業の手間がかかります。

⑤　暦年贈与との比較

　通常の暦年贈与（1年ごと、すなわち「暦年」で基礎控除の適用を受ける形）と相続時精算課税制度を比較すると以下のようになります。

	暦年贈与	相続時精算課税制度
対象者	制限なし	60歳以上の親又は祖父母から20歳以上の子又は孫への贈与のみ（年齢は贈与を受けた年の1月1日における年齢）（注）
控除額	年間110万円（基礎控除額）	贈与者ごとに、生涯累計で2,500万円（特別控除額）
税率	110万円を超える部分は10〜55％の累進課税	生涯累計で2,500万円を超えたら一律20％
届出	不要	最初に贈与した年の翌年の2月1日〜3月15日に「相続時精算課税選択届出書」を所轄の税務署に提出
申告期限	贈与の年の翌年の2月1日〜3月15日	贈与の年の翌年の2月1日〜3月15日

後継者の確定申告	年間110万円以下の贈与は申告不要	贈与税額が0円でも申告必要
相続時の課税	相続開始前3年以内の贈与財産にかぎり、相続税の課税対象となる（贈与時の価額で加算）	相続時精算課税制度の選択後に被相続人から受けた贈与財産の全てが相続税の課税対象（贈与時の価額で加算）
相続税額が贈与税額を下回った場合	還付されない	還付される
メリット	・基礎控除額内の贈与であれば税金がかからない。 ・相続財産を減少させることができる。	・将来値上がりしそうな資産を持っている場合には節税になる。 ・収益財産から生じる収益を、後継者に帰属させることができる。 ・多額の資産を一度にまとまって贈与できる。
デメリット	・基礎控除額が少額なため、高額の資産を一度に贈与すると税負担が大きい。	・一度選択すると、暦年贈与への変更ができない。 ・贈与した資産が値下がりした場合、税負担が増える。

（注）平成26年12月31日以前は「65歳以上の親」から20歳以上の「子」への贈与を対象としていました（平成25年度税制改正により改正）。

3 贈与税の納税猶予制度を知ろう

　複数年かけて贈与することや、相続時精算課税制度をうまく使うことで、贈与に伴う税金の額を抑えることができます。しかしこれは、あくまでも税額を低減させるにとどまり、税の免除を受けられるわけではありませんので、基礎控除額や特別控除額を超える贈与の場合には、その超過分に対する贈与税を納税することになります。その納付を即時に求められると、金額次第では贈与税の課税が事業承継の足かせとなりかねません。

　そこで、円滑な事業承継が行えるように、平成21年度税制改正におい

て、一定の要件を満たす場合、贈与税の納税の猶予を受けられるという制度（非上場株式等についての贈与税の納税猶予）が設けられ、平成21年4月1日以後の贈与に適用されることになりました。さらに、平成25年度税制改正では、この制度を適用するための要件の緩和や手続の簡素化が図られており、より適用しやすい制度になりました。

ただし、この制度は、基本的には納税を猶予する制度であり、納税の免除ではありません。一定の場合には猶予されていた贈与税の納税が必要になることもあり、その際には利子税も合わせて納付する必要がありますので、この制度を適用しない場合と比較して税負担が増す場合もあります。したがって、この制度の適用を受けるかどうかは、制度自体の内容を十分理解することはもちろん、将来を予測したうえで慎重に判断する必要があります。

(1) 制度の概要

この制度は、後継者が先代経営者から贈与により会社の株式を取得し、その会社を経営していく場合には、後継者が納付すべき贈与税額のうち、贈与により取得した議決権株式等（贈与前からすでに保有していた議決権株式等を含めて、その会社の発行済議決権株式の総数等の3分の2に達するまでの部分）にかかる贈与税の納税を猶予するという制度です。

(2) 適用のための要件

この制度の利用には、以下の要件を満たす必要があります。

① 経済産業大臣の認定を受けること

贈与税納税猶予制度の適用を受けるには、経済産業大臣の認定を受けることが前提となります。この認定を受けるためには、贈与の日が属する年の翌年1月15日までに経済産業大臣に申請書を提出する必要があります（今後、申請先が経済産業大臣ではなく、都道府県知事に変更されることが予定されています。）。

② 贈与税の申告及び担保の提供

　制度の適用のためには、贈与税の申告期限（贈与を受けた年の翌年の2月1日から3月15日）までに、この特例の適用を受ける旨を記載した贈与税の申告書及び一定の書類を税務署へ提出する必要があります。またその際には、納税が猶予される贈与税額及び利子税の金額に見合う担保を提供する必要があります。ただし、特例の適用を受ける非上場株式等の全てを担保として提供した場合には、納税が猶予される贈与税額及び利子税の額に見合う担保の提供があったものとみなされます。

③ 会社の主な要件

　会社について次の要件を満たすことが必要となります。

> ➤ 上場会社でないこと
> ➤ 中小企業者に該当する会社であること
> ➤ 風俗営業会社でないこと
> ➤ 資産管理会社でないこと
> ➤ 総収入額がゼロの会社、従業員数がゼロの会社でないこと

　上記の中小企業者の範囲については、中小企業基本法における中小企業をベースに、経営承継円滑化法及び経営承継円滑化法施行令に定められています。具体的には業種ごとに以下のとおりで、資本金の額等又は従業員数のどちらか一方の要件を満たせば足りることになっています。

■中小企業者の範囲

業種	資本金の額又は出資の総額	又は	常時使用する従業員数
製造業、建設業、運輸業、その他の業種（下記を除く）	3億円以下		300人以下
ゴム製品製造業（自動車又は航空機用タイヤ及びチューブ製造業並びに工業用ベルト製造業を除く）	3億円以下		900人以下
卸売業	1億円以下		100人以下
小売業	5,000万円以下		50人以下
サービス業（下記を除く）	5,000万円以下		100人以下
ソフトウェア業又は情報処理サービス業	3億円以下		300人以下
旅館業	5,000万円以下		200人以下

④　贈与対象の株式が適用対象となる株式であること

　制度の対象となるのは、先代経営者が保有している株式等の全てではありません。この制度の対象となるのは、後継者が先代経営者から贈与により取得した議決権株式等（議決権に制限の無いものに限る）であり、後継者が贈与前から既に保有していた議決権株式等を含めて、その会社の発行済議決権株式の3分の2に達するまでの部分となります。

　また、この制度を適用するためには、下記の表のとおり一定割合以上の株式を先代経営者から後継者に贈与する必要もあるので、その点は注意が必要です。

■制度適用のために贈与する必要がある株式数

	区分	最低限贈与する必要がある株式数
1	A＋B≧C×2÷3の場合	発行済株式等の総数の3分の2から、後継者が保有する株式数を控除した数 （＝（C×2÷3）－B）
2	A＋B＜C×2÷3の場合	先代経営者が保有する全株式（＝A）

A…先代経営者が贈与の直前に保有する株式等の数
B…後継者が贈与の前から保有する株式等の数
C…贈与直前の発行済株式等の総数

　以上を踏まえて、制度の対象となる株式数を図で表すと以下のとおりになります。

〈制度の適用対象の株式〉
■先代経営者と後継者が保有する株式の議決権数の合計が発行済株式等の総数の3分の2以上の場合

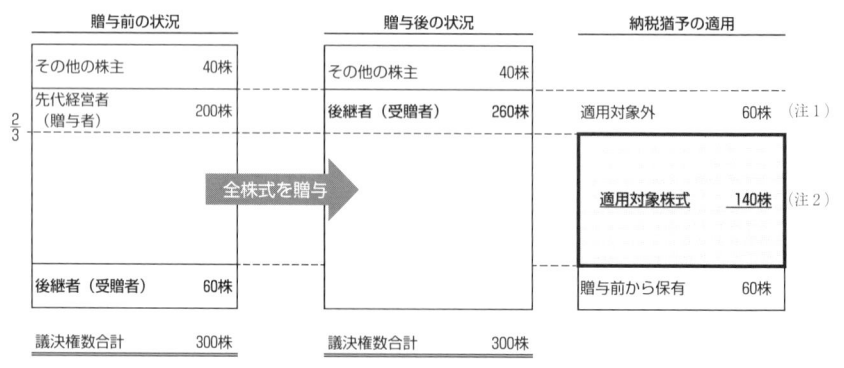

贈与前の状況		贈与後の状況		納税猶予の適用	
その他の株主	40株	その他の株主	40株		
先代経営者 （贈与者）	200株	後継者（受贈者）	260株	適用対象外	60株（注1）
		全株式を贈与 →		適用対象株式	140株（注2）
後継者（受贈者）	60株			贈与前から保有	60株
議決権数合計	300株	議決権数合計	300株		

（注1）先代経営者が継続して保有することもできますし、後継者や非後継者に相続時精算課税制度を利用して贈与することも可能です。
（注2）制度の適用のためには最低140株の贈与が必要となるので、140株未満の株式数の贈与の場合には制度の適用はできません。

■先代経営者と後継者が保有する株式の議決権数の合計が発行済株式等の総数の3分の2未満の場合

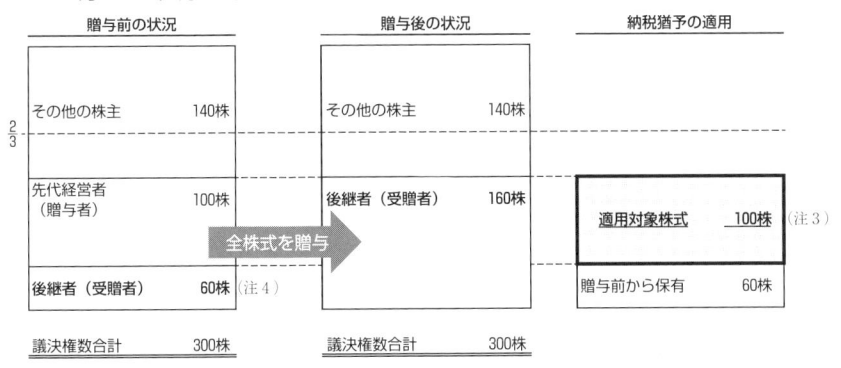

贈与前の状況	贈与後の状況	納税猶予の適用
その他の株主 140株	その他の株主 140株	
先代経営者（贈与者） 100株	後継者（受贈者） 160株	適用対象株式 100株（注3）
後継者（受贈者） 60株（注4）		贈与前から保有 60株
議決権数合計 300株	議決権数合計 300株	

（贈与前の状況の2/3の位置まで、全株式を贈与）

（注3）この場合には全ての株式を後継者に贈与する必要があるため、100株に満たない株式数を贈与した場合には、納税猶予の適用を受けることができません。
（注4）後継者（受贈者）は、先代経営者（贈与者）の息子を前提としています。

　ここで、制度の対象である株式は発行済議決権株式等の3分の2以下とされますが、これは、経営承継円滑化法が中小企業の経営の承継の円滑化を図り、もって中小企業の事業活動の継続に資することを目的としており、後継者が事業を安定的に継続するには、株主総会の特別決議を単独で行うことができる議決権の3分の2を有していれば安定的経営には十分であるといえるからです。

⑤　先代経営者の要件

　制度を適用する場合、贈与者である先代経営者には以下の要件が必要となります。

> 会社の代表権を有していたこと
> 贈与の時において代表者を退任していること（平成26年12月31日以前は役員退任が必要）
> 贈与の直前において、贈与者及び贈与者と特別の関係がある者（先代経営者の親族など一定の者）で総議決権の50％超を保有し、かつ、後継者を除いたこれらの者の中で最も多くの議決権を保有していたこと

⑥　後継者の要件

　制度を適用する場合、後継者についても「株式の贈与時において」以下の要件を満たす必要があります。

> ➢ 会社の代表権を有していること
> ➢ 20歳以上であること
> ➢ 役員等の就任から3年以上経過していること
> ➢ 後継者及び後継者と特別の関係がある者で総議決権数の50％超の議決権数を保有し、かつ、これらの者の中で最も多くの議決権数を保有することとなること
> 　（注）平成26年12月31日以前は、上記の要件に加えて後継者が先代経営者の親族であることが必要でした。

（3）猶予されていた贈与税が免除される場合

　先代経営者の死亡等があった場合には、「免除届出書」又は「免除申請書」を税務署に提出することで、猶予されていた贈与税の納付が免除されます。具体的には、主に以下の要件に該当した場合に免除されることになります。

> ➢ 先代経営者（贈与者）が死亡した場合
> ➢ 先代経営者（贈与者）が死亡する以前に後継者（受贈者）が死亡した場合
> ➢ 経営承継期間（注）経過後に、会社について破産手続開始の決定又は特別清算開始の命令があった場合
> ➢ 経営承継期間経過後に、同族関係者以外の者に保有株式等の全部を譲渡した場合（譲渡対価を上回る税額分を免除）
> 　（注）経営承継期間とは、原則として申告期限の翌日から同日以後5年を経過する日までの期間をいいます。

　なお、先代経営者（贈与者）が死亡して相続が発生した場合、納税猶

予対象の株式は相続によって取得したものとみなされ、贈与の時の価額により相続税が計算されますが、一定の要件を満たした場合には、後述の相続税の納税猶予制度の適用を受けることができます（第5節5「相続税の納税猶予制度を知ろう」参照）。

（4）留意点

納税猶予制度を利用する際には以下の点に留意することが必要です。

① 5年以内に一定の事由に該当した場合には、全額納付

後継者が、経営承継期間内に、下記の一定の事由に該当した場合には、猶予税額の全額を納付する必要があります。また、その期間の利子税についても合わせて納付する必要があります。

> ➢ 特例の適用を受けた非上場株式等についてその一部を譲渡等した場合
> ➢ 後継者が会社の代表権を有しなくなった場合
> ➢ 先代経営者が代表権を有することとなった場合
> ➢ 会社が資産管理会社に該当した場合
> ➢ 経営承継期間末日における常時使用従業員数の平均が、贈与時の8割を下回った場合
>   （注）平成26年12月31日以前は経営承継期間中毎年8割以上維持する必要がありました（平成25年度税制改正により改正）。

② 経営承継期間経過後の株式譲渡

経営承継期間の経過後において、納税猶予の対象とした株式を譲渡等した場合には、その時点で猶予税額の対象となった株式総数に対する譲渡株式の割合に応じた猶予税額及び利子税を納付しなければなりません。

第5節
「遺贈による株式の譲渡」を詳しく知ろう

「争族」とならないために

A社長 遺贈というのは、あまり聞きなれない言葉ですね。

X弁護士 簡単に言うと、遺言を残しておき、これによって財産を引き継がせるということですよ。

A社長 遺言を書くというのはちょっと抵抗があるなあ。書いたら本当にコロッといきそうで。うちの嫁さんも娘も、息子が跡を継ぐことは百も承知だし、わざわざ遺言を書いておかなくても、私が死んだあとは家族で話し合ってうまくやってくれると思いますがね。

X弁護士 失礼ながら、ご家族の心変わりなどもありえますし、将来何があるかわかりませんよ。仲の良かった家族が、相続をきっかけに反目しあい、骨肉の争いに発展していったケースなど、私はたくさん見てきました。しっかり遺言書は作成しておくとよいかと思います。

A社長 先生、怖いこと言わないでくださいよ。でもまあ、娘婿も油断ならない男だし、確かに遺言は残しておいた方がよいですね。先生、すみませんが、うちの息子に跡を継がせるという内容の書面をパソコンでちょこちょこっと作っておいてくれませんか。サインはしますので。

X弁護士 社長、それでは正式な遺言として認められませんよ。遺言書にはきちっとした形式があり、それに沿っていなければ無効になってしまいます。そもそも、ご自身で書く方法の遺言書は、あまり

お勧めできません。公証人に作成してもらう『公正証書遺言』がよいと思います。

A社長 わかりました。あとで作成の手続を教えてください。まあ、会社の株は息子に、という遺言書さえ作っておけば、私が死んだら自動的に息子に株が全部引き継がれ、めでたしめでたしというわけですね。これでいつでも安心してあの世に行けますよ。

X弁護士 社長、実はそれだけでは、株式を全て息子さんが手にできると100％保証できるわけではないんですよ。「遺留分」という制度があり、場合によっては、他の相続人から「株の一部をよこせ」と言われる可能性があるんです。この遺留分についての手当ても考えておく必要があります。

A社長 遺留分…ちょっと頭が痛くなってきた。

解　説

1　遺贈による譲渡の特徴を知ろう

　遺贈は、遺言によりその遺言者の死後に財産を譲渡することをいいます。

　遺贈による株式の譲渡の場合、売買のように株式取得の対価は必要とされず、後継者に相続税はかかりますが、その資金負担は比較的軽く済むのが一般的です。ただし、現経営者の死後の承継となりますので、現経営者が承継を見届けることはできませんし、また、後述する、遺留分の問題等が生じ、円滑な承継が図れないというリスクもありうるところです。

　以上から、この「遺贈」の方法は、次のような場合に検討すべき方法といえます。

① 会社や後継者の状況等からして、必ずしも現経営者が生前に承継に向けたフォロー等をしなくても、円滑な承継が期待できる場合
② 後継者と親族らとの関係等からして、自らの死後に争いが生ずることはない（そのリスクは相当低い）と考えられるが、念のために方向性を明確にしておきたい場合
③ 後継者の資金負担をできる限り軽くしたい場合

2 遺言について知ろう

　遺言には、いくつかの種類がありますが、通常作成されるものは、「自筆証書遺言」又は「公正証書遺言」です。

　これらについては、それぞれ、メリット・デメリットがあります（詳しくは「コラム」を参照してください。）。

　自筆証書遺言は、費用もかかりませんし、手軽に作成ができるものですが、有効とされるためには全て自筆にしなければならず、また、ワープロで印字したものは不可となるなど厳格な形式や手続が求められます。更に、裁判所による「検認」という一種の確認手続も経なければならず、実際の使い勝手はあまりよくありません。

　公正証書遺言は、公証人という、法務大臣から任命を受けた法律の専門家に作成してもらう遺言です。デメリットとしては、作成のため公証役場に出向かねばならないことや、費用がかかることなどがあげられますが（費用は、対象となる財産の価額によって異なりますが、例えば、財産1億円までであれば4万円ほどです。）、公正証書遺言は、自筆証書遺言のような形式面・手続面の厳格さはありませんし、偽造等のおそれもなく、また、紛失の心配もありません（正本は公証人が保管します。）。自らの意思を明確に残しておきたいということであれば、公正証書遺言を作成することをお勧めします。

コラム　遺言の種類

遺言には以下の3種類があり、その概要は以下のとおりです。

① 自筆証書遺言

遺言者が自書して作成する遺言です。

自書するものは、遺言の全文・作成年月日・氏名等、遺言に記載される全ての事項となります。

自身で作成しますので、費用はかかりませんし、簡便に作成することができます。もっとも、その形式は厳格なものが要求されており、保管方法にも注意が必要となります。

また、自筆証書遺言の場合、遺言者が死亡し遺言を執行するためには、家庭裁判所による「検認」の手続が必要となります。これは、第三者による遺言書の書き換え等を防ぐため、遺言書の形状・内容などを裁判所の調書に残すという手続です。家庭裁判所でこの検認を受けないと遺言書を開封することができません。

この検認の手続は申立てから1～2か月程度かかります。その間は、相続についての手続は進められないことになります。

② 公正証書遺言

公証人により作成される遺言です。

公証人が作成するため、形式に不備が生ずることはありませんし、遺言書の原本は公証役場で保管されますので、紛失等の心配はありません。

ただし、公証人に支払う手数料がかかります。また、作成の際に証人2名が必要となります。

③ 秘密証書遺言

遺言者が作成した遺言を封筒に入れ封印し、公証人に渡す形式の遺言です。公証人は、遺言者自身の遺言書であること、遺言者の氏名・日付などを記載します。

公証人が遺言書の記載内容を確認することはありませんので、内容の秘密を保つことができます。ただし、遺言者自身で作成するため、形式の不備等がありうる点は、自筆証書遺言と同様です。

また、公正証書遺言と同じく、公証人への手数料、証人2人が必要となります。自筆証書遺言と同様、検認の手続も必要です。このこともあり、実際に利用される例は少ないようです。
　上記3つの遺言の長所・短所は以下のとおりです。

	長　所	短　所
自筆証書遺言	・作成が簡単。 ・費用がかからない。 ・秘密にできる。	・厳格な形式が求められる。その不備があると無効とされる。 ・紛失・変造等のおそれがある。 ・検認手続が必要。
公正証書遺言	・公証人が作成するため、形式等の不備が生ずるおそれはない。 ・紛失・偽造のおそれはない。 ・検認手続は不要。	・証人が必要。 ・費用がかかる。 ・遺言の内容の秘密が保てない。
秘密証書遺言	・遺言の内容の秘密を保つことができる。	・形式の不備が生ずる可能性がある。 ・証人が必要。 ・作成に費用がかかる。 ・検認手続が必要。

3　遺留分に注意しよう

(1) 遺留分とは何か？

　それでは、後継者が決まっている場合、その後継者に「会社の全ての株を相続させる」といった遺言さえ残しておけば、死亡とともに全ての株式が後継者に引き継がれ、問題なく事業承継がされるということになるでしょうか。
　いいえ、それだけでは安心できません。「遺留分」という制度に注意しなければなりません。

民法は、相続人の生活を保障するなどの趣旨から、被相続人の兄弟姉妹以外の相続人に、一定程度の財産を残すように定めています。これを遺留分といいます。

　遺言の内容が、遺留分を侵害するものとなっている場合（すなわち、ある相続人にとって、残されるべき最低限の財産すら取得できないような内容となっている場合）、その相続人は、「遺留分減殺請求権」という権利を行使して、自分に残されるべき財産分を戻すよう求めることができます。なお、この遺留分の制度は、遺贈だけでなく、生前の贈与分（民法1030条により、原則相続開始前1年間。ただし民法903条の「特別受益」の対象となる生前贈与については時期的制限はない。）についても適用があります。

　この遺留分は、原則として、「法定相続分の2分の1」です。

　ただし、直系尊属（父や母）のみが相続人の場合には、法定相続分の3分の1となります。

（2）遺留分が事業承継の障害となりうる具体例

　遺留分について、例を挙げて見てみましょう。

> 【事例】
> 　妻Yと子2名（A・B）を持つXが、Aを自らの後継者にしようと考え、その全資産8,000万円のうち、Aに7,000万円、Yに1,000万円を相続させる（Bには一切相続させない）との内容の遺言を残した。

① 法定相続分

　妻と子がいる上記のような場合、法定相続分は、妻2分の1、子2分の1ですので、以下のとおりとなります。

$$Y \quad 8{,}000万円 \times \frac{1}{2} = 4{,}000万円$$

$$A \quad 8{,}000万円 \times \frac{1}{4} = 2{,}000万円$$

$$B \quad 8{,}000万円 \times \frac{1}{4} = 2{,}000万円$$

② 遺留分

遺留分は、そのさらに2分の1ですので、次のようになります。

$$Y \quad 8{,}000万円 \times \frac{1}{2} \times \frac{1}{2} = 2{,}000万円$$

$$A \quad 8{,}000万円 \times \frac{1}{4} \times \frac{1}{2} = 1{,}000万円$$

$$B \quad 8{,}000万円 \times \frac{1}{4} \times \frac{1}{2} = 1{,}000万円$$

③ 遺留分減殺請求

　この場合、遺言によってYが取得するとされる財産（1,000万円）及びBが取得するとされる財産（0円）は、遺留分に満たないので、Aは、Y及びBより、遺留分減殺請求を受ける可能性があります。そうすると、Aは、各人の遺留分が満たされるまでの財産（Y・Bともに1,000万円）を分け与えなければならなくなります。もし、Aが遺言で承継することになった財産が、すべて会社に関係するもの（株式あるいは事業用資産）であった場合などは、Aは、私財を投げ打つ、あるいは、せっかく受け継いだ株式や事業用資産の一部をY・Bに引き継がせる（又はこれらの一部を現金化して引き渡す）などして、Y・Bの遺留分を満足させなければなりません。

　このように、遺留分権利者は、被相続人のした贈与又は遺贈が遺留分を侵害するときには、遺留分を取り戻す請求をすることができるので、先代経営者が後継者に自社株式や事業用資産等を遺贈（又は生前に贈

与)した場合には、それらが遺留分減殺請求の対象となり、安定的な事業承継を阻害するという問題があります。

また、遺留分の算定においては相続開始時を基準に財産を評価するので、過去に贈与された株式等であっても贈与時の価額ではなく先代経営者の死亡時の価額で評価することになります。贈与以降、後継者の経営手腕により会社の業績が向上し株価が上昇したとしても、上昇後の株価で遺留分が算定されることになり、経営に関与していない非後継者の遺留分を増加させる結果となるので、このことが後継者の経営意欲を阻害する原因になります。

■遺留分の問題により、事業の円滑な承継が妨げられることも…

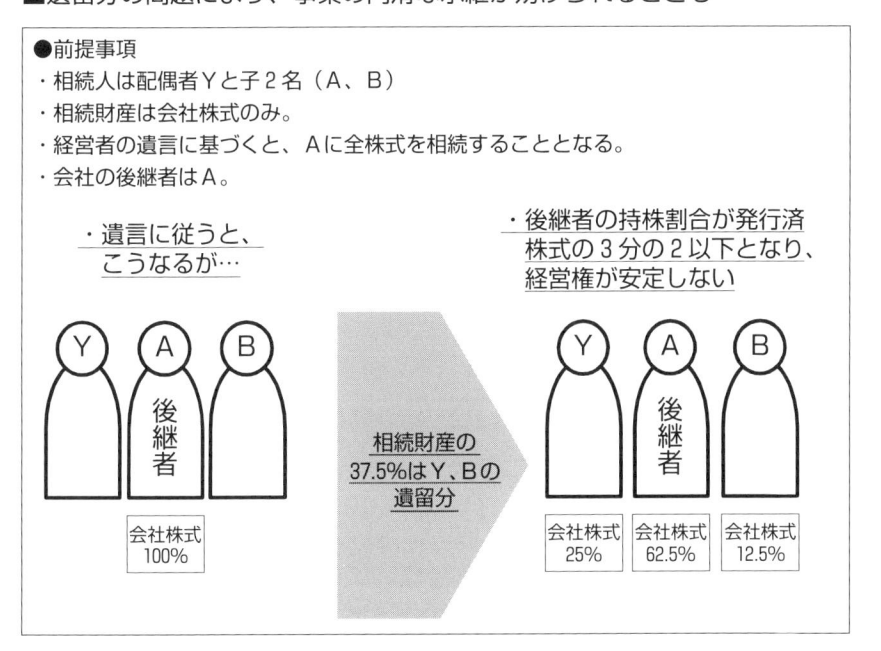

●前提事項
・相続人は配偶者Yと子2名(A、B)
・相続財産は会社株式のみ。
・経営者の遺言に基づくと、Aに全株式を相続することとなる。
・会社の後継者はA。

・遺言に従うと、こうなるが…

・後継者の持株割合が発行済株式の3分の2以下となり、経営権が安定しない

Y　A(後継者)　B
会社株式100%

相続財産の37.5%はY、Bの遺留分

Y 会社株式25%　A(後継者) 会社株式62.5%　B 会社株式12.5%

(3) 遺留分の問題を解決する方法を知ろう

この遺留分の問題を解決する方法はないのでしょうか。

① 遺留分放棄

その方法としてまず「遺留分放棄」という制度が挙げられます。

これは、遺留分を有する相続人が、被相続人の生前に、家庭裁判所に遺留分の権利を予め放棄することを申し立てるという制度です。

しかし、この制度は、遺留分を放棄する者自らが裁判所に足を運ばねばならないなど、手続が煩雑です。また、遺留分の放棄が一旦認められた場合でも、その後の事情の変化等を理由として許可の取消しを求めることもできるなどの不安定さもあります。このため、あまり利用されていません。

② 遺留分に関する民法の特例制度

このような状況のもと、事業承継を円滑に進めるため、遺留分の問題を解決する、より使い勝手のよい制度の創設を求める声が高まり、その結果、平成20年に、経営承継円滑化法において、「遺留分に関する民法の特例制度」が設けられました。

この特例制度の内容ですが、大きく、「除外合意」「固定合意」の二つの制度に分けられます。以下、それぞれについて説明します。

ア 除外合意

除外合意とは、相続人となる者全員の合意により、後継者が先代経営者から贈与等により取得した会社の株式について、遺留分の対象から除外することをいいます。

具体例で見てみましょう。

【事例】
　Xには妻Yと子2名（A・B）がおり、Xは、Aを後継者とすることを決め、自らが経営する会社の全株式をAに贈与しました。
　その後、Xが死亡しました。財産として以下のものが遺されました。
　・不動産2,000万円
　・預金　　500万円

> （負債　500万円）
> なお、Aに生前贈与された株式の評価は1億円とします。

　この場合の、遺留分算定の基礎なる財産の価額を算定します。

　まず、重要なのは、生前贈与された財産（「特別受益」とされます。）については、原則として、遺留分算定の基礎とされてしまうことです。この事例では、株式の評価額1億円も含めて、遺留分が算定されることになります。よって、遺留分算定基礎財産は、以下のとおりとなります。

> 不動産2,000万円＋預金500万円＋株式1億円－負債500万円
> ＝1億2,000万円

　法定相続分は、妻が2分の1、子がそれぞれ4分の1ずつです。遺留分はそのさらに2分の1となりますので、この事例による各人の遺留分は、以下のとおりとなります。

> ・Y　1億2,000万円×$\frac{1}{2}$×$\frac{1}{2}$＝3,000万円
> ・A　1億2,000万円×$\frac{1}{4}$×$\frac{1}{2}$＝1,500万円
> ・B　1億2,000万円×$\frac{1}{4}$×$\frac{1}{2}$＝1,500万円

　もしこの事例で、除外合意がされた場合、すなわち、Y、A、Bの間で、Aに生前贈与された株式については、遺留分の計算対象から除外するとの合意がされていた場合、遺留分算定基礎は、株式評価額1億円を除いた、不動産等2,000万円のみになりますので、各人の遺留分額は、以下のとおりとなります。

- Y 2,000万円 × $\frac{1}{2}$ × $\frac{1}{2}$ = 500万円

- A 2,000万円 × $\frac{1}{4}$ × $\frac{1}{2}$ = 250万円

- B 2,000万円 × $\frac{1}{4}$ × $\frac{1}{2}$ = 250万円

　このように、除外合意がされると、遺留分の価額が減少することとなります。先ほどの例で後継者とならなかったBについては、250万円以上の財産を相続により承継してさえいれば、遺留分の侵害がないということになり（もしXが、全ての財産をAに相続させるといった遺言を残し、Bが遺留分減殺請求をした場合、Aは預金等から250万円分の資産をBに渡すことで足りることとなります）、円滑な経営の承継を図ることが可能になります。

　ただ、この除外合意は、あくまでも、相続人となる者全員の合意が必要になるものであり、相続人間に争いがあるような場合には、合意が期待できず、この制度を利用することができないことになります。

　そのようなときでも、もう一つの制度である「固定合意」を用いることは可能です。

イ　固定合意

　固定合意とは、遺留分に加える自社株式の価格を、相続人になる者全員の合意の時点に固定するという制度です。

　このような制度が設けられた背景事情を説明します。

　生前贈与がされた自社株式を遺留分の計算に取り込む場合、贈与がされた時点ではなく、相続が発生した時点の評価額で計算することとされています。

　これによると、後継者の努力によって会社の業績が上がり、生前贈与を受けたときよりも株式の価値が上がったという場合、その値上がり分

が遺留分の計算の中に加えられるため、会社の業績を上げることについて何ら貢献していない他の相続人の遺留分を増加させるという、不公平な結果を招くことになります。

しかし、固定合意の制度を用いれば、相続開始前の一定の時期（例えば、生前贈与がされた時点など）における株式の評価を遺留分算定の基礎とすることができますので、株価上昇に貢献していない後継者以外の相続人がことさらに利を得るといった事態を防ぐことが可能となり、また、後継者以外の者の遺留分の額を抑えることもできます。

ただし、合意後に業績が悪化し株式の評価が下がったとしても、あくまでも合意時点の価額が遺留分算定の基礎とされますので、この点は留意が必要です。

コラム　中小企業における経営の承継の円滑化に関する法律

　日本経済の基盤となるべき中小企業の経営承継は、雇用の確保や地域経済活力維持の観点からきわめて重要です。中小企業の経営が承継されないと、中小企業の持つ貴重な技術力やノウハウの散逸が懸念されます。そこで、中小企業の円滑な経営承継を支援する経営承継円滑化法が平成20年5月に成立しました。

　中小企業の円滑な経営承継を図るうえで「自社株式等にかかる多額の相続税・贈与税負担」、「民法上の遺留分の制限」、「代表者交代による信用不安」、の3つが課題とされており、その解決策として①相続税・贈与税の納税猶予の特例、②遺留分に関する民法の特例、③金融支援制度が創設されました。

　ここで、対象となる中小企業の範囲は、中小企業基本法上の中小企業を基本とし、既存の中小企業支援法と同様に業種の実態を踏まえ経営承継円滑化法施行令によりその範囲を拡大しています。なお、医療法人や社会福祉法人、外国会社は法による中小企業に該当しません。

> **コラム** 遺留分の特例を受けるための手続

　除外合意・固定合意などの遺留分の特例を受けるためには、以下の要件を満たしたうえで「推定相続人全員の合意」を得て、「経済産業大臣の確認」及び「家庭裁判所の許可」を受ける必要があります。

① 要件

　民法の特例を利用するには、以下の主な要件を満たすことが必要です。
- 合意時点において、3年以上継続して事業を行っている非上場企業であること。
- 旧代表者が過去又は合意時点において会社の代表者であること。
- 後継者が合意時点で代表者であり、また、旧代表者から贈与等により株式を取得したことにより、会社の議決権の過半数を保有していること。

② 推定相続人全員の合意

　民法特例を利用するためには、後継者を含む旧代表者の推定相続人全員（ただし、遺留分を有するものに限る）で合意をし、合意書を作成することが必要です。

③ 経済産業大臣の確認

　合意をしてから1か月以内に、経済産業大臣の確認を申請します。

　経済産業大臣の確認事項は、合意が経営の承継の円滑化を図るためにされたものであること等です。

④ 家庭裁判所の許可

　経済産業大臣の確認書の交付を受けてから1か月以内に、家庭裁判所の許可の申立てをする必要があります。

　家庭裁判所は、合意が当事者全員の真意によるものであることを確認のうえ、許可をします。

4 相続税に注意しよう

(1) 相続税について

遺贈等、相続によって株式を承継させる場合、相続税の問題が生じます。

相続税は基礎控除額が高く、税率も贈与税よりも低いので、贈与税などと比較すると負担は少なめといえます。ただ、株式の評価等次第では、相応の額にのぼることもあり、後継者が納税に苦しむといった事態も考えられます。このため、相続税については予め十分留意しておくことが必要です。

(2) 相続税額の計算方法

相続税の計算方法の概要は以下のとおりです。

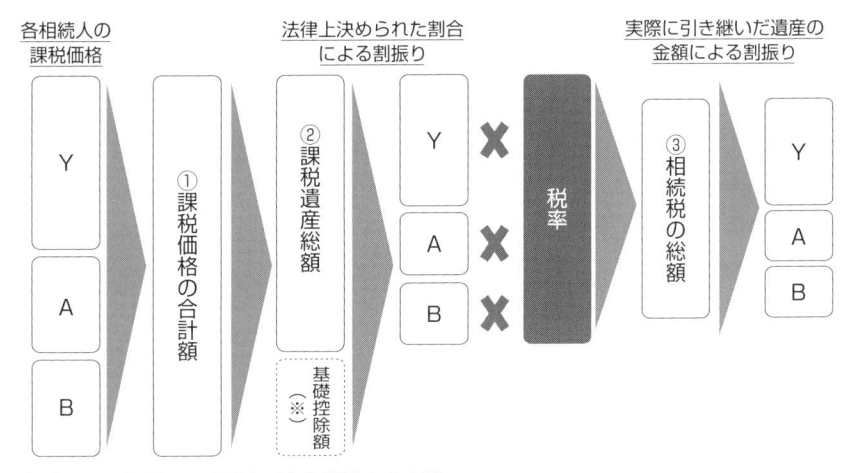

（※）3,000万円＋600万円×法定相続人の人数
（平成26年12月31日までの相続の場合は5,000万円＋1,000万円×法定相続人の人数）

上記の図は、Y、A、Bという3人の相続人がいた場合の計算の大まかな流れです。具体的に各人が相続した財産の金額を想定してみていきましょう。

■前提事項
・法定相続人は、配偶者Y、被相続人の息子A及びBの計3名
・各人の相続財産の課税価格は以下のとおり
　Y：6,000万円、A：4,500万円、B：4,500万円

　まずは、各相続人が相続した財産の課税価格の合計額を計算します（上図①）。

■課税価格の合計額
Y：6,000万円＋A：4,500万円＋B：4,500万円＝1億5,000万円
（＝①の金額）

　その後、その金額から下記の式で計算する基礎控除額を控除し、課税遺産総額を計算します（上図②）。

■課税遺産総額
1億5,000万円－（3,000万円＋600万円×3人）※＝1億200万円
（＝②の金額）

※基礎控除額＝3,000万円＋600万円×法定相続人の人数
（注）平成26年12月31日までの贈与の場合は「5,000万円＋1,000万円×法定相続人の人数」（平成25年度税制改正により改正）。

　そして、その課税遺産総額を「法律上決められた割合（法定相続割合）」でY、A、Bに割り振り、法定相続分に応ずる取得金額を計算します。そして、それらに対する相続税額を以下の速算表にあてはめて計算し、それを再度合計します（上図③）。

■相続税速算表

法定相続分に応ずる所得金額	平成27年1月1日以降 税率	平成27年1月1日以降 控除額	平成26年12月31日以前 税率	平成26年12月31日以前 控除額
1,000万円以下	10%	0万円	10%	0万円
3,000万円以下	15%	50万円	15%	50万円
5,000万円以下	20%	200万円	20%	200万円
1億円以下	30%	700万円	30%	700万円
2億円以下	40%	1,700万円	40%	1,700万円
3億円以下	45%	2,700万円	40%	1,700万円
6億円以下	50%	4,200万円	50%	4,700万円
6億円超	55%	7,200万円	50%	4,700万円

■法定相続分に応ずる取得金額
Y：1億200万円×1/2＝5,100万円
A：1億200万円×1/4＝2,550万円
B：1億200万円×1/4＝2,550万円

■相続税の総額
Y：5,100万円×30％－700万円＝830万円
A：2,550万円×15％－50万円＝332万5,000円
B：2,550万円×15％－50万円＝332万5,000円
合計：1,495万円（＝③の金額）

　最後に相続税の総額をY、A、Bが取得した課税価格の金額に応じて割り振り、各相続人の負担する相続税の計算が終了します。

■実際に引継いだ遺産の割合での割振り
Y：1,495万円×6,000万円／1億5,000万円＝598万円
A：1,495万円×4,500万円／1億5,000万円＝448万5,000円
B：1,495万円×4,500万円／1億5,000万円＝448万5,000円

（注）配偶者であるAには配偶者控除というものがあり、必要書類を提出することで、配偶者の課税価格が、課税価格の合計額に法定相続分を乗じて得た金額と1億6000万円との多い方の金額以下の場合は納税額をゼロとできます。

　実際に相続税の計算をする際には他にもいろいろと細かい規定がありますので、税理士に相談することをお勧めします。
　また、課税評価額についてですが、会社の株式を相続した場合、その評価額は贈与税のときと同様に計算方法が税法上で定められています。詳細は第7節「自社株式の評価方法」を参照ください。

5　相続税の納税猶予制度を知ろう

　中小企業の経営者が亡くなり相続が発生した場合、後継者が会社の株式を相続したものの、多額の相続税を納付するために、私財の処分が必要となり、また、会社株式や事業用資産を売却せざるを得ない場合があります。事業継続に必要な会社株式や事業用資産等を売却すれば事業の継続に支障が生ずることになりますので、このような問題に対処して、円滑な事業承継を行えるように、平成21年度税制改正において一定の要件を満たした場合には、相続税の納税の猶予を受けられるという制度（非上場株式等についての相続税の納税猶予）が設けられました。

（1）制度の概要

　相続税納税猶予制度は、後継者が、経済産業大臣の認定を受ける非上場会社の株式等を先代経営者から相続等により取得し、その会社を経営していく場合には、その後継者が納付すべき相続税額のうち、相続等により取得した議決権株式等（相続開始前から既に保有していた議決権株

式等を含めて、その会社の発行済議決権株式の3分の2に達するまでの部分）に係る課税価格の80％に対応する相続税の納税を猶予するという制度です。

ただし、この制度が納税の猶予であり、免除でない点（ただし、一定の場合、相続税の猶予税額について免除を受けることができます。）は「贈与税の納税猶予制度」と同様であり（第4節3参照）、制度の適用にあたっては慎重な判断が必要となります。

（2）適用のための要件
① 経済産業大臣の認定を受けること

相続税納税猶予制度の適用を受けるためには、経済産業大臣の認定を受けることが前提となります。この認定を受けるには、被相続人の死亡の日の翌日から8か月以内に経済産業大臣に申請書を提出する必要があります（今後、申請先が経済産業大臣ではなく、都道府県知事に変更されることが予定されています。）。

② 相続税の申告及び担保の提供

制度の適用のためには、相続税の申告期限（被相続人が死亡したことを知った日の翌日から10か月以内）までに、この特例の適用を受ける旨を記載した相続税の申告書及び一定の書類を税務署へ提出する必要があります。またその際には、納税が猶予される相続税額及び利子税の金額に見合う担保を提供する必要があります。ただし、特例の適用を受ける非上場株式等の全てを担保として提供した場合には、納税が猶予される相続税額及び利子税の額に見合う担保の提供があったものとみなされます。

③ 会社の主な要件

会社の要件については、「贈与税の納税猶予制度」と同様の内容となりますので、そちらをご参照ください（第4節3（2）③参照）。

④ 相続の対象である株式が制度の適用対象であること

相続する株式数に制限はありませんが、この制度の適用対象となる株

式は、先述の「贈与税の納税猶予制度」と同様の理由で、会社の発行済議決権株式の３分の２に達するまでとなります。

〈制度の適用対象の株式〉

■先代経営者と後継者が保有する株式の議決権数の合計が発行済株式等の総数の３分の２以上の場合

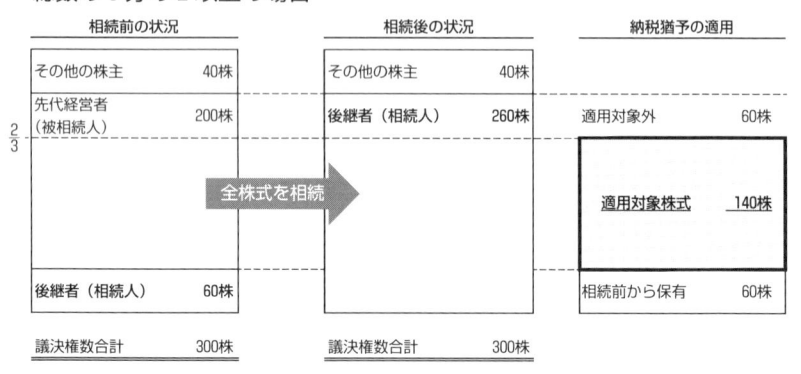

相続前の状況	相続後の状況	納税猶予の適用
その他の株主 40株	その他の株主 40株	適用対象外 60株
先代経営者（被相続人）200株	後継者（相続人）260株	適用対象株式 140株
後継者（相続人）60株		相続前から保有 60株
議決権数合計 300株	議決権数合計 300株	

（全株式を相続）

■先代経営者と後継者が保有する株式の議決権数の合計が発行済株式等の総数の３分の２未満の場合

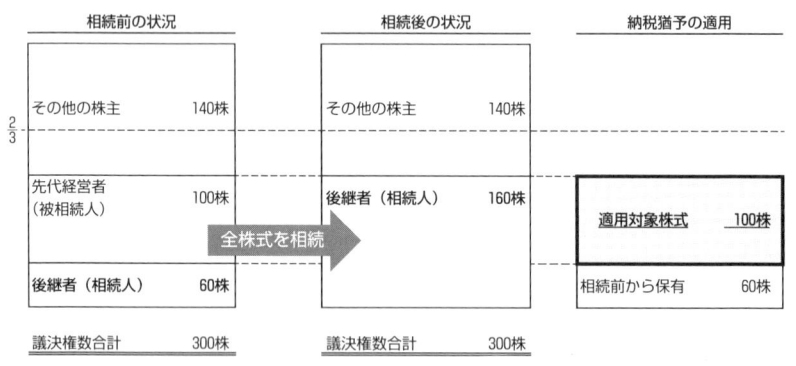

相続前の状況	相続後の状況	納税猶予の適用
その他の株主 140株	その他の株主 140株	
先代経営者（被相続人）100株	後継者（相続人）160株	適用対象株式 100株
後継者（相続人）60株		相続前から保有 60株
議決権数合計 300株	議決権数合計 300株	

（全株式を相続）

（注）後継者（相続人）は、先代経営者（被相続人）の息子を前提としています。

⑤ 先代経営者の要件

相続税納税猶予制度の適用を受けようとする場合には、先代経営者である被相続人が以下の要件を満たしていることが必要となります。

> 会社の代表権を有していたこと
> 相続開始の直前において、被相続人及び被相続人と特別の関係がある者で総議決権数の50％超を保有し、かつ、後継者を除いたこれらの者の中で最も多くの議決権を保有していたこと

⑥ 後継者の要件

　相続税の納税猶予制度の適用を受けようとする場合には、後継者である相続人についても以下の要件が必要となります。

> 相続開始の日の翌日から5か月を経過する日において会社の代表権を有していること
> 相続開始の時において、後継者及び後継者と特別の関係がある者で総議決権数の50％超の議決権数を保有し、かつ、これらの者の中で最も多くの議決権を保有することとなること

(3) 猶予されていた相続税が免除される場合

　一定の場合には、猶予されていた相続税について免除を受けることができます。具体的には、以下のような場合が該当します。

> 経営者（後継者）が制度を適用した株式等を保有したまま死亡した場合
> 経営承継期間経過以後、会社について破産手続開始の決定又は特別清算開始の命令があった場合
> 経営承継期間経過以後に、猶予対象者である後継者（2代目）がその後継者（3代目）へ対象株式等を贈与した場合において、その後継者（3代目）が贈与税の納税猶予制度の適用を受ける場合

(4) 留意点

　相続税納税猶予制度を利用する場合にもいくつか留意すべき点がありますが、その内容は「贈与税の納税猶予制度」とほぼ同じ内容となりま

す（第4節3（4）「留意点」をご参照ください）。

（5）贈与税の納税猶予制度との併用

相続税の納税猶予制度は、贈与税の納税猶予制度と併用することで事業承継をより円滑に行うことができるようになっています。

■贈与税・相続税の納税猶予制度の併用

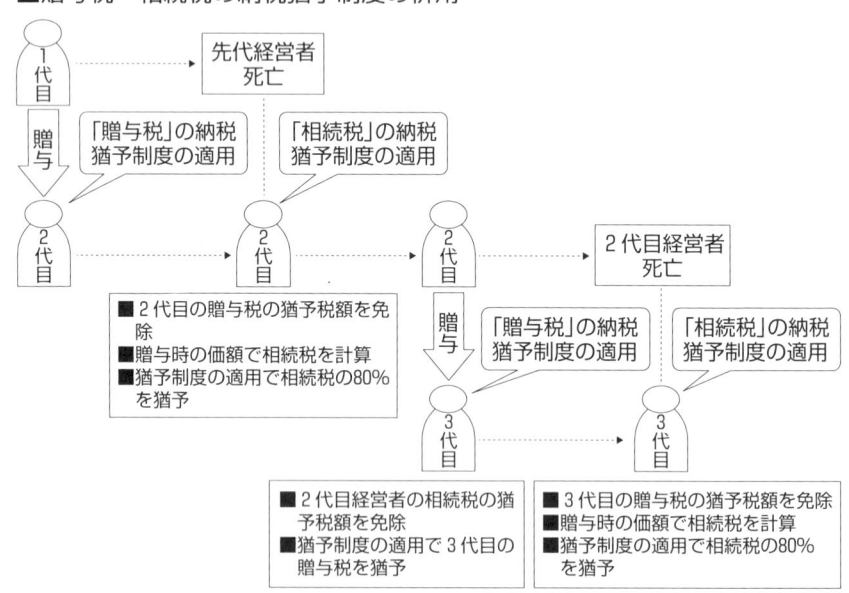

```
1代目 ┄┄┄→ 先代経営者死亡
 │贈与        │「贈与税」の納税      │「相続税」の納税
 ↓            猶予制度の適用        猶予制度の適用
2代目 ┄┄→ 2代目 ┄┄→ 2代目 ┄┄→ 2代目経営者死亡
                  ■2代目の贈与税の猶予税額を免除
                  ■贈与時の価額で相続税を計算
                  ■猶予制度の適用で相続税の80％を猶予
                                    │贈与    │「贈与税」の納税    │「相続税」の納税
                                    ↓        猶予制度の適用      猶予制度の適用
                                    3代目                          3代目
                  ■2代目経営者の相続税の猶予税額を免除    ■3代目の贈与税の猶予税額を免除
                  ■猶予制度の適用で3代目の贈与税を猶予    ■贈与時の価額で相続税を計算
                                                          ■猶予制度の適用で相続税の80％を猶予
```

　贈与税の納税猶予制度を適用した後に、贈与者である先代経営者が亡くなった場合には、猶予されていた贈与税は免除されます。そして、贈与税の納税猶予制度の適用を受けて後継者に譲渡された株式は、相続又は遺贈により取得したものとみなされ、贈与時の価額により他の相続財産と合算して相続税が計算されます。しかし、「経済産業大臣の確認」を受け、一定の要件を満たす場合には、その株式について相続税の納税猶予制度の適用を受けることができ、後継者の相続税額のうち事業承継税制の対象となる株式等（相続後で発行済議決権株式等の3分の2に達するまで）に係る課税価格の80％に対応する相続税の納税を猶予するこ

とができます。更に、その相続税の納税猶予制度の適用を受けた株式を次代の経営者に贈与し、贈与税の納税猶予制度の適用を受けた場合、納税が猶予されていた相続税は免除されます。このように、この二つの制度の適用を交互に受け続けることにより、後継者の税負担を軽減することができ、円滑な事業承継が可能となります。

コラム　相続人が相続した会社株式を会社に買い取ってもらう場合の特例

相続が発生して相続人が会社の株式を相続した場合、相続税の納税資金に苦心することがあります。その際の対策として、相続した株式を会社に買い取ってもらい、それで得た資金で納税するという方法があります。

会社に株式を買い取ってもらった場合、通常であれば、買取金額のうち会社の資本金等の額を超える部分の金額は「みなし配当」となり、配当所得として総合課税されます。この場合、税率は最大で約50％となります（総合課税の最高税率55.945％（復興特別所得税含む）－配当控除6.4％（所得税5％＋市県民税1.4％））。しかし、株式を相続開始後3年10か月以内に譲渡すれば、「相続財産に係る非上場株式をその発行会社に譲渡した場合のみなし配当課税の特例」を適用することができ、「みなし配当」ではなく株式の譲渡に係る所得税等として20.315％（復興特別所得税含む）の税率で済みます。

ただ、この会社には株式を買い取るための資金が必要となりますし、また、会社に買い取ってもらった株式は議決権がなくなりますので、議決権の割合によっては後継者の経営権が脅かされる場合もあるので注意が必要です。

コラム　従業員持株会を利用した節税策

経営者の相続税対策として従業員持株会を利用する方法もあります。

持株会は、従業員が組合の規約を作成する等、比較的簡単な手続で立ち上げることができます。組合であるため登記は不要です。また、従業員が経営に直接かかわることになるので、従業員の経営参加意識の向上にも役立ちます。

肝心の節税についてですが、仮に、経営者が1,000株で10億円と評価される会社の株式を全て保有し、相続人が後継者１名のみであった場合、その相続税は約４億6,000万円となります。ここで、従業員持株会を作り、社長が保有している株式を300株譲渡したとします。この場合、従業員持株会は同族関係者ではないので、譲渡する株式の価額は後述の「配当還元方式」で計算することができます。この方法は、その株式を保有することにより受け取る配当金のみに着目して株式の価額を計算する方法ですが、通常、中小企業が配当を行うことは少なく、この方法で算定した金額は他の方法と比較して低額となります（実際の計算は会社の直前２期の配当金額を参考にして計算しますが、この期間が無配当である場合でも、制度上で定められた金額で計算することとなります。詳細は第７節「４　特例的評価方式を知ろう」参照）。

　上記の場合、例えば１株の配当還元価額が10万円とした場合、経営者は10万円×300株＝3,000万円を株の代金として取得し、残る700株の金額と合わせて相続財産は７億3,000万円となり、その相続税額は約３億1,000万円となりますので、何もせずに相続した場合と比較して約１億5,000万円の節税となります。この場合でも、発行済株式総数の３分の２以上は保有していますので、会社の経営権は揺るぎません。

　このように大きな節税効果が見込まれる従業員持株会の制度ですが、従業員が退職した場合には会社の株式が社外に流出してしまうリスクや、持株会が解散した場合には従業員が直接的な株主になることから、将来的に株式が分散してしまうリスクがあることには留意する必要があります。その対策としては、規約に「退職時には株式を買い取る旨」を明示しておくことや、株式をあらかじめ取得条項付株式とし、持株会の解散時に従業員の所有する株式を自己株式として取得できるようにしておくなどがあります。

第6節 株式が分散している場合の対策を知ろう

安定した会社経営のために

A社長 実は私は100％株主ではないのですよ。

X弁護士 繰返しになるのですが、会社の経営を安定させるという意味では、可能な限り、株式を集約させた上で100％を承継させるのが望ましいですね。そもそも、社長は、御社の株主構成、つまり、現在誰がどれだけの株式を保有しているのか把握されていますか。

A社長 うーん、法人税の申告書には誰が株主か書いてあるみたいだけど、本当にそれが正しいかはちょっとよくわからないですね。

X弁護士 御社のように、設立後かなりの年数が経っている会社の場合、よくあることです。法律の建前上は、株主名簿というものを作成し、これにより株主を管理することになっているのですが、これを適切に作成している会社は実際はそれほど多くないのではないでしょうか。

A社長 ええ、うちも作っていないですね。

X弁護士 そうすると、正確に株主を特定するには、株式発行に関する株主総会議事録や取締役会議事録、登記申請書類を過去に遡って確認することが必要な場合があります。

A社長 議事録、作ってるのかなあ。

X弁護士 では、まず、現在の株主を確定する方法について検討しましょう。その上で、株主を確定できたのであれば、その方から株式

を買い集めるというのが王道ですが、それが難しい場合の方法もご紹介しましょう。

A社長 ところで、うちの会社では、これまでちゃんと株主総会や取締役会の議事録を作っていたわけではないので、株主を確定させるのは骨が折れるかもしれません。何とか株主の確定ができたとして、50％超の株を息子に保有させるためには私の株式だけでは足りないということになった場合、どうすればよいのでしょうか。

X弁護士 確定できた株主の方から任意に譲り受けることができれば、それはそれで問題はありません。また、疎遠な方が株主となってしまっているなどにより、任意の譲受が難しい場合には、法律上、強制的に株式を取得するための手続もありますので簡単にご紹介します。

解　説

1　現在の株式の状況を知ろう

　法律の建前上は、会社の株主については、株式を発行したり、株式が移転したことについて譲受人から請求があった場合には、会社は、株主名簿にそれを都度記載し、株主を把握することができるようになっています。会社としては、株主名簿に記載されている者のみを株主として扱えば足りるため、設立以降発行した株式の引受人、あるいは、その株式引受人から株式を譲り受けた者について、会社が正確に株主名簿を作成・記録しているのであれば、株主が誰であるかを特定するには株主名簿を確認すれば足りるということになります。

　ただ、会社が特に株主名簿等の作成をしていないという場合もよくあります。また、作成していたとしても、個人の株主の方について、いつの間にか相続が発生しており、知らないうちに、複数の相続人の方に分散してしまっているというようなこともありますが、その場合には相続

人の調査が必要になります。

　株主名簿を作成していない、あるいは、作成していても実体を反映したものではない場合には、現在の株主が誰であるのか正確に確認をするためには、非常に面倒な作業が必要となります。

　具体的には、まずは、現在の会社の登記事項証明書により、発行済株式数を確認した上で、過去に遡って、株式引受に関する払込みの記録や、株式譲渡を承認する決議の議事録等の調査が必要になってくることになります。

　また、現在の法律上は、特に定款に定めておかない限り、株券を発行する必要はないことになっているのですが、これまでに特に定款変更をしていなかった会社の場合、定款にて株券を発行することが定められているのが通常です。しかし、このような株券発行会社において、実際に株券を一度も発行したことがないということも多く見られます。株券発行会社においては、株式の譲渡に際して、株券を交付してするのでなければ原則として譲渡は無効となってしまうのであり、このような会社においては、現在の株主の特定をするのは複雑な問題をはらみます。

　さらに、名義上はAが株主となっているが、実際に株式の払込み資金を提供したのはBであって、Bが単にAの名前を借りているだけというような場合もあります（いわゆる名義株）。このような名義株については、法律上、実質的な株主であるBを株主として取り扱うべきというルールがあります。AB間でこのような名義の貸し借りの実態について争いがなければ、Bを株主として取り扱えば足りますが、争いがある場合には、どのように株主を確定するかという問題が残ります。

　会社において、株式発行や株式譲渡の承認に関する株主総会・取締役会の議事録を正確に作成していない等により、どうしても、現時点での株主及び保有株式数について正確な把握ができないという場合もあり得ます。その場合、最終的な手段としては、株主と思われる者との間で、

現在、保有している株式数についての確認に関する書面等を作成し、後に紛争となることを避けるという方法を選択することもあります。

いずれにせよ、株主の特定に関しては、株券発行の問題や名義株等、非常に慎重な取扱いを要する問題があり、後に株式の帰属をめぐって紛争になることを避けるためには、弁護士による専門的な助言を受けることをお勧めします。

コラム　株式発行に必要な手続を経ていなかった場合は？

株式の発行には、会社の機関構成や定款の定めにより異なりますが、株主総会の決議や取締役会の決議が必要になります。しかし、実際には、そのような決議を経ていなかった、あるいは、経た可能性はあるものの議事録で確認ができないという場合もあり得ます。

しかし、そのような手続の不備があったとしても、いったん、株式が発行されてしまえば、その効力が発生してから1年（通常の中小企業の場合）経過後には、もはやその効力が覆ることはありません。

したがって、株式の発行はなされているものの、その手続に不備があった可能性があったとしても、1年という期間さえ経過しているのであれば、有効に株式が発行・引き受けられていると判断してよいことになります。

コラム　有限会社だと何か違うのか？

ここまで述べてきたことは、いずれも、対象の会社が株式会社であることを前提としてきました。では、有限会社の場合はどうなるのでしょうか。

現在の会社法成立前、会社関係の設立等を規律する法律は商法でしたが、商法の下では、有限会社という会社形態が認められており、実際にも多くの会社が有限会社の形をとっています。

会社法の下では、新たに有限会社を設立することはできませんが、従前の有限会社の取扱いがどうなるかというと、基本的には、会社法上の「株式会社」として存続することになっています（ただし、会社の商号としては、有

限会社の文字を用いなければならないとされています。）。

　ただ、会社法施行後も、有限会社の意思決定は、有限会社の持分（出資）に係る議決権の多数決で決定することになるという点は従前と変わりません。したがって、有限会社の場合にも、現在は誰が持分（法律上は株式）を有しているのかを確定するということになり、根本的なところは株式会社と異なりません。

2　株式集約の方法を知ろう
(1) 合意による買い集めの方法

　まず、株主が誰であるか特定できていることを前提とすると、株式の集約のためには、当該株主と交渉して、株式を譲り受けて現経営者に株式を集約させるという方法があります。契約により、株式を買い集めるというのが原則的な手法と言ってよいでしょう。これにより、円満に株式を集めることができれば、これに越したことはありません。

　しかし、現在株式を保有している方との間で、譲渡価格をいくらにするかで交渉が折り合わないということも想定されます。こちらが株式を買い集めようとしているのをいいことに、明らかに高額な金額での買取りを求めてくるような場合です。

　このような場合には、任意に交渉をして契約により株式を譲り受けるのではなく、強制的に株式を手放させて株式を集約させる方法もあります。

(2) 強制的に株式を取得するための制度

　ここでは、全部取得条項付株式という種類株式を利用した制度を主に紹介します。

　全部取得条項付株式とは、会社が株主総会の特別決議によって、その株式すべてを取得することができるという株式です。

　会社においては、普通株式しか発行していないのが通常であり、この

ような全部取得条項付株式を最初から発行しているような会社はまずありません。そこで、まずは、定款変更を行い、普通株式と全部取得条項付種類株式を発行できるようにするとともに、現在発行している普通株式を、全部取得条項付種類株式に変更します。これにより、会社は、普通株式と全部取得条項付株式を発行できるようになり、現時点では、全株主が全部取得条項付株式のみを保有している（もともと保有していた普通株式が、全部取得条項付株式に変更されている）という状況になります。

　そして、株主総会の決議を行って、全部取得条項付株式を会社が取得してしまうと同時に、新たに、普通株式を現経営者に発行します。

　そうすると、株主は、普通株式を保有している現経営者のみということになり、その普通株式を後継者に承継させれば、議決権ある株式100％を後継者が取得することになるので、経営が安定するということになります。

　ただし、全部取得条項付株式を利用した株式の集約を行うためには、このように定款の変更や株式取得に関して株主総会の特別決議が要求されるため、現経営者が現時点で3分の2以上の議決権を支配している必要があることに注意が必要です。

コラム　売渡請求制度

　ここでは、全部取得条項付種類株式とは別に、株式を集約させるための手段として、平成26年の会社法改正で新たに導入された制度を紹介します。平成26年の会社法改正では、特別支配株主の株式売渡請求制度というものが創設されています。この制度は、ある会社の「特別支配株主」が、他の株主に対して、それらの者が有する株式の全部を自分に売り渡すように請求することができるという制度です。他の株主に対してそのような請求ができる、「特別支配株主」とは、簡単に言うと、当該会社の議決権の90％以上を保有する

株主であり、ハードルは高いといえますが、特別支配株主と他の株主との相対の関係であり、全部取得条項付種類株式の発行のように会社の意思決定を必要とするものではない点に特徴があると言えます。

コラム　議決権制限株式

　本文にて、全部取得条項付株式をご紹介しましたが、ここでは議決権制限株式の説明をしたいと思います。この議決権制限株式は、複数の相続人がいるような場合に、経営の安定化を図る手段として有効に機能します。

　議決権制限株式とは、文字どおり、普通株式とは異なって、株主としての議決権が認められていない種類の株式です。全ての事項について議決権を否定するか、あるいは、特定の事項については議決権を行使することができるようにするか等、細かな設計が可能となっています。

　例えば、現経営者が普通株式100株を保有しているが、長男Aと次男Bがおり、Aに会社を承継させたいという場合を想定します。現在発行している普通株式100株とは別に、定款変更の上で議決権制限株式を発行できるようにし、同じく100株の議決権制限株式を社長に発行したとします。そして、後継者Aには普通株式100株を、Bには議決権制限株式100株を相続させることとすれば、少なくとも、株式の関係では遺留分の問題を避けることができます。その上で、議決権はAのみが有することになるので、会社の重要事項は全てAが決することができ、経営の安定化を図ることができるようになります。

第7節 自社株式の評価方法を知ろう

結局、株価はいくらなの？

A社長 会社の株式を私に集約した後、具体的な株式の承継方法を検討することになると思うのですが、今まで教えていただいたいずれの承継方法を選択するとしても株式の価格を決定する必要があるんですよね。結局のところ、その金額は、どのように決定すればよいのでしょうか。よく新聞で見る「株価がいくら」というのは関係あるのですか。

Y会計士 新聞で見る株価は上場株式等の「市場相場」がある株式の価格のことですね。御社の株式は上場しているわけではないので、「市場相場」のない株式となります。その場合の株式の価格は、株式を取得する株主の性質や会社の規模等により定められた、税務上の評価方法によって算出することになります。

A社長 具体的に、我が社の場合はどのように計算すればいいのでしょうか。

Y会計士 会社株式の全てを後継者である息子さんにお渡しする場合には、息子さんは「同族株主」というものに該当することになり、かつ、取得後の議決権割合が5％以上となりますので、相続・贈与といった場面では「原則的評価方式」という手法での評価となります。

「原則的評価方式」は更に、会社の総資産額及び従業員数・直前期の売上額によって評価方法が分かれることになります。御社の場合、従

業員数が100人以上いますので、会社の規模は「大会社」という区分となり、会社の株式は「原則的評価方式」の「純資産価額方式」と「類似業種比準方式」でそれぞれ算出した金額のうち、いずれか低い金額で評価することとなります。

A社長　「純資産価額方式」とはどういった方式なのでしょうか。

Y会計士　「純資産価額方式」とは、簡単に言ってしまうと「会社の財産を現在の価値に修正した場合の純資産の金額を基に株価を計算する方法」といえます。会社の帳簿に計上されている資産は、基本的にその資産を取得した時の金額で計上してあります。しかし、資産の中には現在の価値が取得した当時より上がっているものもありますので、それらの金額の修正や、その他会社の帳簿上未計上となっているもの等を調整したうえで会社の財産を計算し直し、それを会社が発行している株式数で割ることで株価を算出する方法です。

A社長　なるほど、支店の土地は数年前に買ったものですが、あの辺りは最近開発が進み、土地の価格が上がっていると聞いています。そういったものの金額を修正するということですか。

Y会計士　社長のご理解のとおりです。会社の土地は典型的な例ですね。

　次に「類似業種比準方式」ですが、これは御社と事業の種類が同一又は類似する業種の会社の株価を基に、1株当たりの①配当金額②利益金額③純資産価額の3要素について、御社と比較した結果を株式の評価額に反映するというものです。

A社長　聞いていると難しそうですな…。他の会社の株価なんて分かるんですか。

Y会計士　計算方法自体は一定の数式があり、それに従うだけなのでそこまで難しいものではありませんよ。それに、株価やその他の金額についても国税庁から公表されているデータから引用しますのでそ

こまで負担にはなりません。

A社長 なるほど。しかし、実際に評価を行うとなると、我々素人では難しそうですね。評価を行う際には、税理士や会計士の先生に丸投げしてしまってよろしいんでしょうか。

Y会計士 確かに、実際に会社の株式を評価するとなると、会計・税務の知識が必要となりますので、税理士・会計士に頼っていただくのがよいと思います。ただ、評価を行う際には、様々な会社の資料が必要となりますし、会社の状況等についての聞き取りも必要になりますので、社長や会社の協力は不可欠です。また、株式の評価額は、承継を行うことによって生じる税負担額を計算する上で非常に重要な要素となりますので、税理士・会計士が計算してきた結果についてそれをただ受け入れるのではなく、その算定根拠や計算過程について理解できるだけの知識があるに越したことはありませんよ。

A社長 なるほど、おっしゃるとおりですね。それでは先生、株式の評価方法について、私に一から教えていただけますか。

―― 解　説 ――

1　どうして会社の株式の評価が必要なのか？

第3節から第5節は会社株式の譲渡方法やそれに関連する税務について解説してきました。ここで、改めて各譲渡方法に関連する税金の計算方法を示すと以下のとおりです（相続税については概念的に記載しています。）。

・売買：（**譲渡価額**－（取得費＋譲渡費用））×税率＝所得税額等
・贈与：（**贈与財産の価額**－基礎控除額）×税率－控除額＝贈与税額
・遺贈：（**課税価格**－基礎控除額）×税率－控除額＝相続税額

これらの計算式のうち、売買の場合の「譲渡価額」、贈与の場合の「贈与財産の価額」、遺贈の場合の「課税価格」を決定する必要があります。上場株式であれば市場価額を基にこれらの金額を算出することも可能ですが、非上場株式の場合にはそういった市場価額がないため、税務上の評価方法を用いて算出することが必要となります。

ただ、税務上の評価方法にもいくつか種類がありますので、本節ではその方法の具体的な選択の仕方と、それぞれの方法における具体的な株価の計算方法について解説していきます。

2　非上場株式の評価方式の選択について知ろう

非上場株式の評価方式の選択の全体像は以下のとおりです。以下の解説の中では、「今はこの全体像のどの部分の話をしているのか」ということを意識していただけるとより理解が進むと思います。

■株式評価の全体像

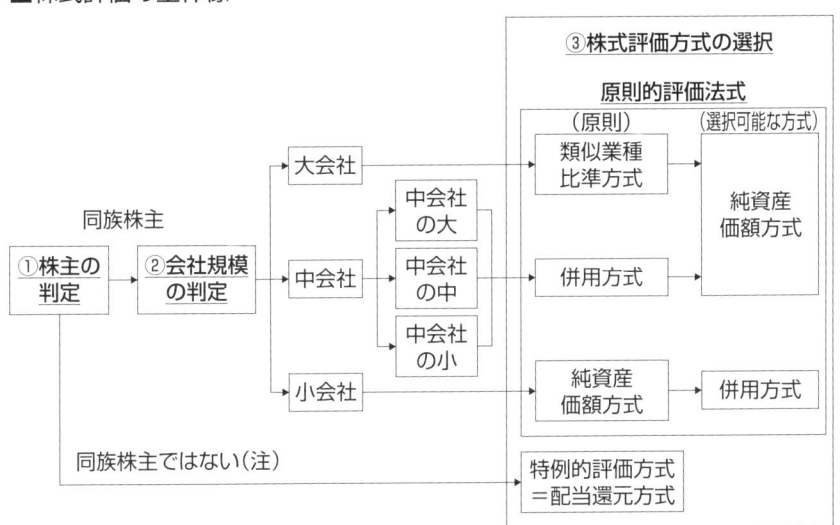

```
同族株主
①株主の判定 → ②会社規模の判定
  大会社 →　類似業種比準方式（原則）→ 純資産価額方式（選択可能な方式）
  中会社 ┬ 中会社の大
         ├ 中会社の中 → 併用方式 → （純資産価額方式）
         └ 中会社の小
  小会社 → 純資産価額方式 → 併用方式

③株式評価方式の選択
  原則的評価法式

同族株主ではない（注）→ 特例的評価方式＝配当還元方式
```

（注）一部の同族株主も特例的評価方法による評価を行う場合もあります。

（1）株主の判定

まずは、「株主の判定」です。これは主に、株式を譲り受ける者が「同族株主」という株主に該当するかどうかを判定するものです。

① 同族株主とはどういった株主か？

同族株主とは、次の要件に該当する株主をいいます。

> ア　株主及び同族関係者の保有する議決権割合が50％超である場合、その株主及び同族関係者（配偶者や6親等内血族等のこと）
> イ　アのグループがいない場合に、株主及び同族関係者の保有する議決権割合が30％以上である場合、その株主及び同族関係者

② 同族株主がいる場合の株式評価はどのように行うのか？

以上を踏まえたうえで、同族株主がいる場合の株式の評価方法の選択は以下のとおりになります。

株主の態様による区分				評価方式
同族株主	取得後の議決権割合が5％以上の株主			原則的評価方式
	取得後の議決権割合が5％未満の株主	「中心的な同族株主」がいない場合		
		「中心的な同族株主」がいる場合	「中心的な同族株主」	
			役員	
			その他	特例的評価方式
「同族株主」以外の株主				

「中心的な同族株主」がいる場合には、たとえ同族株主に該当したとしても、株式取得後のその株主の保有議決権割合が5％未満であり、かつ、その株主を中心に判定した結果「中心的な同族株主」に該当しない場合は、特例的評価方式により株式を評価することになります。ただし、役員（平取締役を除く）をしている場合には原則的評価方式での評価となります。

ここで「中心的な同族株主」とは、同族株主本人・配偶者・直系血族・兄弟姉妹・一親等の姻族（これらの者の同族関係者である会社のうち、これらの者の保有議決権割合が25％以上である会社を含む）の保有議決権割合が25％以上となる株主をいいます。

　一般的な中小企業においては、経営者が会社株式のほぼ全てを保有していることが多く、その株式の全てを経営者に譲り渡すことを考えた場合、「同族株主がいる会社」に該当するのが大半と考えられます。

> **コラム　同族株主がいない会社の株式評価**
>
> 　一般的な中小企業の場合、会社株式は経営者がそのほぼ全てを保有していることが多く、そういった場合の株式の評価方法は前述のとおりです。しかし、血縁関係のない、会社設立者の複数人が株式を保有している場合、同族株主のいない会社に該当する場合もあり、そういった場合には、評価方法の選択基準が異なります。
>
> 　判断基準となるのは①株主の1人及びその同族関係者の有する議決権の合計割合が15％以上か②「中心的な株主」がいるかどうかです。
>
> 　中心的な株主とは、株主の1人及びその同族関係者の有する議決権の合計議決権割合が議決権総数の15％以上である株主グループのうち、いずれかのグループ内で単独10％以上の議決権を所有している株主をいいます。
>
> 　以上を踏まえて、同族株主がいない会社の株式の評価方法は以下のとおりとなります。

株主の態様による区分					評価方式
議決権割合が15％以上のグループに属する株主	取得後の議決割合が5％以上の株主				原則的評価方式
^	取得後の議決権割合が5％未満の株主	「中心的な株主」がいない場合			^
^	^	「中心的な株主」がいる場合	役員		^
^	^	^	その他		特例的評価方式
議決権割合が15％未満のグループに属する株主					^

(2) 会社規模の判定

次に、会社規模の判定です。(1) の株主の判定の結果、原則的評価方式を採用することとなった株主は、会社規模を判定し、以下の表のように、それに基づいて具体的な評価方式を決定します。

■原則的評価方式のまとめ

会社規模			評価方式
評価対象会社	大会社		類似業種比準方式 / 純資産価額方式 } いずれか選択可
	中会社	中会社の大	類似業種比準方式 / 純資産価額方式 } いずれか選択した方式×90%＋純資産価額×10%
		中会社の中	類似業種比準方式 / 純資産価額方式 } いずれか選択した方式×75%＋純資産価額×25%
		中会社の小	類似業種比準方式 / 純資産価額方式 } いずれか選択した方式×60%＋純資産価額×40%
	小会社		類似業種比準方式×50%＋純資産価額方式×50% / 純資産価額方式 } いずれか選択可

ここでいう会社規模とは、会社の総資産価額と従業員数、取引金額を以下の表にあてはめて判定するもので、評価対象の会社を大会社・中会社・小会社のいずれかに分けることになります（中会社は更に3つに分かれます。）。

総資産価額（帳簿価額）			従業員数	年間の取引金額			会社の規模
卸売業	小売・サービス業	卸売業、小売・サービス業以外		卸売業	小売・サービス業	卸売業、小売・サービス業以外	
20億円以上	10億円以上	10億円以上	50人超	80億円以上	20億円以上	20億円以上	大会社
14億円以上	7億円以上	7億円以上	50人超	50億円以上	12億円以上	14億円以上	中会社の大
7億円以上	4億円以上	4億円以上	30人超50人以下	25億円以上	6億円以上	7億円以上	中会社の中
7,000万円以上	4,000万円以上	5,000万円以上	5人超30人以下	2億円以上	6,000万円以上	8,000万円以上	中会社の小
7,000万円未満	4,000万円未満	5,000万円未満	5人以下	2億円未満	6,000万円未満	8,000万円未満	小会社

　　　　　①　　　　　　　②　　　　　③

1．①と②のいずれか下位の区分を採用する。
2．上記1．の区分と、③のいずれか上位の区分により会社規模を判定する。

　具体的な区分方法ですが、まず、従業員が100人以上の会社は無条件で大会社に区分されます。そして、従業員が100人未満の会社については「総資産価額及び従業員数基準」と、「取引金額基準」により区分することになります。
　各項目の詳細は以下のとおりになります。
① 業種
　上記のように、会社の業種によって適用する表が変わりますが、いずれの業種に該当するかどうかは、総務省から公表されている「日本標準産業分類」によって判断することになります。また、兼業している場合には、取引金額が最も多い業種によって判断します。
② 総資産価額
　総資産価額は、会社の直前期末の各資産の帳簿価額の合計額です。これに関する注意点は次のとおりです。

> ➤ 帳簿価額は確定決算上の帳簿価額であること。
> ➤ 減価償却累計額が計上されているときは資産より控除する。貸倒引当金は控除しない。圧縮積立金は資産から控除しない。

③ 従業員数

従業員数は、会社に使用されている個人で賃金を支払われる者全てを対象とした数です。これに関する注意点は次のとおりです。

> ➤ 次の役員は、従業員に含みません。
> ・社長、理事長
> ・代表取締役、代表執行役、代表理事及び清算人
> ・副社長、専務、常務、その他これに準ずる職制上の地位を有する役員
> ・取締役（委員会設置会社の取締役に限る）、会計参与及び監査役ならびに監事
> ➤ 従業員数は、次の式により算出します。
> 従業員数＝継続勤務従業員（A）の数＋（A）以外の従業員の合計労働時間数÷1800時間
> ※ 継続勤務従業員：課税時期の直前期末以前1年間においてその期間継続して勤務していた従業員で、就業規則等で定められた1週間当たりの労働時間数が30時間以上の従業員

④ 取引金額

会社の直前期末以前1年間の売上高のことです。

3 原則的評価方式を知ろう

上記の判定で、具体的な評価方式を決定できたと思います。以下では、各評価方式について具体的に説明していきます。

(1) 純資産価額方式による株式評価の方法を知ろう

まずは、純資産価額方式です。この方式は、「課税時期における会社の各資産を相続税評価額（＝財産評価基本通達に基づいて評価した金

額）で評価し直し、その合計額から各負債の合計額及び資産の評価差額に対する法人税額等に相当する金額を控除した金額を発行済株式数で除し、1株当たりの評価額を算定する方法」です。

　会社の会計帳簿に計上されている資産は、基本的にそれらを取得した時の価額で計上されています。純資産価額方式では、まずはこれら資産を、「財産評価基本通達」に基づいて評価し直します。そうすると、会社の帳簿に計上している資産の金額と異なる金額が計算されてきます。資産再評価後の純資産額が会社の帳簿上の純資産額を上回る場合、実際にその含み益がある財産を売却すれば、売却益に対して税金が発生することになり、その分だけ会社の利益は減ることになります。そこで、純資産価額方式の計算上も、その含み益に対する税金相当額を評価益から控除することになります。その結果算定された純資産を、発行済株式数で割ることで、1株当たりの純資産価額を算出し、それを株式の評価額とします。

　なお、負債については貸倒引当金・退職給付引当金・納税引当金・その他引当金及び準備金を含みません。

　以上の計算方法を式で表すと、以下のようになります。

$$株価 = \frac{A - B - [(A - B) - (C - D)] \times 38\%}{E} \text{(注)}$$

A：相続税評価による総資産額
B：相続税評価による総負債額
C：帳簿価額による総資産額
D：帳簿価額による総負債額
E：発行済株式数
(注) 平成26年4月1日から平成27年3月31日までは40％

　純資産価額は原則として課税時期に仮決算を行って算定しますが、次の方法も認められます。

> 直前期末から課税時期の間に資産及び負債について著しい増減がないため評価額の計算に影響が少ないと認められる場合は、直前期末の価額(ただし、路線価などの評価基準は課税時期のものによる)。
> 課税時期が直前期末より直後期末の方が非常に近く、課税時期から直後期末までの間、資産・負債について著しい増減がなく、直後期末の金額により評価することが合理的であると認められる場合には、直後期末の価額(なお、類似業種比準方式では、直後期末によることは認められていない)。

(2) 類似業種比準方式による株式評価の方法を知ろう

次は、類似業種比準方式です。この方式は、会社と事業内容が類似する業種目に属する、複数の上場会社の株式の価額の平均値に、評価会社とその類似業種の1株当たりの配当金額、1株当たりの年利益金額及び1株当たりの純資産価額を考慮して計算する評価方式です。

その計算方法は、以下のとおりです。

■類似業種比準方式の計算式(大会社の場合)

$$\text{1株当たりの類似業種比準価額} = A \times \frac{\dfrac{b}{B} + \dfrac{c}{C} \times 3 + \dfrac{d}{D}}{5} \times 0.7 \text{(注)}$$

A = 類似業種の株価
B = 課税時期の属する年の類似業種の1株当たりの配当金額
C = 課税時期の属する年の類似業種の1株当たりの年利益金額
D = 課税時期の属する年の類似業種の1株当たりの純資産価額
　　(帳簿価額によって計算した金額)
b = 評価会社の直前期末における1株当たりの配当金額
c = 評価会社の直前期末以前1年間における1株当たりの年利益金額
d = 評価会社の直前期末における1株当たりの純資産価額
　　(帳簿価額によって計算した金額)
(注) 中会社の場合…0.6　　小会社の場合…0.5

それでは、この数式を使うにあたっての各項目の詳細を以下で説明します。

① 業種目の選定

　まずは、会社の属する業種目の選定です。業種目の選定は、国税庁の発表する「平成●年分の類似業種比準価額計算上の業種目及び業種目別株価等について」（法令解釈通達）の中から会社業種に該当する業種目を選定します。

② A、B、C、Dの抽出

　数式の内のこれらの金額は、国税庁が公表している「類似業種比準価額計算上の業種目及び業種目別株価等について」から、会社に該当する業種目を選択し、その記載されている金額を使用します。

　上記データはインターネット上で閲覧可能なものとなっていますので、ぜひ一度実際にご覧ください。

　そして、類似業種の株価であるAについては、当年の月ごと及び前年の平均の各業種の株価が掲載されていますので、そのうちの次のⅰ～ⅳに該当するものの中から最も低いものを選択できます。

ⅰ．課税時期の属する月の類似業種株価
ⅱ．その前月の類似業種株価
ⅲ．その前々月の類似業種株価
ⅳ．前年の平均類似業種株価

　補足となりますが、Aが株式市場の動向によって毎月変動するのに対して、B、C、Dは1年間固定されます。また、下記に詳細を記しているb、c、dについても決算期ごとに金額が確定され、1年間動きません。つまり、Aの変動がその年の類似業種比準価額の動向を決することになります。

③ b、c、dの算定

　これらの数値は、会社の実際の数値に基づき算定することになります。bとcについては、直前期と直前々期、dについては直前期のデータが必要となりますので、計算する際には過去の決算書をご用意ください。

■b：1株当たり年配当金額

$$b = \frac{(直前期配当額＋直前々期配当額) \div 2}{直前期末の発行済株式数（＝N）}$$

・配当額には、特別配当・記念配当等の将来毎期継続しないものは含まない。
・剰余金の配当のうち資本金等の額の減少によるものを除く。
・10銭未満の端数は切り捨てる。
・発行済株式数は、1株当たりの資本金等の額を50円とした場合の株式数である。

■c：1株当たり年利益金額

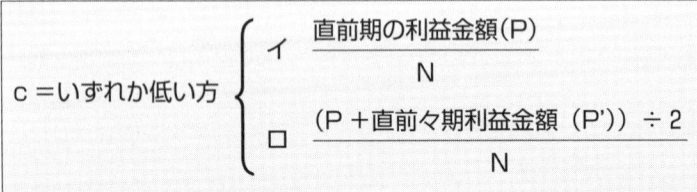

$$c = いずれか低い方 \begin{cases} イ & \dfrac{直前期の利益金額（P）}{N} \\ ロ & \dfrac{(P＋直前々期利益金額（P'）) \div 2}{N} \end{cases}$$

・P（P'）＝ⅰ＋ⅱ＋ⅲ
　　ⅰ…法人税の課税所得金額
　　ⅱ…所得計算上益金の額に算入されなかった利益の配当等の金額（所得税額に相当する金額を除く）
　　ⅲ…損金に算入された繰越欠損金の控除額
・P（P'）の算定でマイナスになるときはcはゼロとする。
・円未満は切り捨てる。

■d: 1株当たりの純資産価額

$$d = \frac{資本金等の額＋利益積立金額}{N}$$

・資本金等の額は、直前期末における金額を使用する。
・債務超過となるときはdはゼロとなる。
・円未満は切り捨てる。

コラム　類似業種比準方式が適用されない会社

　原則的評価方法においては、基本的に会社の規模によって評価方法を決定しますが、以下の特定の会社については、類似業種比準方式は適用されず、純資産価額方式を基礎とした方法によって株式を評価します。

① 比準要素数１の会社

　比準要素（配当、利益、純資産）のうち、直前期末を基準に計算した場合の２要素がゼロで、かつ、直前々期末を基準に計算した場合２要素以上がゼロの場合（配当及び利益については直前期末以前３年間の実績を反映して判定）。

② 株式保有特定会社

　株式保有特定会社とは、総資産価額（相続税評価）の金額に対する株式等の価額（相続税評価）の合計額の割合が50％以上である会社をいい、会社が保有する株式等とその他の資産を分離して計算する簡易評価方式により評価することも可能です。ただし、③④の会社は、株式保有特定会社に該当せず、簡易評価方式は採用できません。

③ 土地保有特定会社

　総資産に占める土地等の保有割合が、「大会社」（一部の「小会社」を含む）の場合は70％以上、「中会社」（一部の「小会社」を含む）の場合は90％以上の会社が該当します。「小会社」は原則として土地保有特定会社になりません。

④　開業後3年未満の会社等
ⅰ．会社の規模に関係なくすべての新設会社
　開業後3年未満かどうかの判定は、課税時期（相続・贈与のあった日）現在によります。
ⅱ．比準要素ゼロの会社
　直前期末を基準に計算した場合、比準要素（配当、利益、純資産）のいずれもがゼロである場合（配当及び利益については直前期末以前2年間の実績を反映して判定）

この他に、開業前又は休業中の会社についても、100％純資産価額方式で評価します。

4　特例的評価方式を知ろう

　次に、特例的評価方式について説明します。特例的評価方式は「配当還元方式」という方式によって行われますが、この方式は、会社株式を所有することによる受取配当金の金額に着目して株式を評価する方式です。また、この方式は、零細株主という株主の属性に着目して認められた評価方式であるため、先述の会社規模が大会社、中会社、小会社のいずれの場合でも、零細株主であればこの方式が適用になります。ただし、純資産価額・類似業種比準価額を用いた原則的評価方式による評価額の方が配当還元方式より低額の場合は、その金額が評価額となりますので、注意が必要です。

（1）特例的評価方式が適用される零細株主とは？

　まず、零細株主の定義については、先述の「同族株主」が会社にいるか否かによって変わります。

① 同族株主がいる会社の場合

　同族株主のいる会社において、零細株主とは、以下の株主が該当します。

> i 同族株主以外の株主
> ii 同族株主には該当するが、以下の内容全てに該当する株主
>   ➢ 会社の株主に「中心的同族株主」がいること
>   ➢ その株主自身は「中心的同族株主」ではないこと
>   ➢ その株主が課税時期にその会社の役員ではなく、また法定申告期限までの間においても役員にならないこと
>   ➢ その株主の取得後の議決権割合が5％未満であること

② 同族株主がいない会社の場合

同族株主がいない会社においては、次の株主が零細株主に該当します。

> i 議決権割合が15％未満のグループに属する株主
> ii 議決権割合が15％以上のグループに属するが、以下の内容全てに該当する株主
>   ➢ 「中心的な株主」がいること
>   ➢ その株主が、課税時期にその会社の役員ではなく、また法定申告期限までの間においても役員にならないこと
>   ➢ その株主の取得後の議決権割合が5％未満であること

(2) 配当還元方式の具体的な計算方法

配当還元方式の具体的な計算式は、以下のとおりです。

■配当還元方式の計算式

$$1株当たり配当還元価額 = \frac{その株式にかかる1株（50円）当たりの年平均配当金額（A）}{10\%} \times \frac{その株式の1株当たりの資本金等の額}{50円}$$

$$(A) = \frac{直前期末以前2年間の配当金額合計 \div 2}{直前期末の資本金等の額 \div 50円}$$

(注) Aの金額は銭未満切り捨て。ただし、Aの金額が2円50銭未満の場合は2円50銭とします。

5　会社の株式の評価額を下げる工夫を知ろう

　以上が具体的な会社の株式の評価方法です。

　会社の業績が良い場合には、上記の評価方法を用いて株式の評価を行った際に予想以上に高額な評価額が算出されることがあります。その場合、後継者に多額の納税資金や株式買取資金が必要となるおそれがあり、後継者への負担が大きくなる可能性があります。ただ、こういった場合であっても以下の方法を用いることで会社の利益や純資産価額を引き下げることができ、その結果、純資産価額方式と類似業種比準方式による株式の評価額を引き下げることができるので、後継者の負担を軽減することは可能です。

　ただし、実行のタイミングも含め株価の引下げ施策は会計・税務の知識がないと難しい面がありますので、会計士・税理士とよく相談したうえで実行されるのがよいと思います。

① 　生前退職金の支給

　現経営者が後継者へ経営権を譲ったことを機に会社を退職して会社から退職金の支給を受けた場合、通常その金額は多額になることが考えられます。退職金を支給することで会社の利益・純資産を減らすことに繋がり、結果として会社株式の評価を引き下げることになります。ただし、役員退職金についてはその金額が適正でない場合、会社の税金の計算上、費用（損金）として認められない場合があるので注意が必要です。役員退職金の適正な額を担保するためには、役員退職慰労金規程を整備することにより一定の基準を定めておき、それに基づいて支給することが肝要です。

② 　含み損のある資産の処分

　不動産や他社の株式など、取得した時よりも価値が下がっているものについては、現在の価値に評価し直すことや、事業に必要のないものであれば思い切って処分してしまうことで、会社の資産を圧縮できます。

他にも、売れ残っている商品や不良在庫も仕入れた価格のまま資産に計上されていることがあります。これらをそのまま眠らせておくよりも、在庫処分セール等で処分してしまった方が資産を圧縮でき、また、利益の圧縮も可能です。

③　不良債権の処理

　長年回収できていない売掛金等がある場合には、債権放棄するなどして、損失処理してしまうのも一つの手です。

④　役員生命保険の活用

　法人契約の生命保険を活用することで、ある程度の利益の圧縮が可能です。会社の資金に余裕があるのならば、利益の繰延方法として有効です。商品の選択肢も多く、金額の設定も容易であり、また、リスクは保険会社の破綻しかありませんから、確実性も高いといえます。

第3章

後継者がいない場合の事業承継

―― 第3章の登場人物 ――

B社長　　X弁護士　　Y会計士

第1節 M&Aによる事業承継

後継者不在でも承継できる

B社長 1960年代半ばの高度成長期に、20代そこそこで会社を立ち上げてここまでやってきましたが、私も70歳になりました。長男は医者になり、長女は家庭に入っています。孫は3人いますが、家族に後継者はおりません。幸い、業績は順調ですが、年齢を考えると私もそう長くはやっていけないと思います。残念ながら社内にも私の後を継ごうという気概のある者はいません。このままでは、いずれ会社をたたまざるを得ないと考え始めているところでして、いろいろご相談に乗っていただきたいと思います。

X弁護士 会社が順調なのに、親族に後継者がいらっしゃらないのは残念ですね。でも、社長がここまで成長させた会社を一代で終わらせてしまうのは勿体ないと思います。業績が良いうちに会社を引き受けてもらえる方が現れれば、事業は継続しますし、従業員の雇用も維持されることになります。社内にも後継者がいないということであれば、M&Aによる事業承継を検討されてはいかがでしょうか。

B社長 M&Aという言葉は新聞やニュースでよく耳にしますが、なんだか会社を乗っ取られるような感じがして抵抗がありますね。従業員はちゃんと雇ってもらえるのでしょうか。社員の中には子どもを養っていかなければならない働き盛りの者や、あと数年働けば年金がもらえる者もいます。

X弁護士 確かにニュースなどでよく話題になるのは上場会社の敵対的買収などのケースですので、M&Aという言葉には抵抗があるかもしれませんね。簡単にいうと、会社の『株式』を買ってもらうか、株式でなく会社の『事業』を買ってもらうということです。相手はこちらが選ぶわけですから、必要以上に警戒する必要はありません。事業を承継してもらった後の従業員の雇用については、こちらの希望を買主に伝えて、相手と協議して決めていくことになります。

B社長 なるほど。しかし、今、会社を人に売るとなると、自分について来てくれた従業員を裏切ることにならないでしょうか。私は仕事をしているのが好きですし、私の目が黒いうちは最後まで責任を果たしたいという思いもあります。

X弁護士 社長のお気持ちはよく分かります。ただ、考えたくないことですが、突然、社長が病気や事故で長期休養となったり、最悪、会社を去ることになったとき、残された方々で会社をやっていけますか。突然、会社をたたまざるを得なくなってしまったら、従業員に対する責任を果たしたといえるでしょうか。将来的にどのように会社を維持していくのかをお考えになる時期に来ていると思います。

B社長 先生の仰ることももっともだと思うのですが、気になるのは、会社には銀行の借入金が残っており、自宅に担保もついています。この歳になって家を移るのは、勘弁してほしいです。

X弁護士 借入金の額や、会社がいくらで売れるかにもよりますが、会社の負債についてはM&Aを実行するときに清算するか、できるだけ個人負担を減らせるように調整することになります。老後のご心配も分かりますが、私どもがこれまで見てきたケースでは、60代で会社をM&Aで引き継いで、悠々自適に過ごしている方もたくさんいらっしゃいます。

B社長 なるほど。確かにそうかもしれませんね。事業が上手く

いっている中で会社を手放すのは、正直、勇気がいりますが…。

X弁護士 社長、業績が良い時こそ、いい後継者に会社を引き継いでもらえる可能性があります。M&Aをするといっても、これから相手を探していくことになるわけですから時間もかかります。最終的にどう判断するかは別として、M&Aによる事業承継という方法を初めから排除せずに、選択肢の一つとして検討されてはいかがでしょうか。

B社長 分かりました。では、もう少しM&Aについて教えてください。

解　説

1　第三者への事業承継（M&A）
(1) M&Aとは何か？

　M&A（Mergers and Acquisitions）は、英語を直訳すると「（企業の）合併・買収」、つまり、ある企業とある企業がひとつになったり、ある企業が別の企業を買ったりすることを意味します。マスコミでは、大規模な上場企業のM&Aにかかわる紛争が報じられるので中小企業には縁のない話と思われがちですが、最近は、中小企業の事業承継の観点からも注目されています。

　中小企業のM&Aは、手続的にはそれほど複雑ではありません。また、上場企業の敵対的買収の事案とは異なり、基本的に友好的な手続で進みます。後継者探しに苦労する中小企業の事業承継の方法として、大いに活用することが可能であり、終活M&Aは現実的な選択肢です。

　今回相談にみえたB氏は、すでに70歳を超えているものの、後継者がいません。B社長に残された時間を考えると、今から後継者を育てることは容易ではありません。幸い、事業も順調ということですから、M&Aによって事業を承継させる方法が有力な選択肢になります。

（2）M&Aをするとどうなるか？
① 事業の維持・発展が図られる
　中小企業は、上場企業に匹敵するような会社から、中小・零細企業や個人事業まで、その規模にかなりの幅があります。M&Aの引受先企業は、必ずしも自社と同一の規模・業種である必要はありません。自社と引受先企業との組み合わせがうまくいってM&Aが成功すれば、引受先企業に自社の事業が承継されます。中小企業の経営者にとって思い入れのある事業を、新たな経営者に託して継続することができます。

　また、引受先企業の業種や規模、経営者の資質などによっては、今ある経営資源を活用して、自社のさらなる発展が望めます。M&Aにより、1＋1が2ではなく、3にも4にもなる可能性があります（これをシナジー効果といいます。）。M&Aは単なる事業承継にとどまらず、会社のさらなる発展を遂げるきっかけにもなり得るものです。

② 従業員の雇用、取引先との取引が維持される
　M&Aにより引受先に事業が承継されるとともに、その事業に必要とされる従業員も承継され、多数の従業員の雇用が維持できます。取引先との取引関係についても同様で、一部見直しがなされる可能性はありますが、契約関係の多くが引き継がれるケースが多いといえます。M&Aにより、これまで世話になった従業員や取引先関係者に迷惑を掛けずに経営の幕引きができることになります。

③ 負債が処理できる
　中小企業で負債のない会社というのは稀です。事業を単に廃止して会社をたたむ場合は、手元にある資産を売却して得られた資金をもとに負債を整理することになりますが、M&Aによる場合は、その会社の事業価値が評価され、会社の資産をばらばらに処分するよりも高い評価を得られることが多いでしょう。また、引受先が会社の抱えた負債をそのまま承継するというケースもあります。

このように、負債の処理という点からもM&Aの利用が経営者に有利にはたらくケースが多いといえます。中小企業の経営者にとっては、債務の負担を解消又は軽減し、場合によっては創業者利潤を実現することで、安心して老後を暮らせる可能性が高まります。

（3）M&Aにはどれくらいの時間がかかるのか？

　いざM&Aによる事業承継をしようと思っても、マンションや自動車を売るときのように簡単にいくとは限りません。まずは専門家に相談し、適切なアドバイスを受けながら、引受先を探すことからはじめることになります。すぐに相手が見つかるとは限りませんし、候補者が現れても、どのようなM&Aの方法を採るのか、対価（代金）をいくらとするのか、従業員の雇用をどうするのかなど、諸条件を詰めて手続を完了させるためには相当な時間を要します。その過程で法的な問題や税務上の問題、その他事業承継の障害となり得る問題が判明した場合には、一つ一つ解消していかなければなりません。

　M&Aの着手から完了には、おおむね1年程度はみておく必要があるでしょう。

2　M&Aの検討は早めに

　M&Aを実行すべきタイミングは一概には決められませんが、事業承継をお考えであれば、業績の良いときに決断をした方がよいでしょう。現在の業績が良くても、いつ経営環境が変化するとも限りませんし、経営者に万一のことがないとも言い切れません。業績が良いときであれば、高く企業を売却することが可能となり、創業者利潤を手元に残すことができます。また、単に高く「売り抜ける」ことだけでなく、手塩にかけて育てた会社の経営を託せるかという点からみても、業績が良いときの方が、引受先が現れる可能性が高く自社に有利に話を進められます。

他方、業績が悪い場合はどうかというと、一つの対応としては、業績不振の理由がはっきりしていて、比較的短期のうちに改善できる見込みがあれば、改善が済んでからM&Aを実行するというケースもあります。一方で、引受先が自ら経営改善を行う余地があると判断するケースや、経営者自身が経営改善の意欲や実行力を失っているようなケースでは、事業のリストラなどはせずにありのままの状態でM&Aに着手する方がよいでしょう（ちなみに、むやみに事業のリストラを実行すると、かえって引受先の範囲を狭めてしまうリスクもあります。）。

　以上のとおり、後継者不在の中小企業においては、業績の如何にかかわらず、M&Aの検討は早めに行うことをお勧めします。

　B社長の場合は、業績が順調であり、70歳を超えて後継者の目処が立っていないという状況ですから、まさに今がM&Aに着手すべきタイミングといってよいでしょう。

3　M&Aの方法

（1）M&Aの種類

　M&Aは、企業の合併だけではありません。**株式譲渡**、株式の引受（第三者割当増資等）、株式交換・株式移転のほか、**事業譲渡**、**会社分割**などの方法があります。このうち、合併、株式の引受、株式交換・株式移転などは比較的規模の大きな企業において採用される方法であり、中小企業の場合には、株式譲渡、事業譲渡、会社分割の方法が採られることが多いので、以下、これらの手続についてポイントを説明します。

（2）株式譲渡（会社法127条）

① 株式譲渡とは

　株式譲渡は、文字どおり、株主が、その会社の発行している株式を相手先に売買によって譲渡し、会社の支配権を相手先にそのまま移す方法です。

■図1　株式譲渡

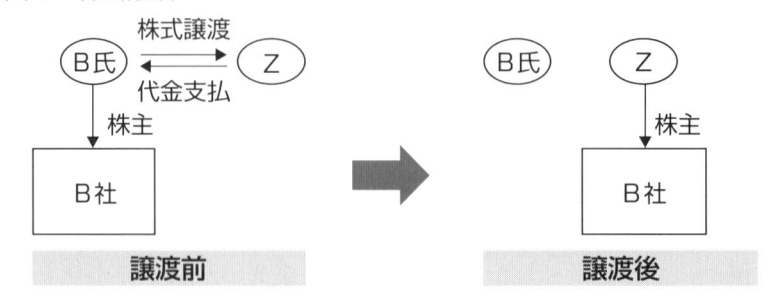

譲渡前：B氏（株主）→B社、B氏とZの間で株式譲渡・代金支払
譲渡後：Z（株主）→B社

② 株式譲渡のメリット・デメリット
ア　株式譲渡のメリット

　株式譲渡は会社のオーナーが所有する株式を相手方に売却するものですから、手続もシンプルで分かりやすく、中小企業のM&Aに適した方法といえます。株主が変わるだけで、会社自体は何も変わりません。取引先との契約、従業員との雇用契約などを新たに交わす必要はなく、また、会社が受けている許認可も原則としてそのまま維持されます。許認可を新たに取得するのに時間がかかるような業種においてはこのメリットは大きいでしょう。

イ　株式譲渡のデメリット

　引受先は、会社をまるごと引き継ぐことになりますので、会社が抱えている紛争はそのまま引き継ぎますし、M&Aの実行後に簿外債務が発見された場合にはこれを負担することになります。このようなリスクがあるため、引受先としては承継に慎重になり、いきおい、株式の譲渡代金も控えめになる傾向があります。

> **コラム** チェンジオブコントロール条項について
>
> 　取引先との契約には、会社の支配権に移動があった場合に、相手方が契約を変更したり、解除することができるという規定が置かれていることがあります。これを「チェンジオブコントロール条項」といいます。
> 　チェンジオブコントロール条項にはいろいろなパターンがあります。例えば、M&A取引の実行前に取引先に対する通知を要求するものがありますが、この場合は単に通知を発すればよくそれほど大きな負担とはなりません。他方、通知のみならず取引先の同意を要求するものがあり、この条項が置かれている場合に取引先から同意を得るとなると手続的に大きな負担となります。そこで、実務上は、取引先の代替性や重要性、M&A取引を実行した場合に予想される反応などを勘案しつつ、確実に同意を得ておいた方がよい先についてのみ同意を得るといった工夫がされます。

③　株式譲渡の手続

　株式を譲渡するためには、株式売買契約書を締結し、売買代金の支払を受け、株主名簿の名義書換を行います。中小企業の多くでは、株式譲渡の効力が生ずるために取締役会や株主総会の承認を要する旨が定款で定められており、この場合は、取締役会等の承認決議が必要となります。また、株券を発行している会社（定款で株券を発行すると定めている会社）においては、株式を譲渡する合意とともに株券を交付することが必須となります。

　株式譲渡は、手続としてはシンプルで時間はかかりませんが、上記②に書いたようなデメリットがあるため、引受先はリスクを少しでも軽減するために、株式売買契約において、一定の時点における事実が真実であり、かつ正確であることの表明保証を求めたり、表明保証違反があった場合の損害賠償に関する定めを求めることがあります。また、株券発行会社であるのに株券が現存しないなど、株式譲渡を進めるにあたり問

題が生じることも多く、取引を有効に行い、後に問題が生じないようにするためにも、株式譲渡についても専門家による指導を受けながら進めることをお勧めします。

> **コラム　株式譲渡における留意点**
>
> 　株式譲渡による M&A は、会社の支配権を相手方に移すことを目的としますから、特に中小企業の M&A の場合には、発行済みの株式の全て（100％）を引受先へ譲渡するのが通常です（少なくとも、会社の支配権といえる3分の2以上の譲渡は必須です。）。経営者又は経営者がコントロールすることのできる親族が株式の全てを保有している場合は問題ありませんが、役員・従業員などが株式を保有している場合は、株式譲渡に向けてこれらに対する手当てが必要となります。
>
> 　また、株主の名簿管理が不正確で現在の株主を特定できない場合や、過去に辞めた従業員や設立時又は増資時に知人から出資してもらっていたなどの理由で株式が複数の第三者に分散している場合も、それぞれ手当てが必要となります。

（3）事業譲渡（会社法467条）
①　事業譲渡とは
　事業譲渡は、会社や個人が行っている事業そのものを譲渡する方法です。会社の事業譲渡手続を中心に解説していますが、個人事業主が M&A による事業承継を考える場合にも基本的に同様の考え方で進めることになります。

> **コラム　「事業」とは**
>
> 　事業譲渡における「事業」は、商品、工場不動産などの個々の資産や借入金・買掛金などの債務だけでなく、取引先との契約関係、ノウハウなど、一定の事業目的のために組織化され、有機的一体として機能する財産のことを

言います。この意味での「事業」を一括して譲渡することで、個別に資産を譲渡する場合よりも高い評価が付けられることになります。

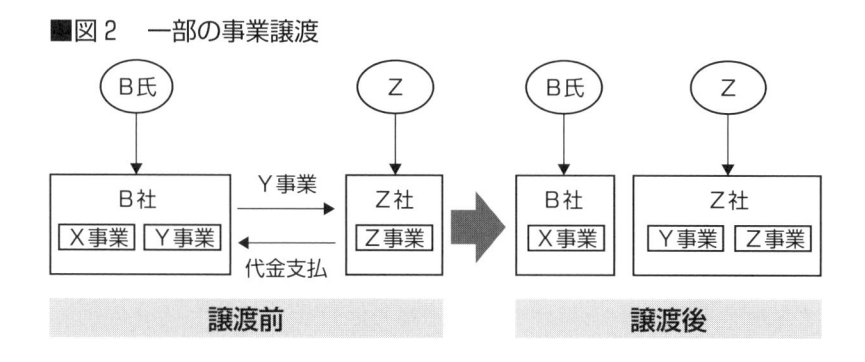

■図2　一部の事業譲渡

```
  B氏             Z                  B氏            Z
   ↓             ↓                   ↓             ↓
 ┌─────┐  Y事業  ┌─────┐         ┌─────┐      ┌─────┐
 │ B社 │ ────→ │ Z社 │   ⇒    │ B社 │      │ Z社 │
 │X事業 Y事業│ ←──── │Z事業│         │X事業│      │Y事業 Z事業│
 └─────┘  代金支払 └─────┘         └─────┘      └─────┘
       譲渡前                            譲渡後
```

② 事業譲渡のメリット・デメリット
ア 事業譲渡のメリット

　事業譲渡の方法によれば、買主（引受先企業）は希望する事業部門を限定し、事業の一部を譲り受けることもできます。株式譲渡とは異なり、会社自体の承継ではないので、会社が抱えている潜在的な簿外債務は承継されず、事業承継に伴うリスクを減らすことが可能となります。また、店舗・工場などの土地建物、在庫品、売掛金、のれん（営業権）、ノウハウ、人材といった会社の資産の中から、必要な資産のみを相手先へ承継することが可能となります。

イ 事業譲渡のデメリット

　事業譲渡では、会社が締結している契約関係や、会社が負担する債務を契約の相手方や債権者の同意を得ずに引受先に承継させることはできません。取引先との契約関係を承継させるためには、取引先から個別に同意を得なければなりません（実務上は、全ての同意を得ることが困難・煩雑なため、譲渡前に重要な取引先に限定して承諾を得ておき、その他は通知を送付する方法で済ませるケースも少なくありません。）。

債務についても、債権者の同意がなければ引受先に移転させることはできず、債権者の同意が得られない場合は、事業譲渡後に会社を清算する場合に影響が生じます。

　会社が取得している許認可については原則として承継されず、引受先が許認可を保有していない場合は、新たに取得することが必要となります。許認可の取得が難しい事業では、譲渡先が事実上同業他社に限定されてしまうため、事業譲渡以外の手法を検討しなければならない場合もあります。

③　事業譲渡の手続

　事業譲渡を実行するための譲渡人側の手続は、譲渡する資産の重要性、金額などによって異なりますが、譲渡人が株式会社である場合、通常は、取締役会の決議［取締役の過半数が出席し、出席者の過半数の賛成］と株主総会の特別決議［議決権を持つ株主の過半数が出席し、出席株主の３分の２以上の賛成］を得ることになります。

　事業譲渡契約書の作成や譲渡の前後の対応には税務上、法律上の専門知識を要することも多くあるため、専門家の援助を受けながら進めることが必要です。

コラム　事業譲渡後の留意点

① 譲渡会社

　事業譲渡をした場合、譲渡会社は原則として同一エリアにおいて同種の営業を営むことは禁止されます（競業避止義務・会社法21条）。この義務を特約で排除することは可能ですが、特約が締結されることは稀です。なお、株式譲渡や会社分割のケースにおいても、特約によって競業避止義務を定めることがあります。

② 譲受会社

　事業譲受後に譲渡会社の商号を引き続き使用する場合と使用しない場合が

ありますが、前者の場合、債権者に対して事業譲渡前の債務を弁済する責任を負わないことを通知したり、登記する必要があります。この対応を怠ると、事業譲渡の対象から外したはずの営業上の債務まで負担することになってしまいます（商号続用責任・会社法22条）。また、商号を続用しなかった場合でも、譲渡人の営業による債務を引き受けるとの「広告」（債務引受広告・会社法23条）をした場合には、やはり譲渡前の営業により生じた債務を負担することになります。このように、事業譲受後の対応を誤ると思わぬ責任を負うことになるので注意が必要です。

(4) 会社分割（会社法757条・762条）
① 会社分割とは

　会社分割は、会社の事業を分割して、別の会社に承継させる方法です。大企業における組織再編の手法として活用されることが多いのですが、中小企業の事業承継の場面においても活用することができます。

　会社分割は、法律上、新設分割と吸収分割に区分されます。新設分割は、分割する会社（分割会社）が新たに会社を設立し（新設会社）、新設会社に分割会社の事業を承継させる方法です。この場合、新設会社は分割会社の100％子会社となります。この新設会社の株式を引受先に譲渡することにより事業を承継させることができます。

　他方、吸収分割は、分割する会社（分割会社）と引受先会社（承継会社）とが吸収分割契約を締結し、承継会社が分割会社の事業を吸収することにより事業を承継する方法です。分割会社は承継会社から分割対価を受け取ることになります。分割対価を承継会社の株式とすることもできますが、事業承継の場合は現金とすることがほとんどです。

■図3① 会社分割（新設分割の場合）

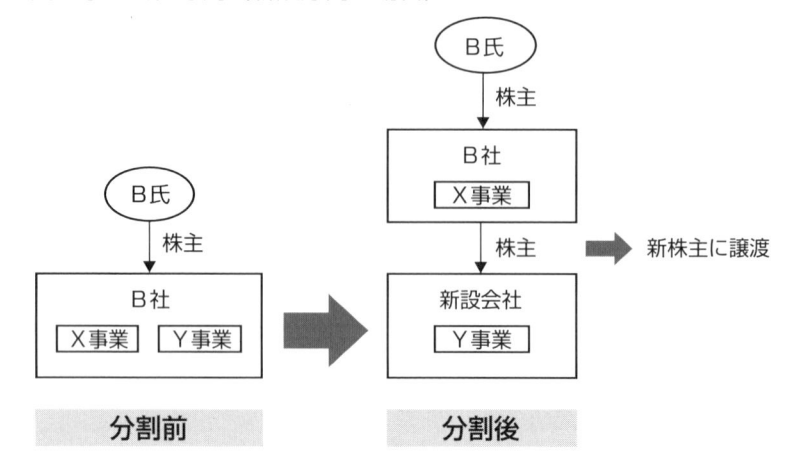

■図3② 会社分割（吸収分割の場合）

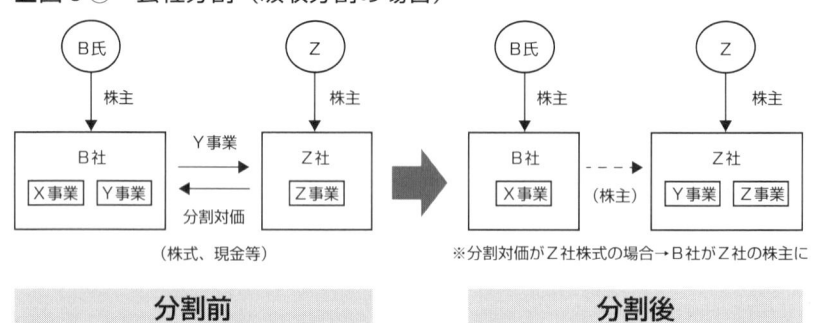

② 会社分割のメリット・デメリット
ア 会社分割のメリット

　会社分割のメリットは、会社分割の「分割計画書」（新設分割の場合）又は「分割契約書」（吸収分割の場合）において承継会社（新設会社）に承継させると定めた契約関係は、契約の相手方の同意を得なくても当然に承継会社（新設会社）へ承継されるという点です（ただし、チェンジオブコントロール条項の存在により一定の制約が課される場合があります）。承継すべき契約が非常に多数に及ぶ場合や、重要な契約

の承継が難航すると予想される場合には、会社分割が有効な手段となります。実務上、契約の相手方が拒否しているのに、会社分割によって契約が承継されたと強弁するような対応を初めから行うことはありませんが、法律上当然に承継されるとの前提であれば、契約の相手方の理解を求める際の難易度は格段に低くなります。

　また、承継する債務についても「分割計画書」・「分割契約書」において定めることになるので、基本的には、分割する会社は承継会社（新設会社）に対して債務を免責的に承継させる（承継後は債務を免責される）ことができますし、承継会社（新設会社）としても簿外債務を負担するリスクを負わずに済みます（ただし、承継する「事業」により発生する債務や、承継する「契約」に基づき生じる可能性のある債務などは、分割時に認識していなかったとしても承継するリスクが残ります。）。

イ　会社分割のデメリット

　会社が取得する許認可については、その種類にもよりますが、原則として承継することはできませんので承継会社（新設会社）が新たに許認可を取得する必要があります。この点は事業譲渡と同様であると考えておくべきです。

　また、会社分割は、上記のような強力な効果があるため、債権者を保護するための手続が必要とされており、そのための期間をスケジュールに織り込んでおく必要があります。例えば、官報公告、債権者に対する個別の通知（催告）を要するほか、会社分割に異議を述べた債権者に対しては、弁済したり担保を提供するなどの対応が必要となることがあります。株式譲渡や事業譲渡と比較すると手続の負担が重く、時間がかかる手法といってよいでしょう。

③　会社分割の手続

　会社分割は、会社の権利義務関係を承継会社（新設会社）に移転させる手続であり、合併と同様に会社の組織自体を変更する行為です。この

ため、利害関係者を保護するための手続が定められています。

　具体的には、会社分割契約の締結（新設分割の場合は会社分割計画の作成）、株主総会前の情報開示手続、労働者との協議、債権者保護手続、株主等への通知手続及び株式買取請求の対応、株主総会の承認決議、会社分割の登記、会社分割後の情報開示手続などの各種手続が必要となり、最短で進めても会社分割の効力発生までに1か月以上はかかります。これらの手続を怠ったり、期間制限を遵守できなかったりすると、手続に不備（瑕疵）があるとして株主や債権者などから会社分割無効の訴えを提起されることがあるので注意が必要です。

■株式譲渡・事業譲渡・会社分割の比較

	メリット	デメリット
株式譲渡	◆株主の変更のみで手続が簡易・迅速 ◆契約関係・許認可関係を維持したままの承継が可能	◆譲渡後に判明した簿外債務などについて責任を負うリスクがある
事業譲渡	◆簿外債務のリスクを軽減できる ◆事業の一部門を切り出して譲渡できる	◆従業員・取引先等との契約関係が承継されない ◆許認可関係は原則として引き継がれない
会社分割	◆従業員、取引先等との契約関係が承継される ◆事業の一部門を切り出して分割できる	◆手続に時間がかかる ◆許認可関係は原則として引き継がれない

4　M&Aと従業員の処遇
(1) 総論

　親族内における承継とは異なり、M&Aによる承継は従来の経営者から第三者へ経営権が移ることになるわけですから、承継後の従業員の処遇は、中小企業の経営者にとって重大な関心事です。

　承継される従業員の範囲については、M&Aの引受先の意向によるところが大きいといってよいでしょう。引受先企業は、①承継する事業の内容・範囲、②現在の従業員の労働条件や年齢・能力・適正等、③承継後の事業展開などを検討して、承継後も雇用する従業員の範囲を決めていきます。

　これに対し、中小企業の経営者としては、承継を求める従業員の範囲などを引受先に伝え、できる限り要望に応じてもらえるように協議を行います。引受先企業の社風や年齢構成などが自社と大きく異なる場合は慎重に判断する必要があります。このような場合、従業員が承継を機に退職し、あるいは、一旦は引受先企業への承継を受け入れたとしても、短期のうちに辞めてしまうことが多いからです。

> **コラム**　資産や許認可を目的とするM&A
>
> 　中小企業の場合、承継する事業に関係する従業員の多くが必要とされるケースが多いと思われますが、中には会社の特定の資産、許認可、知的財産権、ノウハウの承継などが主目的で、従業員の承継は付随的な目的であると考えられるケースもあります。
>
> 　このようなM&Aの成功事例も沢山ありますので一概に否定することはできませんが、経営者としては、承継後にこれらの資産を用いて具体的にどのような事業プランを描いているのかを確認し、従業員の雇用維持がどの程度念頭におかれているかを慎重に判断した方がよいでしょう。

従業員の雇用契約が法律上どのように扱われるかについては、以下のとおりです。株式譲渡、事業譲渡、会社分割の場合で異なります。

（２）株式譲渡の場合

株式譲渡の場合は、会社の支配権が引受先へ移るだけですから、会社と従業員との雇用関係は、特に手続を要せずに承継されます。賃金を初めとする労働条件についても、原則として変更されずにそのまま承継されることになります。

その上で、承継した事業の再構築や、相手先グループ企業の従業員の処遇とのバランスの観点から労働条件を見直す必要がある場合には、就業規則の変更や従業員から個別同意を得て行います。

（３）事業譲渡の場合

事業譲渡の場合は、株式譲渡のように会社全体を引き継ぐのではなく、相手方が選択した事業だけが承継され、従業員についてもその事業に必要と考える人物をあらかじめ選択するのが一般です（ただし、あまりに恣意的な選別を行うと後日紛争になるおそれがあります。事業を譲り受けた引受先企業が雇用義務を負うとした裁判例もありますので注意が必要です。）。

そして、事業譲渡実行時に従業員が会社を一旦退職して、引受先企業に新たに雇われる形になります。退職金はこのときに清算される場合と、引受先企業が引き継ぐ場合があります。

就業規則は引受先企業のものが適用され、賃金等の労働条件も協議のうえ新たに決められます。もっとも、引受先企業と雇用契約を結ぶかどうかは従業員の自由意思に委ねられるわけですから、引受先企業としても、労働条件の極端な変更はせず、従来と同等の条件が設定されるケースが多いでしょう。

（４）会社分割の場合

会社分割における従業員の扱いは、株式譲渡と事業譲渡の中間に位置

します。つまり、引受先企業が必要とする従業員との雇用契約は、「分割計画書」又は「分割契約書」に記載されることによって、原則として、従業員の個別の同意を必要とせずに相手先企業に移転します（実務上は、一旦会社を退職して新たに雇用契約を締結するという方法が採られることもあります。）。他方、相手先企業が承継を希望しない従業員は、原則として分割会社に残ることになります（会社分割後に事業を廃止し、会社を清算する場合には残った従業員との雇用契約を終了させる必要があります。）。

ただし、会社分割においては、労働者の権利を保護するための法律（**労働契約承継法**）が存在するので留意する必要があります。

コラム　労働契約承継法について

労働契約承継法は、会社分割の制度の導入に伴って、労働契約の承継等について会社法の特例を定めるために制定された法律です。この法律は、会社分割を行う場合の労働契約の承継について、以下のとおり、労働組合や個別の労働者との協議・通知、異議申出の手続等を定めることにより、労働者の保護を図っています。

① 労働組合等との協議

分割会社は労働組合等と協議を行い、全ての労働者の理解と協力を得るよう努める必要があります（努力義務）。

② 個別の労働者との協議

分割会社は会社分割の対象となる事業に従事する労働者に対し、労働契約の承継の有無、分割後の業務内容等を個別に説明し、労働者本人の希望を聴取して分割後の就業形態等について協議を行う必要があります。

③ 労働者等への通知

分割会社は分割される事業に主として従事する労働者、主として従事していないが承継対象となった労働者に対して、法所定の事項を書面により通知する必要があります。この通知がなかった場合、前者の労働者

は承継会社（新設会社）に対して労働者たる地位の確認を求めることができ、後者の労働者は分割会社に地位の確認を求めることができます。

④ 異議申出の手続

会社分割により承継会社等に承継される事業に主として従事しているにもかかわらず、分割契約等によって承継の対象とされなかった従業員は、一定期間内に「異議の申出」をすることによって、承継会社等に承継されることができます。逆に、会社分割により承継会社等に承継される事業に主として従事していないにもかかわらず、分割契約等によって承継の対象とされた従業員は、同様に「異議の申出」をすれば承継されずに分割会社にとどまることができます。

このように、会社分割の手法を採ったとしても従業員を100％自由に選別できるわけではありません。

第2節

売却先の探し方

自社事業を大切にしてくれる売却先とは

B社長 先生、終活 M&A という選択肢があることは理解できました。しかし、当社のような会社を現実に買ってくれるような会社はあるのでしょうか。同業者以外になかなか選択肢がないように思うのですが、検討する際の考え方を教えてもらえませんか。

Y会計士 社長が育て上げた大事な事業ですから、有効に活かしてくれる会社に承継してもらいたいですよね。引受先を探すキーワードは**タテヨコ法則**と**シナジー効果**です。タテ（縦）とは、貴社の商品やサービスの上流と下流。ヨコ（横）とは、規模の拡大を示します。例えば、貴社のような輸入関係の貿易商社の場合、貴社の下流に位置する国内の二次卸に承継することが考えられます。引受先では貴社の仕入網を利用することで商品ラインナップが拡充して売上の増進に役立ちますし、大量仕入によるコストダウンを図ることが可能になり、シナジー効果が得られます。

ヨコ（横）とは業界の横の関係という捉え方で、主に同業者がターゲットになります。貴社と同業の貿易商社であっても、ヨコの関係で検討すれば、取扱商品が異なったり、輸入先の国や地域が異なる会社が、貴社の事業を承継して、規模の拡大を目指す場合が考えられます。

実際には完全にタテヨコに分類されるのではなく、少し下流の同業に売却するなんてこともあります。

B社長　よくわかりました。意外と候補先はありそうですね。私が手塩にかけて育てた会社ですので、どこに婿養子に出すかは、じっくりと考えたいと思います。

解　説

1　売却先の探し方

　会社の終活として大事な事業を譲るのですから、相手は誰でもいいというわけにはいきません。今の事業を活かしてくれる会社でないと、従業員も将来リストラの対象になったりするかも知れません。どんな会社が貴社の事業を活かしてくれるのでしょうか。M&A業者も貴社の業界や商流に詳しいとは限りません。今回相談にみえたB社長の会社も貿易商社という一見特殊な業界ですが、探せば候補先は数多くあるはずです。引受候補先の選定についてディスカッションをする際には、単に同業者だけでなく、様々な選択肢があることを知って、幅広く検討してみましょう。

2　タテヨコ法則とシナジー効果
(1) タテヨコ法則

　引受先について協議するときには、様々な目線で幅広く検討することが必要です。ここではM&A初期の現場でよく使われるマトリクスでご説明しましょう。

■売却先の検討

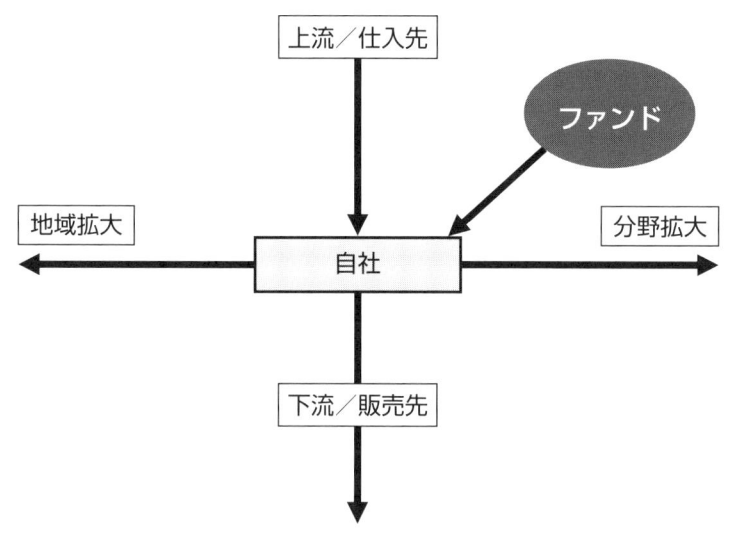

```
                    上流／仕入先
                        │
                        │       ファンド
                        │        ↓
    地域拡大 ←―――――  自社  ―――――→ 分野拡大
                        │
                        │
                    下流／販売先
                        ↓
```

① タテの検討

　タテの検討は、自社の商品・サービスの商流において、上流と下流に位置する会社を候補とする検討です。例えば電子部品製造であれば、その上流の仕入先が候補となります。特に大口の仕入先にとっては下流である製造会社を買収することで販路が開け、商売の拡大につながる可能性があります。一方、下流の候補者としては貴社の部品を仕入れて組み立てる販売先が考えられ、部品製造を内製化することによりコストダウンを図ることが可能となります。

② ヨコの検討

　ヨコの検討は、地域・規模や業界・分野の拡大を目指す会社を候補とする検討です。同業者が規模の拡大を目指す場合や、必ずしも同業者でなくても異なる地域、分野に進出しようというときには、自社の力だけでは労力も時間もかかりますが、M&Aを活用することで時間や技術、商圏を買うことができ、シナジー効果を得られます。

■テレビの電子部品製造の場合

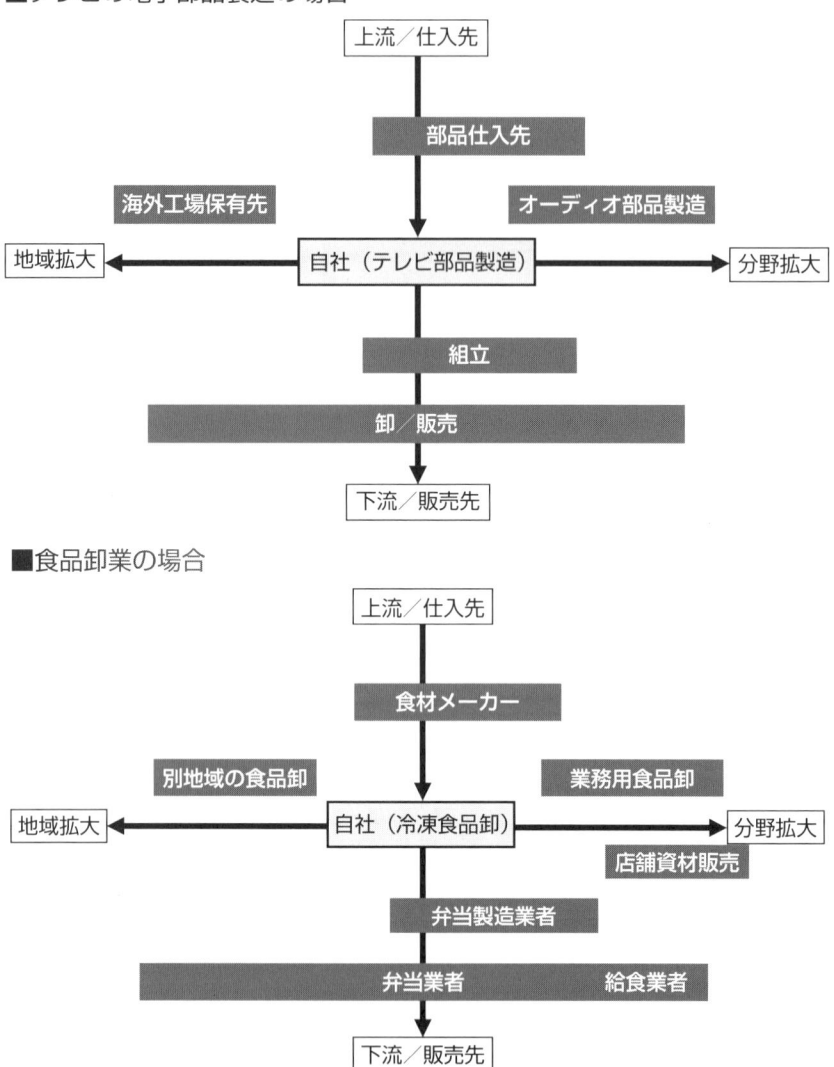

```
                    上流／仕入先
                         ↓
                     部品仕入先
                         ↓
   海外工場保有先              オーディオ部品製造
地域拡大 ←    自社（テレビ部品製造）    → 分野拡大
                         ↓
                       組立
                         ↓
                      卸／販売
                         ↓
                    下流／販売先
```

■食品卸業の場合

```
                    上流／仕入先
                         ↓
                     食材メーカー
                         ↓
   別地域の食品卸              業務用食品卸
地域拡大 ←    自社（冷凍食品卸）     → 分野拡大
                              店舗資材販売
                         ↓
                     弁当製造業者
                         ↓
                  弁当業者    給食業者
                         ↓
                    下流／販売先
```

③　ファンド

　いわゆる投資ファンドがM&Aの活性剤になることもあります。例えば、特定の業界で、各地の2番手3番手のチェーン店を買収し全国組織にすることで規模の利益を追求し業界再編を仕掛けているようなファンドもあります。

（2）シナジー効果

　M&Aの業界でよく使われる言葉に「シナジー効果」があります。シナジー効果とは、2つ以上のものが作用しあって、1＋1＝2ではなく、1＋1＝3や1＋1＝4のような効果を生み出すことをいいます。育て上げた事業が終活M&Aによって、より大きく社会に貢献することにもなります。M&Aの現場でよく使われるシナジー効果をみていきましょう。

①　強み弱みの補完　売上増進／コストダウン

　中小企業には、技術力はあるけれども営業力が弱い会社が散見されます。一方で、営業力はあるけれども商品や技術力は外部に任せているような販売力中心の会社もあります。そのふたつの会社がひとつのグループになれば、営業力のある会社にとっては商品やサービスラインナップの拡充となり、より売上を伸ばせる機会が増えますし、技術力のある会社にとっては相手の販売網を利用して一気に売上を伸ばすことも可能になります。このように互いの強みを生かして、単純な足し算を超えたプラスアルファの成果を生み出すことが可能となります。

　また、仕入や間接部門を共通化することにより、全体的な管理費のコストダウンを図ることも可能となります。売上の増進とコストダウンの両方の恩恵をうけるシナジー効果を得られることになるのです。

　引受先を検討する際には、ついつい業界大手の会社に買ってもらいたいと考えがちですが、貴社に強い魅力を感じるのは、営業も技術も強い完璧な会社ではなく、互いが補完できるような関係にあり、貴社の強い

面を欲しがる会社かもしれません。そんな会社を検討するとよいでしょう。

② マーケットシェア拡大／新規事業投資の補完

例えば、経理専門の人材派遣の会社が、製造業派遣の分野に進出しようとした場合、一から事業を立ち上げると、手間もコストもかかりますし、そもそも上手くいくかどうかもわからないといったリスクがあります。しかし製造業派遣の会社をM&Aで買収すれば、参入の手間もかかりませんし、すでに立ち上がっている会社ですから、リスクを最小化して新規ビジネスをはじめることができます。

また、その結果、製造業の会社にアクセスできれば、経理の人材派遣を提案することもでき、既存ビジネスの売上増進にもつながります。

ここでも、売上の増進と新規ビジネスを最小のリスクではじめられるというシナジー効果が認められます。

③ 自社の姿を知らないとシナジー効果の検討はできない

シナジー効果のある譲渡先を探すためには、自社がどのような強み、弱みを持っているかを知る必要があります。第1章を参考に、自社の強みを知り、その強みを生かせるのはどのような相手か、自社の弱みを補完してくれるところはどのような相手かをじっくり考えてみましょう。

コラム 様々なシナジー効果

　シナジー効果は、様々なものがあります。次の視点を参考にして自社とシナジー効果が生み出せるのはどのような会社かを検討してみてください。

・新規顧客、販路の獲得
・商品ラインナップの拡充
・新規ブランドの獲得

→ 売上増進

・間接部門の共通化
・工場の共通化、設備稼働率の向上
・外注を内製化することによるコストダウン
・仕入規模拡大による価格交渉力の増加

→ コストダウン 生産効率向上

・事業リスクの分散化
・経営資源（ヒト、モノ、カネ）の拡充
・シェア拡大による業界発言力の増加

→ 事業運営

⇒ シナジー効果

第3節 会社の価値の評価

いったい、いくらで売れるのか

B社長 先生、そもそも当社を売却するといっても、価格は重要な問題だと思っています。私は会社を売ってしまったら年金しかあてはないし、それなりの金額を出していただきたいと考えていますが、そもそも相場もわからないので、提示された金額が妥当かどうかもわかりません。売却価格についてどのような目線を持てばいいのでしょうか。書店に並んでいる本をいくつか見たのですが、分厚くて専門用語がいっぱい書いてあって、正直よくわかりません。

Y会計士 M&Aでは売買価格は最大の関心事です。終活M&Aの概算価格としては、「時価純資産＋営業利益の5年分」を目安に考えましょう。

B社長 それなら簡単ですね。ただ、他の人からは「償却前利益の10年分」とも言われたのですが、様々な指標があるようで、混乱してしまいます。

Y会計士 償却前利益はEBITDAとも言われ、M&Aではよく使われる指標です。実際の企業価値算定には、EBITDAや、その他の指標を使うこともよくあります。「時価純資産＋営業利益5年分」もあくまでも目安ですが、企業価値評価は奥が深いので、とりあえず一般的な概念を押さえておいてください。

B社長 ありがとうございます。営業利益は理解できるのですが、

時価純資産の時価とはどうやって算出するのでしょうか。

Y会計士 時価にも様々な定義がありますが、ここでは、「会社の資産をバラ売りしたらいくらですか」という意味と思っていただいて結構です。こうして算出された資産額から負債額を差し引きます。それが時価純資産の価値となります。確かに時価の算定が難しい資産もありますが、そこは専門家であればそれなりの価値を算出することができます。つまり、「時価純資産＋営業利益５年分」というには、買う側からみたら、ここの資産を買って、その価値を維持した上で、利益を出して５年程度で回収する、ということを意味しています（実際は税金の資金流出があるので５年以上かかります。）。この場合の営業利益５年分相当の金額のことを『営業権』や『のれん』と言ったりします。

B社長 なるほど。理解はしましたが、私はまだまだ働けます。例えば、５年後に会社を売ればその間の利益をとれるし、さらに５年分の営業権がついて売れるということになりませんか。今、売るメリットはあるのでしょうか。

Y会計士 確かに５年後も今と同じように売上が上がり、その後も自社の将来は明るいというのであれば社長のおっしゃるとおりです。しかし、数年すればビジネス環境も変わり、それまでと同じように利益を出すことは難しくなるかも知れません。社長自身の健康も本当に大丈夫かはわかりません。もちろん将来はすごくバラ色かも知れません。でも逆に投資に失敗して資金繰りに窮するかも知れません。事業が時代に合わなくなり、５年後には売れない会社になっているかも知れません。そういった様々なリスクを考えれば、売る側にもメリットがあるのです。従業員とともに事業を承継し、会社の終活をきちんとすることによって、将来の不確定要素が無くなるかわりに、今、一定の現金を受け取ることができるのです。

B社長 今の現金か、将来のリスクですか。うーむ、悩みどころ

ですね。私自身はやれるところまでやりたいと思っていますが、確かに従業員にとっては、高齢の私が経営するよりも、私よりもはるかに若くて将来性のある経営者の方が安心かも知れません。今なら当社の営業利益もそれなりに出ていますし、好調な時こそ売り時なのかも知れませんね。

Y会計士 そうですね。ただ、営業利益といっても、真の営業利益で検討しなければいけません。その辺も含めて、ご説明しましょう。

■ 解　説 ■

1　いくらで売れるのか　バリュエーション（Valuation）
（1）自社査定しておくと交渉を有利に運べる
　M&Aでは必ずバリュエーションと呼ばれる事業価値（会社の価値）の算定が行われます。通常はフィナンシャルアドバイザーや公認会計士が様々な手法を駆使して価格を算出しますが、主として買い手の目線で算出されることが多く、売り手としては、その根拠がよくわからず翻弄されることがあります。購入する側は、見えないリスクを必要以上に怖がって大きく減額しようとしたり、買収利益の最大化を求めて理論数値の下限をとろうとすることもあります。売り手としてはある程度の理論武装をして、自社での価格目線をしっかりもっておけば、終活交渉を有利に進めることができます。売り手、買い手の思いはそれぞれありますが、交渉の場面では客観的な理論に基づく評価が何より説得力を持ちます。

（2）ビジネスマン的な査定の方法
　ここではM&Aの専門家が実施する精緻な事業価値算定ではなく、簡便的に事業価値をつかむための指標をご紹介します。これらの指標を理解しておけば、終活交渉の現場で飛び交う用語に惑わされることなく、冷静に議論ができます。以下の項目については是非知っておきま

しょう。

① 時価純資産＋営業利益5年分（のれん、営業権）

　M&Aの現場で一番よく使われる指標です。「資産価値に、いくらの『のれん』をつけるのか」「おたくは当社を買収することでかなりのシナジー効果があるのだから、もっとのれん価値をみてくれていいはずだ」、というように使われることもあります。

・のれん

　のれんは、他社よりも優位な超過収益力のことであったり、買収してから、その程度は儲けられる目処があるということを意味します。

　営業利益の5年分というのもあくまでも目安で、業種業態によってもっと短くなったり長くなったりします。流行に左右されやすいアパレルや飲食業は3年程度のこともあれば、不動産関係や比較的安定している業種であれば、10年程度をみることもあります。上場企業であれば、もっと長く、20年を超えることもありますが、日本の中小企業のM&Aでは長くても10年程度の事例が多いようです。

　事業を大事にしてきた経営者ほど、「たった5年分しかみてくれないのか」と落胆するかも知れませんが、ひるがえって、他の会社を買収することを考えてみてください。他人が育てた事業を自分が安定的に何年間利益を出し続けられるだろうかと。

　M&Aの現場ではこのギャップが埋まらずに、取引がまとまらないことも多くあります。自社の事業が他人に渡った場合、何年先まで堅実に運営できるのかを見通せるかによって、のれんの額も違ってくるということを知っておくべきです。

・時価純資産

　具体的な算出方法は後述しますが、基本的に所有している資産と負債をすべて時価に引き直して純資産価値を算出します。つまり、資産を売ったらいくらになるのかを計算し、そこから簿外となっているものも

含めて負債を引くことにより、純資産価値を算出することができます。

> **コラム**　「のれん」ってどんなもの？
>
> 　もともと暖簾（のれん）は、店舗や商家の日除けとして、建物の入り口に掛けられた布のことです。寛永時代の頃から、その商家の家の名や屋号が書かれるようになったといわれており、その店の信用を表す言葉です。よく「店の暖簾にかかわる」といった使われ方もしますね。信用力があれば、同じ商品・サービスでも高く販売することができたりします。ブランド力といってもよいかも知れませんが、実際はブランドだけではなく、技術力が他社よりも優れている場合や、小売・流通であれば立地の良さ、サービス業であれば優れている従業員教育制度なども、暖簾を構成する要素のひとつです。このように得意先関係、仕入先関係、営業の名声、営業上の秘訣などの事実上の関係を総合し、目に見えない無形の信用力を暖簾と言っていました。
>
> 　経済的には、超過収益力と呼ばれ、他社よりも高い水準での収益を稼得する能力のことを示します。
>
> 　会計上の暖簾は以前「営業権」と言われましたが、制度が変わり、今では「のれん」とひらがなで記載され、買収にかかった資金と買収した企業の時価評価純資産の差額と定義されています。つまり、その差額の分は買収後の儲けで取り戻すことができるから、時価純資産よりも高い価格で買ったのだ、ということになります。
>
> 　B社長との会話の中で「純資産＋営業利益5年分」の営業利益5年分が営業権と言っているのもそういう背景があるからなのです。シナジー効果が大きければ、のれん価値があがってくると言うこともできます。
>
> 　筆者はひらがなの「のれん」よりも「営業権」とか「将来収益価値」というほうがわかりやすいし格好がよいと思うのですが、皆さんはどう思われますか。ちなみに英語では、goodwill と呼ばれています。

② EBITDA（償却前営業利益）

　EBITDA は、Earnings Before Interest, Taxes, Depreciation and

Amortization の略で、利払い前・税引き前・減価償却前・その他償却前利益のことです。実務的には、営業利益に減価償却費を足して、償却前営業利益、と呼ばれることもあります。読み方は「イービットディーエー」、「イービットダー」、「エビタ」など、人によって様々です。主に中小企業より大企業の買収の際に使われることが多い指標で、会社の終活場面でも、大手のM&A関連業者がよく用います。

　金融負債（営業債務ではない有利子負債）を差し引く前の企業価値が、EBITDAの何倍かという指標をEBITDA倍率といいます。上場企業ではEBITDA倍率7〜10倍といわれており（ただし株価水準で異なります。）、M&Aの世界でもEBITDAの5〜10倍というのが金融負債控除前の企業価値の相場として使われています。

　減価償却の意味や、DCF（ディスカウンテッド・キャッシュ・フロー）の考え方を知っている人からすれば、税金も考慮しない、設備投資も考慮しない不思議な指標なのですが、元々海外企業などのM&Aを考えるときに、国による税率や金利などによる誤差をなくし、制度や経済状態の違う環境にある企業の価値を公正に判断する目的で考えられた指標です。税や利息、減価償却費など企業ごとに異なる要素を排除して、可能な限り本来の事業価値を忠実に捉えようとする指標なのです。

③　税引後償却前営業利益

　EBITDAに似ていますが、税金を考慮して、営業利益から税金を差し引き、減価償却費を足したものです。営業で稼得するキャッシュを示し、EBITDAよりも、直感的にはわかりやすい指標で、終活M&A向きの指標といえるでしょう。税引後償却前営業利益の5〜10年分程度が「のれん」として評価されることが一般的です。

④　月商1〜2か月分

　これも簡便的な指標ですが、月商の1〜2か月分が事業価値と言われることもあります。売上高営業利益率が5％の会社の場合、税引後営業

利益 5 年分の営業利益相当分の計算をすると、おおよそ月商の1.8か月分といった計算になります（実効税率40％）。あくまで概算ですが、「5年で元を取る」、には月商の1.8か月分ということです。

⑤ 不動産価値

将来収益から算定される事業価値が市場を基礎とした不動産価値よりも低く算出される場合、不動産価値そのものが会社や事業の価値として認識されることとなります。

> **コラム　社長保有の不動産**
>
> 　中小企業では、社長が個人で保有している土地の上に工場を建てている場合など、個人不動産と事業が一体不可分になっているケースが多くあります。この場合、以下のような方策が考えられます。
> ①社長の不動産も引受先に同時に買い取ってもらう
> ②社長の不動産はそのままで社長からの賃借を続ける
> ③工場・事業所を移転させて社長の不動産は使用しないようにする
> 　①は引受先の資金力がないといけませんし、この点がネックになることがあります。②の場合、その不動産には金融機関の抵当権がついたままとなるでしょうから、社長は会社の倒産リスクを売却後も抱えることになります。引受先にとっても社長の相続が発生したときに権利関係が複雑になり、賃料がアップする要因となるのを嫌うかも知れません。ただし、経営が安定しているのであれば社長は譲渡後も賃料と借入保証料を受け取るという選択肢もあります。
> 　③は、大規模な設備でなければ、工場の移転が現実的な場合もありますが、社長保有の不動産に抵当権がついている場合がほとんどで、その処理が困難な事例もみられます。

（3）専門家が行う査定の方法

　前項では、M&Aやビジネスの現場で使われる指標を紹介しました。

会社の終活ではプロによる株価算定（事業価値算定）が行われることが一般的です。ここでは、プロのフィナンシャルアドバイザーや公認会計士が株価算定するときの手法を紹介しましょう。実際には、これから紹介する複数の手法によって企業価値は算定されることとなります。

① 時価純資産法

前項で紹介した純資産価値を基礎として算定する方法で、様々な局面で使われます。時価にも大きく分けて2種類あり、いわゆる市場価値（マーケットバリュー）と早期売却を前提とした処分価値です。処分価値は会社の清算局面で使われる概念であり、M&Aでは、通常の市場価値が用いられます。

② DCF法

将来、稼得するキャッシュフローを見積もって、現在価値に割引計算をします。将来の計画が必須であり、将来予測の不安定性があるので、信頼性が今ひとつとも言われますが、様々な条件でシミュレーションすることが可能で、M&Aの買い手側では、DCF法を用いて提示価格を検討することが多いといえます。

> **コラム** 割引計算
>
> M&Aのバリュエーションの場面では、「割引計算」「現在価値に割り引く」という言葉がよくでてきます。重要な概念であり、いわゆる値引きとは違いますので注意してください。事業承継とは事業の未来を承継してもらうものですが、その未来の価値を現在の価値に計算したらいくらになるのか、という計算方法です。具体的に説明しましょう。
>
> 問題「この事業の5年後の価値は100万円です。では、今いくらの価値でしょうか。割引率は8％です。」

間違い回答例：
100万円−100万円×8％＝92万円
100万円−100万円×8％×5年間＝60万円
正しい回答：
100万円÷（100％＋8％）^{5年}＝68.1万円

　これは今、68.1万円を8％の複利計算で利殖すれば、5年後に100万円になるという計算です。逆に言えば、5年後の100万円の価値は、現在で68.1万円だ、ということです。このように、将来のキャッシュフローの予測値を現在の価値に修正する計算を割引計算といいます。DCFのDはDiscounted、すなわち、割引のことを示しています。

　この割引率次第で、現在価値は大きく変わります。もし、割引率が3％だと、5年後の100万円は、現在価値で86.3万円ですし、割引率が10％だと62.1万円となります。不安定な事業ほど割引率が高くなる＝現在の事業価値は低くなる傾向になります。

　このようにDCF法は、将来のキャッシュフローの予測ブレと、割引率の設定値によって、大きく現在価値が違ってくるので、DCF法による企業価値算定書を見たときには、その点をよく注意して見てみましょう。

③　類似会社比較法

　対象会社と類似する上場企業と、様々な指標を比較して事業価値を算出する方法です。比較する指標としては、EBITDAがよく使われます。ただし、上場企業との比較となるので、中小企業の事業価値を算出する際には、あくまでも参考値として用いられることが多い方法です。

コラム　プレミアムとディスカウント

事業承継にかかる株式評価にあたっては、理論上の評価をした後、最後に価格の調整をすることがあります。

① コントロールプレミアム加算

コントロールプレミアムとは、経済的価値だけでなく、「会社を支配」する価値を考慮にいれることです。一般的には、議決権の過半数を超える場合には、10～30％程度のプレミアムを加算することがあります。

② 非流動性ディスカウント

非上場の中小企業の株式は、公開市場で取引されませんので、すぐに売却することはできず、流動性に欠けているといえます。その換金困難性を考慮して、非流動性ディスカウントとして、10～50％程度のディスカウントをすることもあります。

③ 小規模ディスカウント

小規模会社は事業基盤が脆く、将来リスクが高いことから、小規模ディスカウントとして非流動性ディスカウントと同様のディスカウントをすることもあります。

いずれのプレミアム加算、ディスカウントも必ず行われるわけではありません。価値算出のもとになった事業計画などにリスクが織り込まれていればディカウントを入れる必要はありませんし、もともと100％譲渡を前提とした評価であればコントロールプレミアムが加算されることもありません。評価過程のどこでリスクやプレミアムを考慮するかはケースバイケースですので、二重に加算減算したり、あるいは無視したりしないよう、よく留意する必要があります。

2 実態貸借対照表、実態損益計算書を作ってみよう

　会社の終活には時価純資産や営業利益の正確な把握が大切です。しかし実際のところ中小企業の決算書の信頼性は低く、過去の決算書の数字をそのままバリュエーションに使えることが少ないのが現状です。そのため終活M&Aのバリュエーションでは、まず実態貸借対照表、実態損益計算書を作成し、文字どおり、会社の「実態」を把握します。当然相手側に立てば、承継する事業の実態は把握しておく必要があります。以下に説明する評価のポイントを参考にご自分で決算書のブラッシュアップに挑戦してみてください。

(1) 実態貸借対照表のポイント

　実態貸借対照表のポイントは、資産の含み益、含み損、そして簿外債務です。今、貴社の決算書で純資産が1億円だったとしても、不動産の含み益があれば純資産が増えますし、含み損や簿外債務があれば純資産が減少します。また、関係会社、社長や親族への貸付金については別途その評価を考慮しないといけません。

【ポイント1】　資産の含み益、含み損を計算する

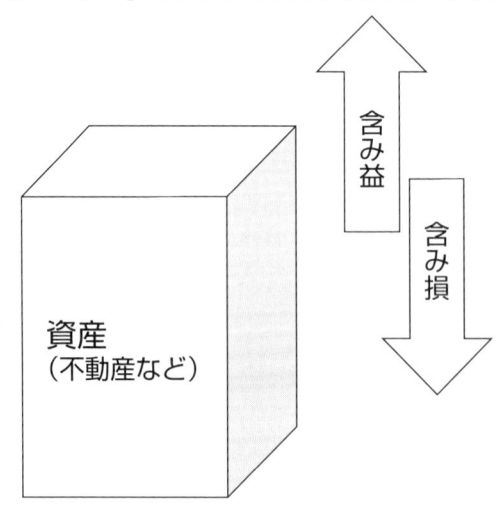

含み損益がある資産の代表的なものとして、不動産、有価証券、売掛債権、棚卸資産があります。

　不動産は不動産鑑定を依頼するのが望ましいですが、コストもかかりますので、路線価や固定資産税評価額から簡易的に算出する方法もあります。土地の場合、路線価×1.25または固定資産税評価額×1.43で、おおよその時価の目安となります。ただし、路線価や固定資産税評価額は過去の一時点における評価であり、昨今は不動産の相場が動いていますので、簡易的な方法はあくまでもざっくりと価値をつかむためのものと考えてください。

　有価証券は取引相場のある上場有価証券であればその相場価格で評価します。取引相場のない非上場の株式は、決算書を入手して、その時価を検討します。非上場株式の時価はケースバイケースで算出する以外ありませんが、入手した決算書の純資産価額が一つの目安になります。

　売掛債権については倒産した得意先や長期滞留している債権で回収見込みのないものについてはゼロと評価します。長期滞留しているものの、少しずつ回収している先などは、今後1年程度の回収見込額で評価するとよいでしょう。

　棚卸資産は、長期滞留しているものは評価減をします。目安としては、値下げをして最低限売れる価格まで下げることが一般的です。

　売掛債権や棚卸資産は、決算数値の操作をした場合に影響を受ける科目です。決算数値の操作に関する残高があればゼロ評価することになります。

> **コラム** 時価の把握が難しい資産の評価

　有価証券や不動産は相場がありますし、売掛債権、棚卸資産も評価手法はある程度確立されています。実務上、前払費用などの会計上の経過勘定をどう評価するかが問題となることがあります。倒産や会社清算の局面で使われる処分価値の場合は、前払費用に処分価値はないのでゼロ評価しますが、通常の時価純資産を算出する場合には、帳簿価格そのままで評価するのが一般的です。前払費用は将来の費用の前払であり、一定の資産性があるとみるのが理由ですが、もちろん特別の理由がある場合には帳簿価格にこだわらず、時価の算定を試みることとなります。

【ポイント２】　簿外債務を洗い出す

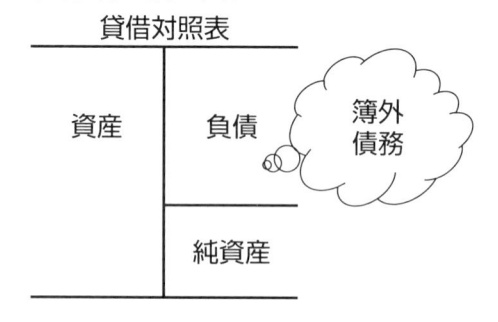

貸借対照表

資産	負債（簿外債務）
	純資産

　簿外債務の代表的なものとして、退職給付債務、未払残業代、リース債務、保証債務があります。

　退職給付債務は、会計監査を受けている会社は計上されているはずですが、中小企業では税務上計上しても損金にならないため、計上していないことが多い科目です。退職金規程に基づいて評価時点で全員が退職したものとして計算します。退職金規程がなくても、慣例的に退職金を出している場合には、退職給付債務を認識しなくてはならない場合もあるので注意してください。また、M&Aの実行によって社長が退任する場合の役員退職慰労金についても見込んでおくとよいでしょう。

未払残業代は、単に毎月支払っている残業代だけではなく、これまで従業員がサービス残業をしていたと考えられる場合の相当額についても、M&Aを契機にして従業員が請求をしてくる場合があるので計上します。未払賃金の消滅時効は２年ですので、２年間遡って計算することとなります。

　リース債務は、リース資産とセットで計上します。リース資産がリース債務と同じ時価であれば問題ありませんが、資産価値が落ちていたり、無くなっていることがあるので、リース資産を減額することで純資産にマイナスのインパクトがあることとなります。

　保証債務は、保証が現実化しなければ、会社への負担はありませんが、保証している会社の財務状況を考慮して、履行可能性が高ければ、履行予測額を計上します。

　その他デリバティブ契約が締結されていたり、年金基金に加入しているような場合には注意が必要です。

【ポイント３】　関係会社、役員との債権債務

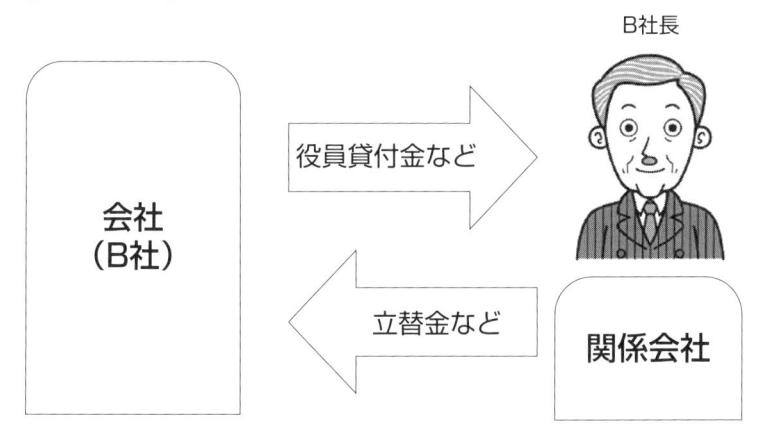

　社長や社長が実質的に支配する資産管理会社などに貸し付けている場合、その回収可能性を検討します。関係会社に貸し付けている場合は、その財務状況によって回収可能性を検討しますが、通常、資金が足りな

いから貸し付けていることが多いので、相応の減額が必要となるでしょう。

　また、関係会社が、B 社のために経費の立替えをしているにも関わらず、その求償がなされていない場合も散見されます。B 社のために立て替えられた経費については、少なくとも未払金として計上しておくこととなります。

> **コラム** 　繰延税金資産・負債
>
> 　会計に詳しい経営者であれば、含み損益を計上するにあたって、繰延税金資産や負債を計上すべきかどうか、悩まれる方もいることでしょう。理論的には、繰延税金資産も負債も両方計上し、ともに回収可能性、支払可能性を検討することとなりますが、M&A の現場ではケースバイケースでの対応となっています。繰延税金資産は、いったん計上した上で回収可能性の検討をすることになりますが、中小企業では財政基盤も脆弱で、タックスプランニングが困難なことも多いことから、回収可能性はゼロとする例が多く見受けられます。繰延税金負債は、主に不動産の評価益で発生しますが、余剰資産で即時売却可能なものについては繰延税金負債を計上（繰延税金資産と相殺）し、工場などで長期間使用する不動産については、支払可能性が実質的にないものと判断し、ゼロ評価ということもあるようです。

（2）損益計算書のポイント

　損益計算書の本質は、儲かっているのか儲かっていないのか、会社の儲けを正しく計算することにあります。しかし、中小企業は、実態として儲かっていなくても、一定の経理操作で儲かっているようにみせたり、逆に儲かっていても、税金を少なくするために、経理操作をしていることが多く見られます。褒められたことではありませんが、そういう中小企業の実態があります。しかし、終活 M&A におけるバリュエーションでは、着飾った洋服を脱ぎ捨てて、ありのままの収益体質を見極

めた上で、実態を把握する必要があります。

【ポイント1】 利益の増加操作の修正

　利益が足りない企業は、在庫の過大計上、売上の過大計上などの経理操作を行っていることがあります。少なくとも過去3年は遡ってこれらの影響を排除した実態損益計算書を作成する必要があります。このほかにも、経営者の役員報酬を極端に減額して無理に営業利益を出している会社もあります。

■修正すべき利益増加操作の例

・在庫の過大計上
・売上の過大計上（架空売上、売上の先喰い）
・売上原価、仕入の繰延べ
・不良債権の引当不足
・減価償却費の過小計上
・人件費の過小計上

【ポイント2】 利益の減少操作の修正

　利益がでている中小企業は、決算対策商品と呼ばれる金融商品や保険商品を利用していることがあります。実態損益計算書を作成する場合にはこれらの影響はなかったものとして作成する必要があります。

■修正すべき利益減少操作の例

・売上の先送り
・節税対策商品の利用（保険、デリバティブなどの金融商品）
・仕入の過大計上、架空外注費
・人件費の過大計上、架空人件費の計上

【ポイント3】 関係会社、役員との取引の正常化

　中小企業では、経営者から土地を安く借りていたり、関係会社に多めの業務委託費を払っていることがあります。事業承継後はそのような同

族関係取引は行われないことになるでしょうから、実態損益計算書の作成にあたっては、マーケットと同じ価格で取引をしているものとみなして修正することが必要です。

■修正すべき関係会社、役員との取引の例

- ・役員報酬の適正化
- ・経営者親族への給与水準の適正化
- ・不動産の賃貸借契約の適正化
- ・関係会社への出向費、業務委託費の適正化
- ・社用車のうち、プライベート使用分の精算
- ・遊興費・接待交際費の適正化

3　事業計画を作ってみよう

　会社を買う立場になれば、過去の損益よりも、今後の損益が重要です。終活M&Aで高く買ってもらうためには、今後の事業計画が必須です。DCF法による事業価値算定にも事業計画は使われることになりますが、簡単そうにみえて、なかなか作成が困難なのが事業計画です。事業計画の作成方法は事業内容によってケースバイケースですので、ここではエッセンスを紹介します。

（1）売上予測方法

　事業価値算定には最低5年分の事業計画が必要となります。「来月の売上だってわからないのに、5年後の売上なんてわかるはずないじゃないか」というのが中小企業の経営者の本音だと思います。しかし、売上計画は事業計画の基礎中の基礎です。なんとかして将来の絵を描いてみましょう。

① 　積み上げ方式

　売上先がある程度固定している事業であれば、得意先ごとに将来の売上を見積もって合計する、積み上げ方式が適しています。相談にこられ

たB社長の事業は、貿易であり、輸入の場合の売上先は国内の卸ですし、輸出の場合も海外の特定の業者です。このような場合は積み上げ方式で売上を予測するのがよいでしょう。

■積み上げ方式による売上予測の例

	計画1期	2期	3期	4期	5期
得意先A	23,450	24,700	21,865	28,986	30,765
得意先B	7,890	8,567	8,980	9,120	3,348
・・・・	・・・	・・・	・・・	・・・	・・・
その他売上	・・・	・・・	・・・	・・・	・・・
売上合計	1,563,840	1,674,333	1,764,346	1,899,887	1,920,573

② 統計的手法

消費者相手の事業などでは、個別に売上を見積もるのが困難な場合があります。また、得意先が固定している事業であっても、商品の中身や商品の需給が季節や年によって大きく変動するようなものも個別の積み上げが困難な場合でしょう。B社の事業も原料系の商品は需給も年によって大きく変動し、相場も大きく動きます。このような場合には、過去の売上の傾向を利用して今後の売上を予測します。

さらに業界での需給に関する統計データやマーケットシェア情報を使って補正すれば、より説得力のある売上計画を作成することができます。

■統計的手法による売上予測の例
事業計画　1．売上計画

➢ 各商品の販売単価／売上数量は、各商品区分の市場動向に伴って事業年度ごとに不規則変動している。
➢ 売上高は過去10年間漸減しており、年度によるブレはあるものの、今後も漸減傾向が続くと予想される。
➢ したがって売上予測は、過去の売上高の趨勢に基づき予測を立てるのが最も合理的と判断している。
　H26.5期の実績値は予測値から上振れしているが、短期的な市況高騰による影響であり、長期的な趨勢によれば、売上高は漸減傾向になる見込みである。

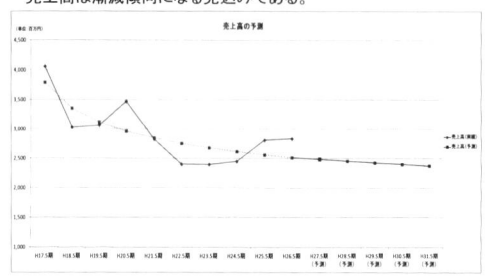

コラム　統計データとは

　売上予測には業界の需給に関するデータを用いることがよくあります。もっともポピュラーなのは国勢調査や人口動態統計で、その地域の消費者向け商品・サービスの需給予測をしたりします。例えば、首都圏の中年女性向けアパレルの販売予測には、首都圏40～60才女性の人口予測を基礎として、自社のマーケットシェアの変動、単価変動の傾向を予測して売上予測に反映させます。その他一般消費者向けの商圏分析は比較的手法が確立していますし、BtoB（企業間の商取引）では、その業界団体が出している統計データを利用して需要予測をする例もあります。

③　組み合わせ方式

　実際には、積み上げ方式と統計的手法を組み合わせた上で、事業承継後の新製品の開発予定、売上単価の変動などの事情を加味して、売上高の伸び率を計画していくことになります。案ずるよりも産むが易しで、

やってみると「5年間の売上計画なんて無理だよ」と言っていた経営者が、だんだん楽しくなって、事業の将来を語りながら売上予測をしている場面に出会うこともあります。

(2) 原価、販管費予測方法（変動費と固定費）

原価、販売費及び一般管理費（販管費）の予測方法もケースバイケースですが、変動費と固定費にわけて計画するのが一般的です。変動費とは、売上や仕入に連動して変化する性質を持つ費目で、原材料費、仕入原価、物流費などが代表例です。固定費の代表例は人件費や広告宣伝費、家賃などの経費です。費目の中には、固定費なのか変動費なのか判断に迷うものもありますが、将来を予測するにはあまり厳密に考えずに大きな流れの中で判断したほうが納得感のある計画になります。

■主な変動費

・原材料費、商品原価
・外注費、業務委託費
・物流費（燃料費、輸送代）
・人件費関係（製造現場や販売店舗での時給制アルバイト代など）
・消耗品費（製造現場での経費）
・水道光熱費（工場）
・出張旅費（販売部門）

■主な固定費

・人件費関係（給与、賞与、福利厚生費、通勤手当）
・旅費（間接部門）
・家賃
・広告宣伝費
・保険料
・水道光熱費（本社、管理部門）

4　専門家への委託

　事業あってのM&Aですから、M&Aの準備や事業計画に時間を掛けすぎて、本業が手薄になるのは避けなければなりません。中小企業では社内に人材がいないことがほとんどですので、手慣れた専門家に細かい部分や専門的部分は任せてしまうのも一手です。意外に自社のことは自分たちでわかっておらず、外部専門家の見方や方法論は参考になることが多いです。コストはかかりますが、自分たちが見過ごしていた問題点を指摘してもらうことはとても有用です。

郵便はがき

料金受取人払郵便

5 3 0 - 8 7 9 0

478

大阪北局
承　認

1677

差出有効期間
平成29年7月
31日まで

（切手不要）

大阪市北区天神橋2丁目北2－6
大和南森町ビル

株式会社 清文社 行

ご住所 〒（　　　　　　　）

ビル名	（　　階　　　号室）

貴社名
部　　　　　　　　課

ふりがな
お名前

電話番号

ご職業

※本カードにご記入の個人情報は小社の商品情報のご案内、またはアンケート等を送付する目的にのみ使用いたします。

─ 愛読者カード ─

　　　ご購読ありがとうございます。今後の出版企画の参考にさせ
　　ていただきますので、ぜひ皆様のご意見をお聞かせください。

■本書のタイトル (書名をお書きください)

1. 本書をお求めの動機

　1. 書店でみて（　　　　　　　　　　）　2. 案内書をみて
　3. 新聞広告（　　　　　　　　　　）　4. 雑誌広告（　　　　　　　　）
　5. 書籍・新刊紹介（　　　　　　　　　　）　6. 人にすすめられて
　7. その他（　　　　　　　　　　）

2. 本書に対するご感想 (内容、装幀など)

3. どんな出版をご希望ですか (著者・企画・テーマなど)

◆新刊案内をご不要の場合は下記□欄にチェック印をご記入下さい
　新刊案内不要　　□

◆メール案内ご希望の方は、下記にご記入下さい

E-mail

第4節

M&Aの流れ

具体的な手順を知る

B社長 　事業承継を行う上でM&Aがとても有用な手段であることが理解できました。私の会社でもM&Aを検討してみたいと思います。M&Aを進めるにあたり、はじめに何をすればよいのでしょうか。

X弁護士 　はじめにすることはM&Aの専門家を見つけることです。M&Aを成功させるためには法律・会計・税務などの専門知識が不可欠となります。まずは、専門家に事業承継に関する社長の希望を率直に伝え、その希望を実現するためには、M&Aを利用するのがベストなのか、M&Aのなかでもどのような手法を選択するのがよいのか、そして、M&Aが成約する見込みがあるのかなどについて意見をもらいます。

B社長 　M&Aを利用した事業承継を選択した場合、その後の手続はどのように進んでいくのでしょうか。また、手続がすべて終わるまでに、だいたいどのくらいの期間がかかるのでしょうか。

X弁護士 　会社の規模や業種、財政状態や経営成績、会社の置かれた環境によって様々であり、一概にいうことはできませんが、一般的にM&Aの手続は、次のとおり進んでいきます。

■M&Aの流れ

1. ・M&Aの決断と専門家の選定
2. ・専門家への相談、企業価値・M&Aの適否等の分析
3. ・専門家による会社PR資料の作成、情報発信
4. ・秘密保持契約の締結、基本情報の開示、基本条件の交渉
5. ・基本合意書の締結
6. ・デューデリジェンスの実施
7. ・最終条件交渉・最終契約締結・M&A実行（クロージング）
8. ・従業員・取引先に対する説明、新体制のスタート

B社長 『秘密保持契約』、『基本合意書』、『デューデリジェンス』、『クロージング』など、聞きなれない言葉が並んでいて、何だかとても難しそうですね。うちのような中小企業でも本当にできるのでしょうか。

X弁護士 ご心配なく。適切な専門家さえ選んでいればその専門家が丁寧に教えてくれますので問題はありません。手続もそれほど難しいものではありません。これはあくまでモデルケースであり、会社の規模によっては一部を省略して、もっと簡単に進んでいくこともありますよ。

解説

1 まずは相談できる専門家を見つけること

　経営者がM&Aによる事業承継を決断したら、まずは経営者の希望や悩みを相談できる適切な専門家を見つけましょう。M&Aを実行するには法律・会計・税務などの専門的知識を必要としますし、買収を検討する相手先に提示する資料も準備しなければなりません。また、経営者自らがM&Aの相手先を見つけるのにも限界があります。M&Aを成功に導くためには、豊富な経験がある専門家に相談し、適時に適切なアドバイスを受けることが重要です。経営者は、専門家への相談の過程で、手続について分からないことや不安に思っていることは全て解消しておくべきであり、経営者の疑問点を迅速かつ的確に回答してくれる信頼できる専門家を見つけることがM&Aを成功に導くための第一歩といえます。

　主要な専門家として、次のような相談先が考えられます。

（1）M&Aアドバイザー、M&A仲介業者

　M&Aの準備から最終契約書の締結・代金決済（クロージング）に至るまで、M&A取引の全般についてアドバイスをしてくれます。売り手と買い手に別々の業者が就いてそれぞれの立場でアドバイスする場合と、売り手と買い手の間に共通の業者（仲介人）が就いてアドバイスをする場合があります。前者の場合、アドバイザーは一方の当事者のみに就くため、依頼者の希望を交渉に反映させやすい一方、最終合意が整うまでに時間がかかってしまうこともあります。他方、後者の場合、仲介人は当事者双方の意向を把握できる点で交渉がスムーズに進むこともありますが、万一、中立性・公平性に問題があった場合には、どちらかに有利な条件で最終合意をしてしまうといったリスクもあります。

　適切なM&Aアドバイザーや仲介業者を選定することができれば、

M&A取引の成約率は高まりますが、なかには満足のいく働きをしてくれない先もありますので、相談先の選定にあたっては複数の業者から話を聞いたり、弁護士や公認会計士・税理士といった自社の利益を守るアドバイザーを別に準備しておくという方法が有効です。

(2) 弁護士、公認会計士・税理士

　M&Aを進めるにあたっては、法律・会計・税務の専門知識が不可欠であり、弁護士や公認会計士・税理士といった専門家は有力な相談先の1つとなります。ここで注意しなければならないのは、相談する先は、必ずM&Aや事業承継を得意とする専門家でなければならないということです。自社の顧問弁護士や税理士がM&Aや事業承継の経験があまりないのであれば、これらを得意とする同業者を紹介してもらうべきです。普段からM&Aや事業承継を手掛けている専門家は、信頼できるM&Aアドバイザーや仲介業者などと太いパイプを持っており、これらの専門家を介して自社に適した業者の紹介を受けることも期待できます。

(3) 金融機関

　金融機関の中には、M&Aの譲渡先を探すサービスに力を入れているところもあります。自社の取引金融機関がそのようなサービスを行っているのであれば相談をしてみるのも1つの方法です。もっとも、金融機関に借入金がある場合などは、あくまで金融機関の立場も踏まえたアドバイスにならざるを得ない点には留意すべきです。

(4) 事業引継ぎ支援センター

　国が主催する事業承継の相談窓口として「事業引継ぎ支援センター・事業引継ぎ相談窓口」が各地の商工会議所等に設置されています。事業承継に関わる相談を受け付けているほか、後継者のいない小規模事業者と起業を志す個人起業家を引き合わせる事業などを行っています。

2　相談すると専門家がはじめにすることは？

　M&Aの相談を受けた専門家は、M&Aによる事業承継を望んでいる経営者から、

　　・M&Aによって何を実現したいのか
　　・会社の強み・弱み、将来の事業の見通し
　　・会社が属する業界の動向
　　・会社が抱えている問題点

などを詳細に聴き取ります。

　そして、客観的な資料をもとに、

　　・会社の財政状態や経営成績
　　・キャッシュフローの状態

などをみて企業価値を分析します。

　専門家は、経営者の希望を実現するためには、そもそもM&Aによる方法がベストなのか、M&Aが成功する可能性はあるのか、可能性があるとしてM&Aのうちどの手法によるべきかなどを検討していきます。直ちにM&Aを進めることはできず、まずは過剰債務を整理しなければならないという判断がされる場合もあるでしょうし、M&Aによる事業承継ではなく廃業を勧められる場合もあるかもしれません。

　本章第3節において、事業価値の分析の方法を見ましたが、この段階で専門家による分析が行われますので、おおよその売却価格について意見をもらいます。M&Aによる売却価格は相手方との交渉によって決まるものですし、最初から完全な金額を算出することはできません。もっとも、専門家から一応の価格を提示してもらうことで、今後の見通しをより具体的にイメージし、経営者の希望が達成できるのかの見極めができるようになります。

3　会社の PR 資料づくり、情報発信

　M&A の相手先を見つけるには、会社の内容を買手候補に知ってもらわなければなりません。そこで、経営者から相談を受けた専門家は、
- ・会社の事業の内容
- ・財政状態、経営成績
- ・保有する資産の概要
- ・役員・従業員の状況
- ・株主の構成
- ・想定される M&A の手法
- ・経営者が希望する売却条件

などを記載した説明資料を作成します。この段階では会社名など、売り手が特定できる情報を隠した状態で資料を作成するのが一般的であり、このような資料のことを「ノンネームシート（NNS）」といったりします。この資料はあくまで買い手候補が買収を検討する動機付けとなるものに過ぎません。そのため、本格的に買収の検討を開始した先にはより詳細に対象会社や事業内容を説明した資料を提供します。この資料は「インフォメーションパッケージ（IP）」などと呼ばれます。買い手候補は IP をみて買収を具体的に検討することになりますのでとても重要な資料です。IP には必要な情報が整理されて過不足なく記載されていなければなりませんし、対象会社を買収してもらうための宣伝資料という側面がありますので、会社を魅力的に映す見栄えの良い資料を作成することが求められます。

　このようにして PR 資料が完成したら、これを買い手候補へ発信します。M&A の専門家は、自らのネットワークにより、日頃から M&A を検討している企業などの候補者の情報を沢山持っています。そのような候補者の中から、候補先を一定の基準でリストアップし（これを「ロングリスト」といいます）、これをもとに対象会社に関心がないかを打診

していきます。

　ところで、M&Aのなかには、経営者が経営者同士のネットワークを使って買い手を見つけてくるというケースもあります。しかし、経営者の独力では買い手を見つけるのが難しいという事例の方が多いでしょう。経営者が闇雲に買い手企業を探して回ることにより、対象会社の経営状態が厳しいのではないかといった要らぬ噂が立ったり、対象会社の秘密情報が不特定多数の第三者へ漏洩する危険もあります。効率的かつ安全に買い手を探すためには、買い手探しについても専門家に委ねることが賢明です。

4　秘密保持契約の締結、基本情報の開示、基本条件の交渉

　買い手候補が対象会社のM&A取引に名乗りを上げてきたら、経営者において、当該候補先との間で更に具体的に話を進めてみるかどうかを検討します。話を前に進めていくということになれば、前述のインフォメーションパッケージ（IP）などを交付し、また、買い手候補からの質問に回答する方法によって、より詳細な情報を提供します。

　こうしたやりとりの中で買い手候補へ提供される情報には、対象会社の決算書や重要取引先との間の各種契約、対象会社が保有する技術に関する情報など、本来は外部の第三者に公表されることが予定されていないものも含まれています。最終的にM&Aが成約すれば何ら問題にはなりませんが、不成約となった場合、秘密とされるべき情報を、買い手候補の営業や技術開発などに不正に利用され、対象会社に不測の損害が生じるということもあり得ます。M&Aを検討している先が対象会社のライバル企業である場合はその危険はより一層高まります。

　このような秘密情報の不正利用のリスクに備えるために、対象会社の詳細情報を提供する前に秘密保持契約書（Confidentiality Agreementの頭文字をとって「CA」、又は、Non-Disclosure Agreementの頭文字

をとって「NDA」と呼ばれます。）を締結し、または、差し入れを受けます。秘密保持契約書は、対象会社と買い手候補のそれぞれに義務を負わせる内容の契約書形式と、買い手候補のみに義務を負わせる差入書形式とがあり、M&Aの手続を進める過程で買い手候補からも対象会社へ秘密情報が発せられる可能性がある場合には、買い手候補が契約書形式を採用することを希望する場合があります。

秘密保持契約書には、
①秘密情報の定義
②秘密情報の開示を許される第三者（役員、従業員、弁護士、公認会計士、税理士などの専門家）の範囲
③目的外使用の禁止
④有効期間
⑤秘密情報の返還ないし廃棄に関する事項
⑥秘密を漏洩した場合の違約金の定め
などが規定されます。

コラム　不正競争防止法と秘密保持契約

不正競争防止法は営業秘密を保護しており、営業秘密の侵害に対して差止請求権、損害賠償請求権、罰則といった民事・刑事の救済措置を置いています。このような保護を受けられる不正競争防止法上の営業秘密に該当するためには、①秘密管理性、②有用性、③非公知性の3要件を満たす必要があり、秘密保持契約において秘密の管理方法を定めることは、①秘密管理性を肯定するための重要な要素となります。

秘密保持契約の締結を経て、買い手候補は対象会社から基本情報の提供を受け、対象会社の収益力や将来性を検討し、企業価値を算定します。一方、対象会社の経営者も、面談などを通じて、相手先が自社とそ

の従業員を任せるに値する企業なのか、経営理念や経営方針に共感できるものがあるかといった点を見ていきます。

5 基本合意書の締結

　基本情報の開示と基本条件の交渉により、おおよその価格、M&Aのスキームやスケジュールなどについて合意が整った段階で、基本合意書（Letter Of Intent の頭文字をとって「LOI」又は Memorandum Of Understanding の頭文字をとって「MOU」と呼ばれます。）を締結し、その時点における M&A 取引の基本条件（価格、スケジュールなど）を相互に確認します。

　対象会社としては、その後に予定されているデューデリジェンスにおいて、これまで以上に詳細な会社の内部情報を提供することになるため、その前提として、希望する取引条件（譲渡価格、役員・従業員の処遇、M&A 後の保証債務の取扱い、スケジュールなど）で M&A 取引が成約する可能性があることを確認しておきます。基本合意書締結の目的は事案により様々ですが、成約の可能性を最大限に高めるべく、その時点における合意事項や、積み残しの検討事項を記載して相互の認識を確認しておくために締結されることが多いです。また、買い手候補が一定期間の独占交渉権の付与を求めることがあり、これを基本合意書で定めるケースもあります。

　取引条件を書面化することによって、それまで相手方が当然に理解してくれていると考えていた事項に認識の相違があることが判明する場合もあります。基本合意書の締結は、M&A 取引の最終段階になって話がこじれることを避けるためにも重要な作業といえます。

> **コラム** 基本合意書の法的拘束力

　基本合意書は、M&A取引の本格的な条件交渉の前段階で、その時点における当事者の認識を整理したり、検討事項を確認するために締結されるものから、取引条件についてほぼ合意できている段階で締結されるものまで様々であり、事案に応じて作成目的も異なります。

　前者のような場合には、当事者がいつでも取引関係から抜けることができるように、当事者は何らのペナルティーなく自由に取引を中止することができる旨の規定を置き、法的拘束力を持たせないことを確認するのが一般的です。他方、後者のような場合には、取引中止による損害を填補するために違約金条項など、法的拘束力があることを前提とする条項が置かれることもあります。

> **コラム** 独占交渉権の付与

　基本合意書に、買い手候補が一定の期間、対象会社との間で独占的にM&A取引の交渉ができ、対象会社は他の買い手候補との間で交渉することができない旨の独占交渉権に関する規定が置かれることがあります。買い手候補としては、デューデリジェンス等に相応の時間と費用をかけて検討を行う以上、M&A取引の機会をライバルに奪われるリスクを回避するために独占交渉権を付与してもらいたいと考えるのが通常です。一方、対象会社としては他の取引の機会を逃すことにもなるため、一般的には独占交渉権を付与しない方が有利であるとも考えられますが、他に候補者が現れることが期待できない事案などでは、独占交渉権を付して買い手候補と親密な関係を築いて交渉を進めることが、有利な結果をもたらすこともあります。

6 デューデリジェンスとは？

　基本合意書の締結によって、おおよその譲渡金額や取引条件が決められた後、買い手候補は対象会社のデューデリジェンス（Due Diligence）を実施します。デューデリジェンスとは、一般に買い手がM&A取引を行うにあたり対象会社に関して行う調査のことをいい、英語の頭文字をとって「DD」又は「デューデリ」と略されることがあります。

　デューデリジェンスは、
　①財務に関するもの（財務DD）
　②法務に関するもの（法務DD）
　③事業に関するもの（ビジネスDD）
などに分けることができ、事案に応じてこれらの一部又は全部が行われます。

　基本合意書の締結までに対象会社から買い手候補に対しては種々の情報が提供されますが、提供された情報の正確性を検証し、さらに取引を行う上でのリスクの有無を検討するため、買い手候補自らが弁護士や公認会計士・税理士などに依頼して調査を行います。そして、デューデリジェンスによって得られた情報をもとに、最終の条件交渉を行い、最終契約を締結することになります。

　①の財務DDは、買い手候補から委託を受けた公認会計士などの専門家が行います。対象会社から、会計帳簿、税務申告書、資金繰り表などの財務・会計に関する資料の提出を受け、また、財務担当者からの聴き取りによって、財務情報や事業計画の正確性や妥当性を検証し、対象会社が保有する資産の時価評価、簿外債務や偶発債務の存否の確認などを行います。

　②の法務DDは、買い手候補から委託を受けた弁護士が行います。対象会社から契約書や議事録など必要資料の提出を受け、各部門の担当者から聴き取りを行い、こうして得た資料・情報を精査することによって

法的観点からM&A取引に障害を及ぼす事由がないかを確認します。

③のビジネスDDは、買い手候補が自ら対象会社のビジネスモデルを把握し、事業の将来性、M&Aによるシナジー効果の有無などを検証します。コンサルティング会社に委託することもあります。

M&A取引の完了後に買い手に伝えていなかった事実が発覚して当事者間で揉めるといった事態は避けなければなりません。デューデリジェンスにおいて、M&Aの対象企業の経営者は、買い手候補からの質問に対して真摯かつ誠実に回答し、積極的に情報提供を行うべきです。

もっとも、買い手候補の求める質問に対してそのまま回答したのでは、対象企業が取引先に対して負っている守秘義務と抵触するような場合も想定できますので、悩んだときは直ちに専門家に相談を求められる環境を整えておくことが大切です。

7　最終条件交渉、最終契約の締結、M&A取引の実行へ（クロージング）

デューデリジェンスの結果、それまでには明らかではなかった事実が判明することもあります。その事実が対象会社の企業価値に影響を及ぼすものであれば、価格などの取引条件を見直す必要が生じます。

予定していた条件に変更がない場合や、条件を変更する必要が生じたものの、その後の交渉によって協議が整えば、いよいよ最終契約の締結を行うことになります。

最終契約書には、以下の項目など当事者間で合意した全ての事項を不足なく盛り込む必要があります。

・買収価格や代金の支払方法といったM&A取引の詳細条件
・表明保証条項、表明保証違反があった場合の補償条項
・その他、経営者や従業員の処遇に関する条項、経営者の保証債務の解除に関する条項、秘密保持に関する条項、競業避止義務条項など

8　従業員・取引先に対する説明、新体制のスタートへ

　M&A 取引では最終契約が締結できる段階までは、取引に関する情報を知らせる人物を必要最小限に抑えるべきです。責任のない第三者が M&A 取引に関する情報を入手した結果、取引の障害となる誤った情報が出回ることもあります。たとえ従業員であっても、最終契約締結までは、取引を進めるうえで協力を得る必要のある人物以外には告知すべきではありません。他方、最終契約を締結し、M&A 取引が実行された後は、今後の体制について従業員の理解と協力を得なければなりません。そのため、従業員説明会を開催し、売り手と買い手の双方の経営者から M&A に至る経緯や今後の見通しを丁寧に説明し、従業員の不安を取り除き、理解と協力を求めることになります。

　M&A のスキームにもよりますが、契約関係の移転に相手方の承諾を要する事業譲渡のような場合には、必然的に取引先に対する説明が必要になります。株式譲渡の方法をとる場合であっても、契約によっては主要株主の変動が契約の解除事由（チェンジオブコントロール条項）となっている場合がありますので、しっかりとした説明をして理解を求めます。そのような場合以外であっても、必要に応じて取引先に対する説明・挨拶の機会を設けるかを検討します。

第5節 より売りやすく、安心して売るために

自社事業の磨き上げ

B社長 先生方の勧めもあったM&Aによる事業承継を決意し、手続きを進めてきました。おかげさまで当社に関心を示してくれる買い手候補も現れ、秘密保持契約を締結して当社の情報を提供し、何とか基本合意書の調印もできました。先日、デューデリジェンスも終わったということでしたから、あとは最終合意書を締結するのみですね。

X弁護士 昨日、買い手候補者からM&Aアドバイザーに連絡があり、デューデリジェンスでいくつか問題点が見つかったようで、基本合意書で取り決めていた買取価格を見直したいとのことでした。

B社長 どこに問題があったのでしょうか。

X弁護士 社長、従業員の皆さんに残業代は適正に支払っておられましたか。買い手は、将来、未払いの残業代を支払うことになるリスクを見ているようです。

B社長 うちの会社では、1日8時間を超えて労働させる場合には、その超過分について残業代を支払っていましたよ。

X弁護士 確かに労働基準法上、労働者を1日8時間又は1週40時間以上労働させてはならないものとされており、これを超過して働かせた場合、時間外割増賃金を支払うことになっています。しかし、貴社の就業規則では、労働基準法が定める1日8時間よりも少ない7時

間30分が所定労働時間として規定され、これを超えた場合には割増賃金を支払うということになっていたのです。将来、労働者から時間外割増賃金の請求を受ける可能性があり、買い手候補はその点をリスクと見ているようです。

B社長 　就業規則はだいぶ前に作成しており、内容については全く把握していませんでした。

X弁護士 　社長、デューデリジェンスで新たに判明した事実がこの程度のことで良かったです。私が過去に経験した案件では、発覚した問題が大き過ぎて取引自体が中止になってしまったものもあります。今回は結果論になってしまいますが、たとえすぐにM&Aを行う意思がなくても、将来、M&Aを実行するときのために、信頼できる専門家に早めに相談をして、取引の障害となる事由がないかを確認し、来るべきときのために解決できる問題は解決しておくことが大切になります。

解　説

1　事前に問題点を解決しておくのが理想

　デューデリジェンスにおいて、将来、対象会社に顕在化し得るリスクが発覚し、当初想定されていた買取価格が大幅に減価されたり、取引自体がなくなってしまうということもあります。また、譲渡後にデューデリジェンスでは分からなかった問題が発覚し、売り手の責任を追及されるという可能性もあります。

　M&A取引の実行前に、あらかじめ問題点を把握してその除去に務め、より高く、より安心して取引ができるような環境を整えておくことが理想的です。以下では中小企業のM&Aでよくみられる代表的な問題例を紹介します。

2 株式に関する問題

中小企業では株式譲渡による M&A の手法が多く用いられます。株券発行会社で株式を譲渡する場合には、株式譲渡の合意のほか、譲渡人から譲受人に対する株券の交付が必要となりますが、この株券が行方不明になっている場合があります。この場合、定款を変更して株券を発行しない会社にするなどの対策が必要となります。

また、株主名簿が適切に整備されておらず、株式を適法に譲渡できるのが誰か分からないという場合があります。これでは、せっかく話がまとまりかけても、譲渡人が真の株主か否かが分からず、買い手において安心して取引ができないという場合も出てきます。株主名簿は実態に合うように作成しておかなければなりません。

さらに、株式が複数の株主に分散している場合もあります。買い手は、最低でも発行済株式の過半数を取得したいと思うのが通常ですし、全株式を取得できなければ取引に応じないというケースも多くあります。せっかく良い値がついても、一部の株主の反対によって取引が成立しないという事態も考えられますので、あらかじめ株式を集約しておくなどの方策をとっておく必要がある場合もあります。

3 労務に関係する潜在的債務
(1) 未払残業代

中小企業の M&A において、未払残業代の問題は往々にして生じます。労働基準法において、法定の労働時間を超える時間外労働、休日に労働させる休日労働、及び、深夜労働については割増賃金を支払う旨が規定されています。この割増賃金を支払っていない会社は多くあり、本来は適時に適切に支払われるべき債務ですが、簿外債務となっているため、労働者の請求を受けてはじめて顕在化するケースが多くあります。一部従業員分のみが未払いとなっている場合は大きな影響はありません

が、全従業員について未払いが発生していればその債務総額も大きくなり、企業価値、買取金額にも影響を及ぼします。

もっとも、賃金の消滅時効期間は2年間ですので（労働基準法115条）、M&A取引の実行前に一定の期間をかけて是正することさえできれば、問題を収束させることも可能といえます。

(2) 退職金

退職金規程が存在しないと思っていたのに実は存在したといった場合、また、業績好調のときに退職金規程が作られており、これまでは規程のとおりに運用がなされていたものの、将来的にみると会社に過度の負担を負わせる内容となっており、M&A取引の際にこれが原因で買い手が二の足を踏むという場合があります。

退職金規程を一方的に改廃することはできませんが、専門家と相談しつつ見直しを検討した方がよい場合があります。

(3) 厚生年金基金

厚生年金基金に加入する中小企業がM&Aを行って事業を相手先企業に承継させる場合において、相手先企業が厚生年金基金に加入していない場合には、M&A実行による従業員の移動の結果、基金から脱退することとなります。この場合、承継元の中小企業には脱退社員数に応じた「特別掛金」が徴収されることがありますが、これが予想外に高額となり、M&Aスキーム自体に影響を及ぼす可能性があるので注意が必要です。M&A取引を開始する前に、最低限、自社が置かれた状況は把握しておく必要があります。

4 会社と個人の経理の混同

中小企業では、会社の資産と経営者の資産が混然一体となっており、経営者が会社の資産を個人的に費消していることがあります。M&Aの手法によっては、M&A取引の実行時にこのような同族関係の取引の解

消が必要となります。また、M&Aの取引の前に対象会社の役員が行った不適切な行為によって会社に損害が発生していた場合、これに対して何らの手当てもしていないと、後日、M&A取引の相手方が当該役員に対して役員賠償責任を追及することもできるため、法定された方法によって責任を適切に免除しておくといった方策が必要となります。

第6節

税金対策

想定外の課税を避けるために

B社長 先生、譲渡先の目処もつき、従業員は全員承継してくれる約束となりましたし、売却価格も満足いく水準になりそうです。ただ、高値で売却しても税金の問題があると思うのですが、どのように考えればよろしいでしょうか。節税の方法などがあれば教えていただけますか。

Y会計士 ご懸念のとおり、M&Aでは税金の問題は避けて通れません。スキームをよく練れば節税もできますし、逆に何も検討していないと思わぬ税金が発生する場合があります。

例えば、合意した金額について単純に受け渡しすると株式の譲渡益に課税されますが、一部をオーナー社長の退職金として支給すれば、退職金の節税効果を享受することもできます。一方で、事業譲渡スキームで消費税を考慮しなかったために、後日、予定していなかった税金の支払が発生し、思っていたよりも手取りが少なくなってしまったという例もあります。

B社長 なるほど、単純に金額だけではなくて、譲渡スキームをよく考えないといけないのですね。

1　M&Aスキームと税金の種類

　M&Aと税金は切り離すことができません。スキームによっては思わぬ税金が発生することがあるので、必ず税金の専門家を入れてスキームを検討する必要があります。M&Aにかかわる税制は特殊であり、頻繁に税制改正が行われているので、複雑なスキームによりM&Aが実行されるような場合は、終活M&Aに慣れた税理士等に依頼するのが安心です。

（1）株式譲渡の税金

　株式譲渡の場合、株式がそのまま新しい株主に譲渡されるだけですので、会社が納める税金には原則として影響しません。ただし、過去の繰越欠損金がある会社は、株式移転後に欠損金の利用制限のかかる場合がありますので注意してください（196ページ参照）。

　株式を売却したことによる所得に対しては、譲渡所得税が課税されます。税率は申告分離課税で20.315％（所得税＋住民税）です。ただし、譲渡人の保有する株式を自社が一部でも買い取る場合には、みなし配当課税制度が適用され、会社に源泉徴収義務が課されるとともに配当所得として総合課税となる可能性もありますので、注意が必要です。

　株式譲渡スキームの場合によく使われる節税方法として、経営者への退職金支給があります。退職所得の最高税率は約40％ですが、他の所得計算と異なり、退職所得は勤続年数×40万円（21年以上分は70万円）が退職所得の計算から控除される上に、さらに課税所得は2分の1になる優遇税制（2分の1課税の措置）となっています。したがって、譲渡対価の一部を退職金として支払って株式譲渡価格を下げることにより、節税が可能となります。

　ただし役員での勤続年数が5年以下の場合には、2分の1課税の措置

が不適用となるので注意が必要です（所法30②）。

例：譲渡価額の一部である8,000万円を退職金として受け取った場合と退職金なしの場合の比較（役員としての勤続年数5年超）

■退職金支給の場合

1．所得税

①	退職金としての支給額	80,000,000	
②	勤続年数	35年	
③	20年超の年数	15年	
④	退職所得控除額	18,500,000	20年×40万円＋15年×70万円
⑤	課税退職所得金額	30,750,000	（①支給額8,000万円－④）×1/2
⑥	税率	40％	課税所得1,800万円以上の税率
⑦	控除額	2,796,000	税率乗算後、差し引かれる控除税額
	所得税額	9,703,500円	⑤×40％－⑦＋復興特別所得税額

2．住民税

①退職所得の金額	30,750,000	1．⑤と同額
②税率	10％	
住民税額	3,075,000円	①×②
合計	12,778,500円	所得税額＋住民税額

■株式の譲渡所得の場合

税率	20.315％	復興特別所得税考慮済みの税率
税額	16,252,000円	8,000万円がすべて譲渡益として計算

■節税効果　　－3,473,500円

> **コラム** 過大退職金に注意

「退職金は税制優遇」と聞くと、譲渡価額の全額を退職金とすれば得だと考えるかも知れませんが、退職金の額が大きすぎると税務上は過大退職金と認定され、会社への影響として過大退職金部分は損金算入が不可となるリスクがあります。その分、会社としては余分な税金を支払うこととなり、相応に譲渡価格がその分下がってしまうことになってしまいます。節税しようとしたら、全体の譲渡価格が下がってしまったという本末転倒にならないよう、退職金の額を決定する際には注意が必要です。

過大退職金については法人税法34条2項、法人税法施行令70条に定めがありますが、確定的な数値で計算できるものではなく、納税者と税務当局がよく対立する点です。一般的には下記の点を考慮して決定すれば比較的安全でしょう。

① 月額報酬、在任年数、功績倍数を使って決める

役員退職金額＝退任時の最終月額報酬×在任年数×功績倍率

功績倍率は代表取締役の場合、3倍程度が一般的です。

② 同種同規模の役員退職金と比較して大きくないこと

上記のように一定の計算式で決定した上で、同規模の同業者の役員退職金と比べて過大であるかどうか検討します。同業者の退職金の金額を知ることは一般的には難しいことですが、税理士であれば様々な統計データを知っていますので、顧問税理士とよく相談しましょう。

③ 個別事情

その他退職に特別の事情がある場合には、その事情も勘案することとなります。

（2）事業譲渡の税金

事業譲渡の場合、事業譲渡価格にかかわらず、税務上はすべて時価で譲渡したとみなされます。したがって、資産に含み損益がある場合はすべて現実化し、含み益が大きい場合には法人税が課税されるので注意する必要があります。また、のれん価値を大きくみた場合には事業譲渡益

が発生し、これも課税されることとなります。事業譲渡の前には、税金の試算をすることが必須です。

　また、複数の資産負債などで構成される一体としての事業譲渡であっても、消費税法上は個々の資産に分解して譲渡したものとして取り扱われます。したがって、個々の課税対象となる資産の譲渡については消費税も課税されることとなります。消費税を考慮していない事業譲渡契約も実務で散見されますが、とても危険です。必ず、税の専門家のレビューを受けるようにしましょう。

　事業譲渡スキームの場合、売却代金は経営者個人ではなく、会社に入ってくることとなります。その代金を経営者に渡すには、退職金、配当（残余財産の分配）などが考えられます。

　例えば、株式譲渡の税金の項で説明した、役員退職金の税務メリットを最大限受けた上で、配当（残余財産の分配）をしたり、あえて法人にお金を残して、法人としての活動をなんらかの形で続け、役員報酬として年金的に受け取る方法も考えられます。この点はいろんなバリエーションがありえるので、税理士も交えて検討する必要があるでしょう。

（3）会社分割の税金

　会社分割の税制は複雑ですが、今回のような第三者への終活M&Aの場合は税制非適格と呼ばれる型に分類され、事業譲渡と同様の法人税が課せられます。ただし、事業譲渡と異なり、会社分割の場合、消費税の課税対象にはなりません。

コラム 赤字法人は売れるのか

　昔、赤字の法人は節税効果があるため高値で売買されていました。しかし今は、税制上で手当されており、以下のようなケースでは繰越欠損金の利用に制限が課されるため、赤字法人を買うメリットはほとんどなくなっています。この章では、経営が順調な会社を前提としているので、大きな繰越欠損金があるとは思われませんが、過去に本業ではなく投資の失敗があって大きな含み損を抱えている資産がある場合にも同様の制限がありますので注意が必要です。

① 事業を止めて休眠していた会社の株を売買した後に、新規に事業を開始した場合
② 株の売買前に行っていた事業は止めて、売買後の新規事業が、旧事業の売上等のおおむね5倍を超える資金を借り入れた場合
③ 株の譲渡先が、赤字会社に対する債権を購入している場合に、旧事業のおおむね5倍を超える資金を借り入れた場合
④ 上記の①から③の場合において、その赤字会社を被合併会社とする適格合併を行うこと、又はその赤字会社の残余財産が確定した場合
⑤ 株の50％超を売買したことで、赤字会社の常務取締役以上の役員がすべて退任して、かつ、赤字会社の社員の20％以上が退職した場合において、新事業が旧事業規模のおおむね5倍を超えることになった場合

（参考：法人税法57条の2）

2　M&Aでの主な税金

■会社の税金

	株式譲渡	事業譲渡	会社分割（税制非適格）
法人税／地方税	会社の税金には直接の影響なし	含み損益、事業譲渡益に課税される	
消費税		課税	対象外
登録免許税、不動産所得税		課税	

■経営者（株主）の税金

	株式譲渡	事業譲渡	会社分割（税制非適格）
所得税／住民税	経営者の株式の売却益に課税	経営者個人の税金には直接の影響なし	

第7節
取締役・従業員への譲渡（MBO／EBO）

従業員こそ有力な後継者

B社長 先生、譲渡先候補も現れ、価格交渉も進んできています。本当にありがとうございます。ところがここにきて、当社の専務が会社を買いたいと言ってきました。私の動きを見て、自分たちで頑張ってみようと思ったようなのです。どうすればいいでしょうか。

X弁護士 MBOの希望がありましたか。MBOというと、新聞では、上場会社の経営者が株式を買い取って上場を廃止するケースを目にしますが、中小企業における事業承継の方法としても使われることがあります。ただ、中小企業の場合、従前、経営にあまりかかわっていなかった方が突然経営者になるということで、かなりの覚悟が必要となります。はじめに相談にお見えになったときは、跡を継ぐ気概のある社員はいないと仰っていましたが、その専務というのは、本気で会社を引き継ぐ覚悟はありそうですか。

B社長 10年ほど前に商社を辞めて中途で入社してきた人物ですが、頭もいいし人望もある。本人さえその気になってくれれば、後継者としては申し分ないと思います。ただ、彼もサラリーマンでしたので会社を買うのに必要なまとまった資金を持っていません。安くするにも限界があるでしょうし、無理すると私も老後が心配です。借入れの連帯保証が残ってしまうと困りますし、何かいい手はないでしょうか。

X弁護士 社長のおっしゃるとおり、中小企業のMBOでは、買い

手の資金調達と、会社の借入金に対する保証の問題がついて回ります。ケースバイケースで解決する以外ないのですが、考えられる手法を検討していきましょう。

解　説

1　MBOとは
（1）経営陣・従業員による企業買収
　「MBO」とは、Management Buyout（マネジメント・バイアウト）の略称であり、「経営陣による企業買収」を意味します。新聞報道などでは、上場コストの削減や敵対的買収の防止などの目的で、上場会社の経営陣がMBOを行って会社を非上場とするケースを目にしますが、いわゆる「のれん分け」をする場合や、中小企業における事業承継の方法としても有効に利用することができます。

　経営陣でなく、従業員による企業買収は「EBO」（Employee Buyout／エンプロイー・バイアウト）と言われますが、広い意味ではMBOに含んで説明されることがあります（本書は中小企業の事業承継を念頭においていますので、基本的にEBOを含む意味でMBOという言葉を使います。）。

（2）MBOのメリット／デメリット
①　メリット
　MBOは企業の内部者による買収ですから、第三者に対するM&Aの場合と比べると企業文化や伝統などの継承という点で経営者に受け入れやすく、従業員の理解・協力も得やすいので円滑な事業承継ができるというメリットがあります。買い取る側の経営陣にとっては、従来以上に会社の業績に対するモチベーションが高まりますので、企業の維持・発展が期待できます。他の従業員にとっても、従来と大きな環境の変化が

ないまま雇用が維持されることは好ましいといえます。このようなメリットがあるため、親族内に後継者がいない場合、いきなりM&Aを考えるのではなく、MBOの可能性がないかを検討することは有効です。

② デメリット

売り手側にとっては、買い手側の買収資金の調達が困難であるケースが多いため最終的な売却価格が低く抑えられる可能性があります。

買い手側としても、手元資金が不足する場合は、金融機関やファンドなどから買収資金を調達することが必要となります。ファンドのような投資家から資金調達を受ける場合、経営方針を巡って争いが生じる可能性もあります。

また、MBOを行う経営者は、会社の借入金債務を保証することが通常であり相当な覚悟が必要になります。中小企業のMBOにおいては、経営能力や経験が不足する人物が経営者に転向するケースが多く、社内関係者の理解をいかにして得るのか、また、経営能力や経験の不足を補うために、外部からの人材の招聘や専門家による支援を含めて、いかに適切な体制を構築できるのかがMBO成功の鍵になるといってよいでしょう。

(3) MBOの方法

中小企業におけるMBOの方法としては、株式を譲渡する方法と事業を譲渡する方法、会社分割による方法が考えられます。それぞれのメリット、デメリットについては、本章第1節をご参照ください。

2　MBOの資金調達方法

MBOに必要となる資金が手元にない場合は、次のようにいくつかの対応が考えられます。実務上は、これらを組み合わせて調達するケースもあります。基本的にM&Aの資金調達は買収側の問題ですが、事業承継の手法としてMBOが行われる場合には、経営者としても無関係で

はいられません。それぞれの方法の特徴をよく理解しておきましょう。
（1）分割払い
　株式譲渡代金を分割払いする方法が考えられます。分割払いの条件、その間の担保・保証の要否、分割払い中の株式の帰属をどうするかなどについて、当事者間で協議して決めることになります。第三者に対するM&Aでこの方法が取られることは稀ですが、中小企業におけるMBOでは、売り手となる経営者（株主）の意向次第で採用される可能性があります。分割払いとなる以上、一般的には新経営陣が会社の完全な経営権を即時に取得することは難しく、段階を追って緩やかに事業を承継させるという形にならざるを得ません。

　事業譲渡の場合にも譲渡代金を分割払いすることは理論上は可能ですが、実務上は稀なケースといえます。

　会社分割の場合、例えば分割の対価として取得する株式を譲渡する際に、その譲渡代金を分割払いとする方法が考えられます。

（2）共同買取り
　経営陣、従業員の複数名で買収資金を共同で出し合う方法も考えられます。内部に協力者がいることが前提となります。会社の支配権は拠出する金額に応じて取得するのが一般的なので、完全な支配権を取得して安定経営を望む場合には適さない方法です。

　なお、共同での買取りが可能である場合は、従業員持株会制度の利用をセットで考えてみてもよいでしょう。従業員持株会制度を利用すると税務上のメリットを享受できる可能性があります。ただ、様々なデメリットもありますので、制度の利用は専門家の助言を受けて慎重に行う必要があります。

（3）金融機関からの借入れ
　金融機関から買収資金の融資を受ける方法があります。ただし、無担保での融資は難しいことが多く、会社の保有する資産や新代表者の個人

資産などを担保として提供することを求められる場合があります。

(4) ファンド、スポンサーとの協調

投資ファンドや買収のスポンサーを募る方法もあります。基本的にはMBO後の事業への「投資」ですから、一定期間内に投資回収を実現させる必要があり、特に投資ファンドは投資期間中の事業の進め方に様々な制約を設け、経営方針を巡って経営陣と対立することもしばしばあります。投資ファンドが利用される場合、ファンドが会社の支配権を取得するのが通常です。したがって、この場合の経営権の売却先は、経営陣というよりはむしろファンド自体と見ておくべきでしょう。

(5) 株式公開（IPO）を目指す

MBO実施後に株式市場に上場して株式公開（IPO）を目指す方法もあります。上場を目指すことを前提として、(4) のスポンサーの支援を求める方法や (1) の分割払いの方法などを併用することも考えられます。株式上場にはメリット、デメリットがありますし、少なくとも3年以上の準備期間が必要となります。上場するための条件も厳しく定められていますので、専門家の援助が不可欠です。

コラム　投資ファンドの利用

MBOのための資金を持たない経営陣にとって、投資ファンドとの協調は魅力的な選択肢となります。

投資ファンドは、投資家から資金を預かって運用することを目的とし、投資回収金額をあらかじめ想定して企業を取得するので、通常の事業会社へのM&Aと比較すると買収額は低く抑えられるのが一般的です。

投資回収までの期間は、3年から5年程度の比較的短期に設定されます。投資期間終了までに株式公開か対象会社のM&Aによる売却をして投資回収を行うことになりますので、新経営陣にとって長期的なパートナーとはなりえません。ファンドから株式持分の買取りをできないと、新経営陣の意に反

して別のファンドや経営者に会社（株）が売却される可能性もあります。
　投資ファンドの援助を受ける場合には、他の方法のメリット、デメリットについても比較検討し、慎重に判断する必要があります。

3　MBOの経営者保証問題

　従前の経営者が会社の借入金などについて保証や個人資産を担保提供している場合、事業承継後もこれらをそのままにしておけば、従前の経営者は自己が関与しない経営のリスクを負担することになります。

　新経営者が従前の経営者に代わって連帯保証をすることで保証人の変更を求めるのが一般的な対応ですが、新経営者の信用によっては保証人の変更に金融機関が難色を示す可能性があります。このため、保証債務の処理の問題はMBOを進める上で解決すべき重要な問題となることが少なくありません。

　日本商工会議所と全国銀行協会を事務局とする「経営者保証に関するガイドライン研究会」が公表した「経営者保証に関するガイドライン」では、経営者の個人保証に依存しない融資を促進すべきことが金融機関の努力目標とされています。金融機関との交渉も含め、経営者保証の問題をできる限り軽減するための対策について、専門家の支援を受けることが望ましいでしょう。

コラム M&Aの多様な利用方法

　本章は、事業が順調でありながら親族内の後継者がいないB社長のケースにおける事業承継方法としてM&Aの様々な手法を紹介しましたが、実は、M&Aは他の局面における事業承継の方法としても利用することができます。

　例えば、第4章で紹介するC社長は、資金繰りに苦しんでいる経営者ですが、このように現状は会社の経営が上手くいっていないとしても、その会社の中に一部でも魅力のある事業があればM&Aの方法で承継させることができますし、経営者や支援する会社によっては事業を立ち直らせることができる場合もあります。第5章で紹介するD社長は自らの事業継続は諦めざるを得ませんが、この場合でも、事業の一部でもM&Aの方法で引受先が見つかれば、事業が維持されて従業員の雇用が継続され、あるいは、売却資金をもって債務の一部を返済することで経営者個人の破産を回避できる余地などもあります。

第4章
資金繰りが苦しいときの対処法

―― 第4章の登場人物 ――

C社長　　X弁護士　　Y会計士

第1節

資金繰りの把握

資金繰り表を作ってみる

C社長 会社設立から30年になります。5年前からは、別の会社に修行に出していた息子も会社に加わり取締役として頑張ってくれていますので、ここらで私も引退し息子へ後を引き継がせようと考えていたところですが、一つ問題があります。

Y会計士 多くの中小企業で後継者不足に悩まされている中、しっかりとした後継者がいらっしゃることは素晴らしいことです。問題というのは何でしょうか。

C社長 はい。毎年利益もあげているので、事業そのものは大丈夫なのですが、実は最近、当社の大口取引先が倒産しまして、資金繰りが急激に悪くなってきたところです。

Y会計士 それはお困りですね。具体的にはどの程度資金繰りが苦しくなってきたのでしょうか。

C社長 具体的にと言われましても……。月末には銀行への返済が控えていますし、従業員の給料の支払もあります。うちの会社は仕入が先行しますので、材料等の仕入ができないと商売ができません。とにかく火の車状態です。

Y会計士 資金繰り表は作成しておられますか。

C社長 はあ、資金繰り表ですか。お金の出入りは全て社長である私の頭の中に入っておりますし、これまで何とかやりくりはできて

おりますので、作っておりません。資金繰り表を作れば何か解決策でも見つかるのでしょうか。

Y会計士 まず、資金繰り表があれば、いつまで会社の資金が持つかが把握できます。次に、収入・支出をその発生要因ごとに整理することで、資金繰りが苦しい原因が見えてきます。また、特に支出面については、会社でコントロールできる部分もあるので、支払の一部を後ろ倒しすることにより対策を打つための期間を稼げますが、これも正確な資金繰り表があって初めてできることです。

C社長 そういうものですか。分かりました。でも、資金繰り表なんて作ったことがありません。どうすればよいでしょうか。

Y会計士 そうですね。では、まずは資金繰り表のポイントを一緒に見ていくことにしましょう。

解　説

1　資金繰り表の必要性

　資金繰りが苦しくなる要因は、会社のおかれた状況によってそれぞれ異なります。売上高が低下してきたことや、過大となった借入金の返済、あるいは売上高が急速に拡大した場合にも売掛金の回収より買掛金の支払が先行することで資金不足に陥るケースもあります。

　したがって、C社のような状況では、まずは、資金繰り表の作成により、会社の置かれた状況を冷静に分析し、資金繰りに困窮している原因を正確に把握することが重要となります。当たり前のことを言っているようですが、資金繰りに困窮されている中小企業の経営者から相談を受ける場合において、資金繰り表がそもそも作成されていない、作られていたとしても経営判断に役立たないことがよくあります。

　資金繰り表の必要性を改めて以下、3つのポイントから説明します。

（1）資金ショートのタイミングを把握できる

　本章では資金の逼迫度合いに応じて様々な対応策を検討していきますが、どの対応策がとれるかは、資金ショートまでの期間にも大きく左右されます。また、どのような対策を打つべきかを検討する期間も資金ショートのタイミングによって決まってきますので、まずは正確な資金ショートのタイミングを知ることが必要となります。

（2）資金繰り困窮の度合い・要因が把握できる

　資金繰りが社長の頭の中にあるだけでは、困窮の原因が正確につかめず、実効性のある対策は立てられません。しっかりと資料に落とし込む（"見える化"する）過程で、抜け漏れが無いかが検証され、収入・支出の内容、確度の高い予測残高が把握できます。このことにより初めて実効性のある対応策の検討に入ることが可能となります。

（3）外部の利害関係者からの評価アップにも効果的

　一般的に資金繰り表等の各種管理資料をしっかりと整備している会社を金融機関は高く評価をします。金融機関から見れば融資やリスケジュール（借入金の毎月の元金返済を少なくしてもらったり、返済期限を猶予してもらったりすることなど。詳細は第4節「金融機関との交渉」参照。）の意思決定における判断材料となりますし、金融機関の担当者は、管理資料が整備されている会社ほど資金管理がしっかりなされており、貸し倒れるリスクが相対的に低いことを経験的に知っているからです。

　このように資金繰り表を作成することは様々なメリットがありますので、仮にC社のような状況になくとも普段から整備されることをお勧めします。

2　資金繰り実績表と資金繰り予定表

　本章では「資金繰り表」とひとまとめにして呼んでいますが、資金繰

り表にはこれまでの収支の実績を表す「資金繰り実績表」と、今後の収支を予測する「資金繰り予定表」の2つがあります。

両者はいずれも必要になるとお考えください。最終的には正確な「資金繰り予定表」が必要となりますが、実績をもとにしなければ、正確な資金繰りの予測は立てられませんし、実績と予測を比較することで予測の精度の向上や、対応策を講じている場合にはその効果の度合いを測ることができるからです。

3 資金繰り表の3つの要素

では、資金繰り表とはどのような構成要素から作成されるのでしょうか。一般的には、大きく3つ（営業収支、投資収支、財務収支）又は2つ（経常収支、経常外収支）の構成要素に分けられます。

ここでは、より問題点の分析に役立つ3つに区分する方法を見ていきます。

(1) 営業収支

事業活動を行う中で生じる売掛金等の回収や買掛金等の決済、人件費やその他諸経費の支出が該当します。

(2) 投資収支

機械や工場、土地等の固定資産の取得による支出や、それらの売却時の収入が該当します。

(3) 財務収支

銀行からの借入れ及びその返済、定期預金への預入れ・解約等が該当します。

このように収入・支出を発生原因ごとに区別して把握することで、資金繰りが困窮する原因分析に役立ち、自社において何を改善すべきかが見えてきます。

■資金繰り表のサンプル

			年			
			月	月	月	月
Ⅰ．前月繰越						
営業収支	収入	現金売上				
		売掛金回収				
		手形期日・割引				
		その他				
	支出	現金支払い				
		買掛金支払				
		手形決済				
		人件費				
		諸経費				
		その他				
	営業収支計①					
投資収支	収入	設備売却				
		その他				
	支出	設備購入				
		その他				
	投資収支計②					
財務収支	収入	借入				
		定期預金取崩し				
		その他				
	支出	借入金の返済				
		定期預金預入れ				
		その他				
	財務収支計③					
Ⅱ．収支合計（①＋②＋③）						
Ⅲ．次月繰越（Ⅰ＋Ⅱ）						

4　資金繰り表の分析
（1）資金ショートはいつか、先延ばし可能か？
　資金繰り予定表を作成したら、まずは残高がマイナスとなる月があるか、あればそれがいつかを確認してください。そして、営業収支・投資収支・財務収支の内容・タイミング等を変更することで、いかに資金ショートを後ろ倒しできるかを検討します。以下は、短期的な資金繰り改善策、つまり、抜本的な対策を取るまでの時間稼ぎの方策です。

　　【営業収支】
　①　手形割引、売掛金等の回収の前倒し
　②　買掛金や経費等の支払の後ろ倒し
　　【投資収支】
　③　不要資産の売却
　④　設備投資の先送り
　　【財務収支】
　⑤　追加の借入・出資受入（主に経営者自身や親族から）
　⑥　リスケジュール・債務の一部免除（主に経営者自身や親族から）

　本来は、財務収支の⑤⑥の対策が金融機関等との間でできればよいのですが、単に資金繰りが厳しいというだけでは簡単に銀行も追加融資やリスケジュールには応じてくれませんし、交渉には時間がかかります。そこで、まずは、短期的に財務収支を改善するには経営者自身や親族からの借入等を検討することになります。

（2）月末残高は十分か？
　仮に残高がマイナスとなる月がなかったとしても、まだ安心できません。業種にもよりますが、一般的には、月商の1か月分の預金残高がないと資金繰り上危険な状態にあるといわれます。これは、利益を上げている企業であれば、月々の買掛金等や経費の支払は通常、月商の範囲内に収まるため、1か月分の預金残高があれば、売掛等の回収が多少遅れ

たとしても、1か月間は追加の資金調達をしなくとも乗り切れるからです。

したがって、預金残高が月商を下回る場合には、(1)のような対策を早めに講じておくことが必要となります。

(3) 営業収支はプラスか？

(1)(2)は短期的な分析や対策としては有用ですが、資金繰りが困窮している場合の根本的な解決にはなりません。

資金繰り表上、会社の本業の結果として出てくる営業収支がプラスとなっていることが最も重要です。本業でしっかり収益をあげることで、過去の借入金を返済できますし、余力があるからこそ新たな設備投資もすることができるからです。

また、この営業収支は、一般的には、損益計算書でいうところの営業利益（9ページのコラム参照）に、現金支出を伴わない費用である減価償却費を加えた金額に近似します（営業利益も営業収支も本業の成果を示す数値ではありますが、営業収支には現金支出を伴わない費用は計上されないため、その分だけ両者が一致しないこととなります。この不一致の大きな要因が減価償却費ですので、これを調整すれば両者が近似することとなります。また、ここでは説明を単純化するため、法人税等の影響は考慮していません。)。

> 営業収支 ≒ 営業利益 ＋ 減価償却費

しかし、中小企業では両者がかけ離れているケースが多くみられます。会計監査を受けていない中小企業では、売上の過大計上や費用の過小計上等により、損益計算書に会社の経営成績の実態を正しく反映できていない場合があるからです。具体的には売上を計上しても実際には売掛金等が回収されていない、あるいは仕入れた材料等が長期間使用され

ず陳腐化しているのに、費用処理されず滞留していることなどが原因です。

つまり、営業利益がプラスだからといって、営業収支はプラスとは限らず、その点でも会社の資金繰りを分析するためには、資金繰り表の作成が必要となるのです。

(4) 借入金は営業収支で返済可能か？

営業収支がプラスの場合でも安心はできません。繰返しになりますが、会社は基本的には本業で稼いだ営業収支のプラスを原資として、借入金を返済していくわけですが、各期の返済額を営業収支が上回っていない場合には、いずれ資金ショートを迎えてしまいます。短期的には(1)で見たように、不要資産の売却や経営者の私財の投入等も考えられますが、それも限界があるため、中長期的には経営改善により営業収支をさらにプラスに持っていくか、リスケジュールや債権カット（借入金の元金について一部債権放棄を受けること。詳細は第4節「金融機関との交渉」参照。）により毎月の返済額を減少させていく必要があります。

```
借入金の返済　＞　営業収支
⇒経営改善や、リスケジュール・債権カットが必要
```

5　危機的な状況における日次資金繰り表の作成

数か月以内に資金ショートが予測される場合には、月次の資金繰り予定表だけでは不十分です。

少し面倒ではありますが、日次や週次でのより詳細な資金繰り予定表を作成することをお勧めします。日次の資金繰りを把握し可能な限り資金ショートのタイミングを遅らせることができれば、その間に対応策の検討期間を確保することができます。危機的な状況においては、2～3

日検討期間が増えることで、抜本的な対策を打つ機会を得ることもあります。

6　資金繰り表の更新

　一度作った資金繰り予定表は、月次等のタイミングで適時に更新することが必要です。日々将来の予測は変化しますので、常に最新の情報を資金繰り予定表に反映することで正確に資金繰りの状況を把握するためです。また、予め策定した資金繰り予定表と実績の差異を分析することで、次月以降の資金繰り予定表の精度が高まっていくことになります。

第2節 資金繰り改善のための選択肢

どのような対応策がとれるのか

（数日後）

C社長 先生に言われたとおりに資金繰り表を作成してみました。なんとか来月は乗り切れそうなのですが、このまま行くと1年後には資金がショートしてしまいそうです。

Y会計士 拝見してもよろしいですか。

……社長、資金繰りが苦しくなった根本的な原因は、取引先が倒産したことではありませんね。

C社長 え、どういうことですか！？

Y会計士 ここの数値をこう変えてこうすると。

仮に取引先が倒産しなかったと仮定しても、これでは2年を待たずに資金はショートしそうです。

C社長 あ、本当だ！　これはどういうことでしょうか。てっきり売掛金の回収ができなくなったことが原因だと思っていたのですが。

Y会計士 営業収支は何とかプラスをキープされていますが、到底この水準では、財務収支のマイナス、つまり銀行からの借入金を返済していけませんね。資金繰り実績表も拝見しましたが、ここ数年で営業収支が大きく落ち込んでいるようですね。

C社長 そうなんですよ。競合他社がわが社の主力商品と同種の商品を出してきて、売上げが急激に落ち込んできています。利益は出

ているので大丈夫かと思っていたのですが。やっぱり、このままでは倒産ということでしょうか。

Y会計士 そう気を落とさずに。今後1年間はこのままでも資金はショートしないようですので対策を考えていきましょう。

資金繰りを改善する方法としては、経営改善や、金融機関との交渉によるリスケジュールや債権カット、さらには法的整理など様々ありますので、早速検討を開始しましょう。

C社長 はい、よろしくお願いします。

解説

1 資金繰り改善の方法

資金繰りを改善する方法は様々です。金融機関等の協力を必要とせず、経営改善による自力再建、金融機関等の交渉によりリスケジュールや債権カットを受ける方法、あるいは法的整理により、金融機関だけでなく、取引先等の一般債権者も含めて大幅な債権カットを受ける方法もあります。自社の状況に応じて取り得る選択肢も変わってきますし、どれを選択するかにより資金繰り改善の効果や、利害関係者へ与える影響も異なってきます。

本章では、中小企業等の資金繰りが苦しい時にとられることの多い対策として、法的手続によらない私的再生としての経営改善（第3節）と金融機関交渉（第4節）、法的再生としての民事再生手続（第5節）を紹介します。

なお、これらの方法はいずれも本業の結果としての営業収支が自社単独でプラスである（又は改善の結果プラスとなる）ことを前提としています。自助努力のみでは営業収支がプラスとならない場合には、第3章で紹介したM&Aや第5章で紹介する清算手続の検討も必要となりま

	私的再生		法的再生
対応策	自力再建 (経営改善)	金融機関交渉	民事再生手続
総評	営業収支の改善がメインで、財務収支改善には期待薄 利害関係者への影響が最も少ない	リスケジュールによる財務収支改善が期待できるが、債権カットは期待薄 金融機関全員の同意が必要	財務収支の大幅な改善が期待できる 債権カットなど利害関係者への影響が最も大きい
緊急度	低い (中長期の対策)	中程度 (リスケにより先延ばし)	高い (短期的な効果が必要)
信用棄損	なし	ほとんどなし (基本的には外部に漏れない)	あり (信用調査機関、新聞等に掲載可能性あり)
債権者への影響	ほとんどなし	金融機関のみ	金融機関＋一般債権者
商取引条件への影響	ほとんどなし	ほとんどなし	特に仕入先との条件悪化の懸念 (現金決済や支払サイト短縮等)
従業員への影響	比較的軽微 (逆に従業員のモチベーションアップの良い機会に)	金融機関からリストラ等を求められることも	再生計画次第 (整理解雇等が必要な場合も。また、従業員のモチベーション維持に注意が必要)
経営者責任	自主的な判断による	金融機関との交渉次第 (多くの場合経営権は存続するが、役員交代や報酬減額を求められる可能性はあり)	再生計画次第 (原則、経営権は存続するが、債権者の同意を得るため、役員交代や報酬減額をする場合もあり)

すので、適宜それぞれの章を参照ください。

2　対応策の選択

では、どのように対応策を選択すればよいのでしょうか。銀行からの借入金の返済に苦しんでいることを前提として、以下のフローに基づき

対応策選択過程を順に見ていきましょう。

(1) 営業収支がマイナスの場合

まず、営業収支をプラスとできるかが最も重要です。たとえ、リスケジュールや債権カットを受けたとしても、借入金はゼロとなるわけではなく、いずれにせよ営業収支で生み出すキャッシュにより借入金を弁済していくことには変わりがないからです。

したがって、営業収支がマイナスの場合には、経営改善によって、自社の営業収支がプラスとできるかの検討が必要です。事業に将来性がなく、自社単独ではどうしても営業収支をプラスにできない場合には、事業そのものを他社に売却するM&A（第3章）や、廃業（第5章）につ

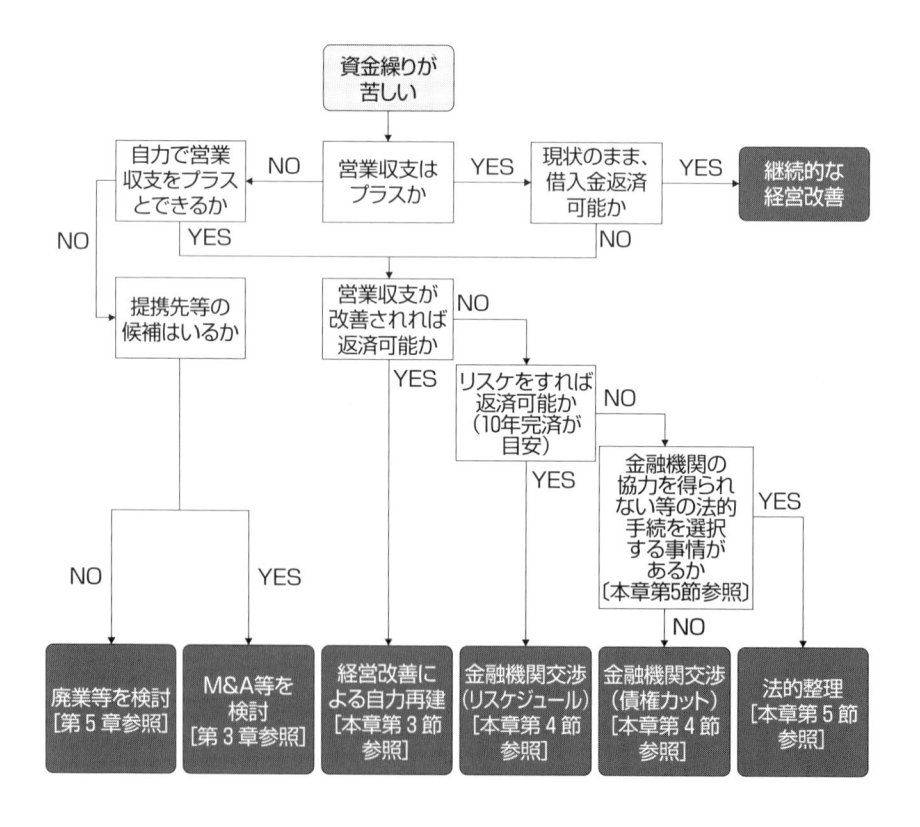

いても検討が必要となります。

（2）営業収支がプラスの場合

　営業収支がプラスの場合には、現状のまま借入金の弁済が可能かを検討します。資金繰り予定表上、完済するまでの見通しが余裕をもって立てられるのであれば、今後も順調に経営を続けていけばいいわけですが、資金繰りが苦しいと思っている会社においては、通常そういうことはありません。したがって、とるべき方策は、極論すれば、営業収支を改善させるか、財務収支を改善させるか（リスケジュール・債権カット）ということになります（ここでは説明を単純化するために投資収支の影響は考慮していません。）。

（3）営業収支が改善されれば返済可能か

　営業収支等を改善する方法は次節で見ていきますが、主な検討ポイントは以下のとおりです。

　　①事業性の改善
　　②財務状況の改善
　　③事業の選択と集中

　これらの改善策を講じた後で、改めて資金繰り予定表を作成してみます。その上で弁済条件を変えずに返済していける見通しが立てばよいですが、そうでなければリスケジュールや債権カットを検討することとなります。

（4）リスケジュールか債権カットか

　では、リスケジュールと債権カットのどちらを選べばよいのでしょうか。もちろん、金融機関からしては、多少弁済期間が延びたとしても全額回収できるリスケジュールの方が望ましいですから、今後の取引も考えると、リスケジュールでなんとかしたいものです。しかし、完済できるとしても、例えば50年もかけて完済するような弁済計画では経営者や後継者の負担も大きいですし、非現実的な弁済計画として金融機関も応

じてくれることはないでしょう。そこで、一般的な目安として、10年以内での弁済計画が立てられるかどうかで、リスケジュールか債権カットかを検討することになります。

```
借入金残高  ÷  営業収支
  ①10年以内  ⇒  リスケを検討
  ②10年超    ⇒  債権カットを検討
```

（5）法的整理を選択するかどうか

　債権カットが必要と判断した場合でも、取引先等の一般債権者にも影響がある法的整理は避けたいところです。したがって、債権カットに応じてもらえるよう、金融機関と粘り強く交渉する必要があります。しかし、どうしても金融機関の協力が得られない場合や資金繰りの逼迫度合いが高い場合等には、民事再生手続等の法的整理を考える必要があります。どのような場合に、法的整理を選択するかの判断についての詳細は第5節「法的整理を用いた事業の再生」で見ていきます。

第3節 自力での資金繰り改善

経営改善に取り組んでみる

C社長 会社の状況はよく分かりました。このままでは、銀行さんへの完済は難しいですが、なるべく周りに迷惑をかけない方法として、まずは、経営改善によって、自力で再建できるか検討してみたいと思います。

Y会計士 そうですね。幸い御社の場合、ここ数か月で資金ショートというわけではないですから、まずは、経営改善によってどこまで資金繰りが改善するか検討してみましょう。

C社長 ところで、資金繰り改善のための経営改善といっても具体的に何をやればよいのでしょうか。これまでも、売上アップのために営業の者にはっぱをかけていますし、なるべく経費も削減してきたつもりですが。

Y会計士 そうですね。売上アップや経費削減も立派な経営改善の1つです。今、社長がおっしゃいましたのは、損益計算書を中心としたアプローチです。しかし、せっかくですから、いろいろな角度から経営改善についてアプローチしてみましょう。

C社長 他に何があるのでしょうか。

Y会計士 先日のセミナーの前編(第1章)では、会社の現状把握の視点として、以下の3つをご説明いたしました。覚えておられますか。

（1） 財産状況の把握

221

（2） 損益状況の把握
（3） 将来性の分析

C社長 はあ、なんとなく……。

Y会計士 せっかくこうやって会社の状況を分析したのですから、これを経営改善にも役立てたいところです。つまり、損益計算書の観点からの改善だけでなく、資産・負債の状況の改善や、事業の将来性をもとにした事業の絞り込みも、最終的には御社の資金繰りの改善につながってくるのです。

C社長 はあ、そんなもんですか。あまりピンとはきませんが、とりあえず頑張ってみますので、よろしくお願いします！

解　説

1　経営者の心構えとは

　経営改善に向けての具体的検討に入る前に、経営者としての心構えについて、触れておきたいと思います。会社の存続について最終的な責任を負う経営者の心構えがしっかりしていなければ、どのような対応策を取ろうとも会社を再建することはできません。

　具体的には以下の点が重要となります。

(1) 他人任せにしない

　会社再建時に、経営改善策の検討を財務経理担当者や外部専門家に丸投げしている経営者を見かけることがあります。しかし、そのような経営者では、会社の再建を成し遂げることはできません。最終責任を負う経営者が先頭にたち、主体的に従業員や外部専門家をリードしていく必要があります。

(2) 例外を作らない

　事業承継を前提とした終活においては、過去のしがらみを断ち切った

うえで、経営改善を行うことが重要となります。そのためには、いかなる理由があろうとも例外を作らない強い意思が必要となります。

(3) 経営改善計画を数値や具体策に落とし込む

経営改善計画はあるものの、財務数値にどうつながるかが見えてこない、あるいは、数値目標だけが先行していてそれを達成するための具体策が見えてこないという場合があります。これでは、経営改善計画は絵に描いた餅となります。

計画に基づいた具体的方策を従業員一人ひとりの行動レベルにまで落とし込み、どの数字がどう改善されていくのかをきちんと把握することが重要となります。

(4) 事後検証と改善策の検討

せっかく経営改善計画を策定しても、作りっぱなしでは何にもなりません。どんなに綿密に計画を練っても、そのとおりに実績が出るわけではありません。計画が未達の場合には、必ず実績との乖離を分析し、継続的に改善策を検討していく必要があります。そして、これを実行するためには、(3)のとおり、数値や具体策にきちんと落とし込み、事後的に検証できるようにしておくことが重要となります。

2 資金繰り改善の切り口は何か

資金繰りを改善するには、これまでの経営を改善し、本業による儲けを増やしていくことが正攻法です。次節以降において、リスケジュールや債権カットの方法についてもご紹介しますが、やはり、自力再建により金融機関や取引先に迷惑をかけない方策をとることが、今後の事業継続のためにも望ましいですし、後継者のためでもあります。

経営改善の取組みには様々な切り口がありますが、本節では第1章で行った自社分析を踏まえ、以下の3つの観点から検討してきます。

> 事業性の改善(損益計算書の観点)
> 財務状況の改善(貸借対照表の観点)
> 事業の選択と集中(事業の将来性の観点)

　また、これからご説明する経営改善の考え方はリスケジュールや債権カット等の抜本的な改善策においても、事前段階として検討すべきこととなりますので、自力再建以外の対応をお考えの方も一読いただくことをお勧めします。

(1) 事業性の改善(損益計算書の観点)とは

　第1章(9ページ)で見てきたように、損益計算書上、会社の利益には、売上総利益、営業利益、経常利益等、様々な利益項目がありますが、ここでは営業利益をアップさせる方法を考えていきたいと思います。なぜなら、借入金の弁済の源泉となる営業収支は、基本的には、営業利益をアップすることで、改善されるからです。

営業収支↑ ≒ 営業利益↑ ＋ 減価償却費

営業利益↑ ＝ 売上高↑ － 費用(売上原価、販管費)↓

① 売上高アップの検討

　売上高は、会社の意思決定だけでは操作できず、顧客の反応や経済動向等の外部要因によって大きく左右されます。したがって、改善策を立案しても効果があるのかがその時点では必ずしも明らかにはなりません。また、効果が現れるとしても、費用削減とは異なり、中長期的となります。

　しかし、売上高の構成要素は、極論すると販売単価と販売数量の2つに分解され、極めて単純な数式で計算されます。

$$売上高 = 販売単価 \times 販売数量$$

したがって、打つべき対策は、販売単価を上げるか、販売数量を増やすかの対策となります。

(ア) 販売単価の上昇
- 顧客との交渉
- 既存商品の機能追加
- 高付加価値商品の開発　など

(イ) 販売数量の増加
- 販売チャネルの拡大
- 販売促進活動
- 営業体制の強化　など

その他、対応策の検討時には以下の点に留意する必要があります。

✓ 過去実績から根拠のない大幅な飛躍は見込まない（市場環境や顧客の反応も考慮に入れる。）。
✓ なるべく詳細な対応策を検討し、具体的な数値に落とし込む（事後検証可能なように）。
✓ 売上高アップの根拠となる支出（費用や投資）も同時に考える。

コラム　アップセルとクロスセル

マーケティングの分野では、売上高をアップさせる手法として「アップセル」と「クロスセル」といった考え方が良く使われます。

横文字なので少し難しく聞こえるかもしれませんが、基本的な考え方は簡単で、要は、既存のお客さんに、今までより少し高いものを買っていただくのが「アップセル」、メインの商品以外に関連する商品をついでに買っていただくのが「クロスセル」というだけのものです。分かりやすい例で言えば、ハンバーガーショップで、ハンバーガーでなくチーズバーガーを買ってい

だくのが「アップセル」、ハンバーガーだけでなくポテトも買っていただくのが「クロスセル」ということになります。

いずれの場合にも、既存顧客からの売上をいかに伸ばすかということですので、共通のメリットとして、新規顧客開拓のコストが不要、顧客の趣味・趣向が把握しやすく商品開発・機能追加の失敗リスクが比較的小さいという点があげられます。また「アップセル」の場合には、既存商品を活用できるので追加投資が少ないといったメリットがあります（極端に言えば、SサイズのポテトをLサイズにして売るのもアップセルですが、これなら追加投資はほとんど必要ありません）。

実際に導入する際には、単に高額商品・関連商品の押し付けとならないように、顧客満足度があがるような形での宣伝方法や接客方法の工夫が必要ですが、中小企業でも十分採用し得る対策なので、興味を持たれた方はぜひチャレンジしてみてください。

② 費用削減の検討

次に営業利益を上げるためのもう一つの項目である費用を見ていきましょう。

費用削減は売上高の増加と異なり、外部要因に関係なく会社の意思決定さえあれば、確実かつ短期的に効果が出せる改善策です（もちろん全てではありませんが）。したがって、損益の改善の際には、とりあえず人件費を含め、なんでもかんでも削減することで営業利益を表面的にアップさせる計画がよく見受けられます。

しかし、そもそもなぜ企業活動において費用が発生するのでしょうか。それは、必要なコストをかけて事業活動を行い、それに見合った収益を生み出すためです。したがって、収益を生み出さない費用は会社にとって無駄であり、当然削減すべきですが、一方で収益を生み出す費用は安易に削減してはいけませんし、売上高アップのためには支出額を増やす場合もあります。

> ✓ 必要なコスト：収益を生み出す
> ✓ 不要なコスト：収益を生み出さない

　もちろん、何が必要なコストで何が不要なコストかを単純に切り分けられないケースも存在します。しかし、重要なのは、こうした視点に立つことで、会社にとって本当に必要なコストとは何かを冷静に峻別していくことです。

(2) 財務状況の改善（貸借対照表の観点）とは
① 資産サイドの検討

　不要な資産を現金化することで、少しでも借入金を弁済するか、運転資金にあてることができ、資金繰り改善に貢献することがあります。

　どの資産を現金化するかは、費用と同じく、会社の収益に貢献しているかどうかで判断することになりますが、検討の対象となる資産としては例えば以下のものがあります。

> ✓ 不動産（自社ビルも含む）
> ✓ 遊休・低稼働の機械設備
> ✓ 社用車
> ✓ 株式等の有価証券
> ✓ ゴルフ会員権
> ✓ 保険

② 負債サイドの検討

　財務状況の改善において、最も効果的なのは、借入金等の債務の圧縮です。しかし、債務の圧縮については、自社の取組みだけで達成することは難しく、抜本的な対策については、次節以降で検討しますので、そちらを参照ください。

　ただし、経営者自身も含めた役員や、親族等からの借入金がある場合

には、債権カットを受けたり、あるいは、借入金を出資金に変換するデット・エクイティ・スワップ（DES。詳細は239ページを参照）等を行うことで、負債を圧縮し財務状況を改善することも可能ですので検討してみてください。

（3）事業の選択と集中（事業の将来性の観点）とは

複数の事業を会社が営んでいる場合、うまく不採算事業から撤退し、採算性のある部門に集中できれば、事業性の改善・財務状況の改善を同時に達成することも可能です。

その場合、主に以下の観点から検討してくことになります。

① 事業別の損益状況（定量情報）
② 事業別の将来性（定性情報）
③ 事業の状況に応じた方針と対策

■検討用ワークシートのイメージ

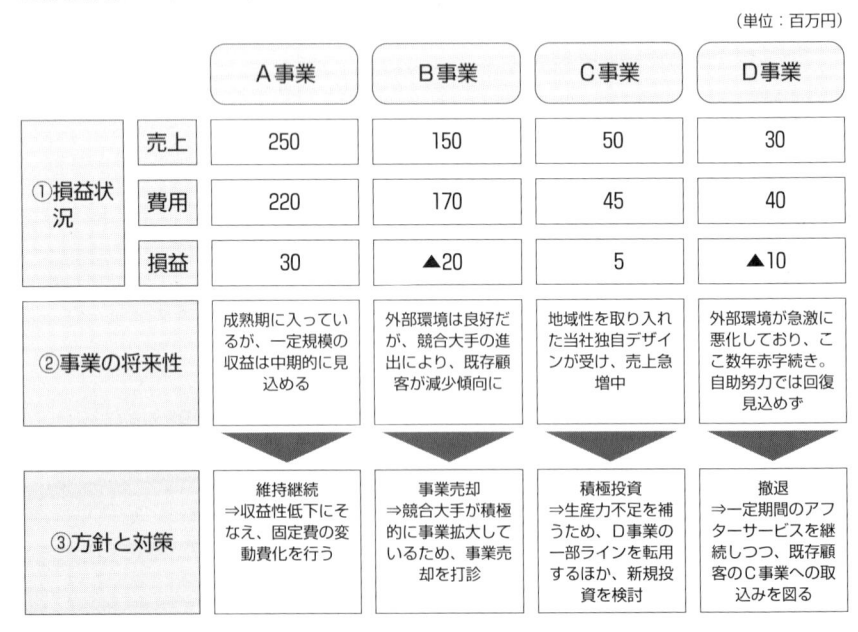

（単位：百万円）

		A事業	B事業	C事業	D事業
①損益状況	売上	250	150	50	30
	費用	220	170	45	40
	損益	30	▲20	5	▲10
②事業の将来性		成熟期に入っているが、一定規模の収益は中期的に見込める	外部環境は良好だが、競合大手の進出により、既存顧客が減少傾向に	地域性を取り入れた当社独自デザインが受け、売上急増中	外部環境が急激に悪化しており、ここ数年赤字続き。自助努力では回復見込めず
③方針と対策		維持継続 ⇒収益性低下にそなえ、固定費の変動費化を行う	事業売却 ⇒競合大手が積極的に事業拡大しているため、事業売却を打診	積極投資 ⇒生産力不足を補うため、D事業の一部ラインを転用するほか、新規投資を検討	撤退 ⇒一定期間のアフターサービスを継続しつつ、既存顧客のC事業への取込みを図る

事業の選択と集中により組織再編を行う際には、法律・会計・税務等広範な範囲について専門的な検討や手続が必要となります。特に前図のＢ事業のように事業売却をお考えの際には、第3章の株式譲渡や事業譲渡の手続や留意点等も確認いただくとともに、早い段階で組織再編に長けた専門家へ相談いただくことをお勧めします。

コラム　固定費の変動費化

　会社が複数の事業を営んでおり、当面継続見込みであっても今後収益性が落ち込むことが明らかな事業がある場合には、なるべく早い段階から固定費を変動費化しておくことが、会社の収益性・資金繰りのために有効となる場合があります。
　これは、変動費が売上に応じて増減するのに対し、固定費は売上高等の増減に関わりなく、一定額発生するという性質を利用した対策です。
変動費：売上高等の増減に応じて、増減する費用（材料費、外注加工費等）
固定費：売上高等の増減に関わりなく、一定額発生する費用（人件費、減価
　　　　償却費、家賃等）

　では具体的に、変動費率が低い（固定費が大きい）ケースと変動費率が高い（固定費が小さい）ケースについて、次ページの図を用いて売上高変動時の影響を比較してみましょう。
　変動費率が低いケースにおいては、売上高が20％増加した場合には、営業利益も80まで大きく上昇していますが、売上高が20％減少すると営業利益も20に大きく減少しています。
　一方、変動費率が高いケースにおいては、売上高が20％増加した場合には、営業利益は70までしか伸びませんが、売上高が20％減少した場合にも営業利益は30までにしか減少しません。

		当期実績	売上20% UP	売上20% DOWN
変動費率が低いケース 25%(②÷①)	①売上	200	240	160
	②変動費	▲50	▲60	▲40
	③限界利益(①－②)	150	180	120
	④固定費	▲100	▲100	▲100
	⑤営業利益(③－④)	50	80	20
変動費率が高いケース 50%(②÷①)	①売上	200	240	160
	②変動費	▲100	▲120	▲80
	③限界利益(①－②)	200	120	80
	④固定費	▲50	▲50	▲50
	⑤営業利益(③－④)	50	70	30

売上変動の影響 大（変動費率が低いケース）
売上変動の影響 小（変動費率が高いケース）

　つまり、変動費率が高い事業は売上高減少の影響を小さくできるので、今後外部要因等により売上減少が見込まれる場合には、予め変動費率を上げる（固定費を下げる）ように対策しておくことで、営業利益の減少を抑えることができるのです。
　なお、固定費を変動費化する典型的な方法は以下のとおりです。
①固定給社員から人材派遣やパート・アルバイトへの切替え
②業務のアウトソーシング
③機械設備等のレンタル
　ただし、①②の方策は、社内に製造や販売のノウハウが蓄積されないなどといった弊害もあるため、事業の縮小や撤退といった限られた局面でしか使用しない方がよいかも知れません。

コラム　経営革新等支援機関認定制度の利用

　本章のように経営改善や金融機関交渉等を行う場合、社内の人材だけでは知見が足りず、外部の専門家の利用が必要となるケースがあります。しかし、ただでさえ資金繰りが苦しい状況では、それほど多額の費用はかけられませんし、また、中小企業の場合、専門家をあまり利用した経験がなく、どこに何を依頼すれば良いか分からないこともあるかと思います。

　そのような場合、中小企業庁管轄の「経営革新等支援機関認定制度」を利用することも検討されてみてはいかがでしょうか。

■「経営革新等支援機関認定制度」とは？

　本認定制度は、税務、金融及び企業財務に関する専門的知識や支援に係る実務経験が一定レベル以上の個人、法人、中小企業支援機関等を、経営革新等支援機関として認定することにより、中小企業に対して専門性の高い支援を行うための体制を整備するものです。

■「経営革新等支援機関」を利用するメリット

① 自社の状況に沿った専門家を地域別に探すことが期待できる。
② 外部の専門家に相談することで、冷静に自社の状況把握ができ実効性の高い事業計画を立てられることが期待できる。
③ 中小企業等支援施策※を受けられる。
　✓ 事業計画（経営改善計画）を策定する場合、専門家に対する支払費用の3分の2（上限200万円）を各都道府県の経営改善支援センターが負担
　✓ 経営力強化の保証制度の利用（信用保証協会の保証料を減免等）
　✓ 日本政策金融公庫の融資制度の利用
　✓ 経営改善設備に投資した場合における税制面での優遇

※独立行政法人中小企業基盤整備機構のホームページに中小企業等支援施策が紹介されていますので、詳細はそちらを参照ください。

第4節 金融機関との交渉、経営者による保証への対応

金融機関に何を依頼すべきか

C社長 先生、ありがとうございます。でも、これでもまだ月末預金残高には余裕がありませんね。

X弁護士 そうですね。金融機関の毎月の元利金の弁済負担が資金繰りを圧迫しているようですね。借入金債務の負担軽減について、金融機関と交渉することを検討してみてはいかがでしょう。

C社長 そんな相談をしたらウチの会社は危ない、ということになって融資を止められるのではないかと思って、長い間、期限に遅れずに弁済することだけを考えてきたのですが。

X弁護士 金融機関も「貸し渋り」、「貸し剥がし」などと批判された時期もありましたが、最近ではいわゆる金融円滑化法の影響もあって、毎月の返済額を少なくしたり、返済期限を猶予したりすること（リスケジュール）の相談にも協力的ですよ。

C社長 そういえばこの前、同業のNさんも、銀行に借入れの支払いを先送りにしてもらったとか言っていたような……。私の会社でもそのようなことができるのでしょうか。

X弁護士 必ず応じてくれるというものではありませんが、トライしてみる価値はあると思います。金融機関への依頼内容には、「元金弁済の一時停止」、「支払の猶予」、「債権放棄（債権カット）」などがあります。当然、提出すべき資料や、進める手順というものがあります。

C社長 そうなんですか。会社の借入れに対する私の保証についてとやかく言われないでしょうか。将来後継者にと考えている息子も保証人に加えるよう要求されることでもあれば尻ごみされてしまいそうです。

X弁護士 その点については、近時、「経営者保証ガイドライン」というものも出されて、金融機関も保証の解除などずいぶんと柔軟に対応するようになっていますよ。新たな保証の取り付けなどについても対処できます。

C社長 実はその点を心配されてしまうと思って、家族にはなかなか会社の状況を伝えられずにいたのです。

X弁護士 それに、社長の会社は、主力商品があり、高い技術力を業界内でも評価されており、過去の負債を整理できれば、息子さんを後継者として事業は続けられそうですし、支援を申し出てくれるスポンサーも現れると思います。第二会社方式などの再編手法も絡めた抜本的な再建策を講じた上で、金融機関から債権カットによる支援をとりつけることも考えてみましょう。

C社長 再編手法？　第二会社方式？　なんだか難しそうですが、そんなことで金融機関が債権カットなどに応じてくれるものなんですか。

X弁護士 はい。核となる収益事業を活かしながら、過去分の債務の免除、軽減を受けるのに有効な方法ですが、きちんとしたプロセスを踏み、債権者に合理的な弁済の提案ができるものでなければなりません。

解　説

1　金融機関交渉
(1) 金融支援の内容
　リーマンショックに伴う景気低迷を受けて制定された金融円滑化法

（平成21年12月～平成25年3月）により、金融機関が貸出条件の変更に応じる比率は飛躍的に高まりました。金融円滑化法の期限終了後も、この状況は続いています。

金融支援としての私的整理の手続は、金融機関を対象として貸付条件の変更を求める手続であり、商取引債権は従前からの約定どおりに支払うことができますので、取引先に迷惑をかけることがありません。

金融機関との間で私的整理を行っていること自体、あえて公開することはしませんので、ブランドイメージがある企業については、そのイメージが傷つくことも回避できます。

また、法的整理を行うと、事業継続に不可欠な許認可や入札の資格が自動的に失われる場合があり、このリスクを回避するために私的整理が選択されることがあります。「私的整理を行うと事業価値の毀損が回避される」と言われているのはこのような特長を捉えたものです。

私的整理としての貸付債権の条件の変更のなかでも中心となるのは、リスケジュールです。

① リスケジュール

ア　リスケジュールとは

リスケジュールとは、銀行に依頼して、借入金に関する金銭消費貸借契約について、毎月の元金返済額を少なくすることや、返済期限を猶予することを内容とする条件変更の合意をすることをいいます。一定期間の猶予の後、決められた返済期限に一括弁済することを内容とする場合もあります。

リスケジュールは、私的整理の一般的なスキームとして、しばしば行われます。債権カットを伴わないので、金融機関としても依頼を受け入れやすいといえますが、利息の支払いを継続した上で過剰債務を解消していかなければならないため、債務者にある程度の収益力がないと困難です。

リスケジュールの合意に必要な前提条件としては、３年程度の暫定的なリスケジュールを求める場合は別として、一般的には以下のような資料を用意し、求められる条件をクリアする必要があります。

イ　**用意する資料**

リスケジュールを相談するにあたり、債務者が作成し銀行に提出すべき資料として、次のものが必要になります。

ⅰ　金融機関別取引明細書

リスケジュール交渉を行う会社の多くは、複数の金融機関から融資を受けていると思われます。どのくらいの負債があり、元利金支払い負担がどの程度であるかを説明するために作成する資料です。また、各金融機関が平等な条件（「横並び」）でなければ、銀行としてはリスケジュールの依頼に応じることが難しくなりますので、その意味でも他行からの借入れの状況に関する情報開示は重要です。

ⅱ　月次資金繰り予定表

金融機関にとっては、リスケジュールに応じて繰り延べた最終弁済期限より前に、債務者の資金繰りが回らず破綻されてしまっては、そのまま貸倒損失になってしまいますので、資金繰り見込みの確認は必須であるといえます。また、債務者にとっても、どの程度元利金支払い負担が軽減されればよいのかというリスケジュールの必要性を主体的に金融機関に対して説明する資料としても作成が必要となります。資金繰り予定表に記載する期間としては、最低限、リスケジュールを求める期間の資金繰りが分かる程度のものが必要になります。

ⅲ　損益予定表（経営改善計画書）

金融機関としては、仮にリスケジュールに応じた場合に、将来において会社の経営が改善して営業が黒字に転換し、返済原資が出るようになるのかを知る必要があります。そのため、今後５か年程度の経営計画、損益予定を作成し提出します。

経営改善計画書については書式も公開されていますが、策定にあたっては専門的知識が必要とされますから、専門家に相談しサポートを受けることをお勧めします。

ウ　金融機関による審査

　金融機関は、リスケジュールに応じる上で、提出された資料をもとに、通常以下のような要件を満たすかどうかを審査します。

　i　資金繰りが回っていること（第2節参照）

　ii　債務償還年数

　　債務償還年数は、「要返済債務／年間キャッシュフロー（CF）」により算出され、リスケジュールをした上でも許容される債務償還年数に収まるかどうかを判断します。将来の見通しになりますので、事業計画や経営改善計画を参考にしますが、売上高の増加といったことよりも、実現可能性が見通せる経費削減などが重視されているようです。

　　また、中小企業においては、計画の実現可能性との関連で、経営者の能力や人柄、過去の経営実績なども参考にしているようです。

　iii　実態債務超過の解消可能性

　　リスケジュールを依頼する多くの会社は実質的に債務超過の状態（実態債務超過）であり、これを解消するのに何年かかるかという視点です。銀行は実態債務超過の会社に与信をすることは通常はないとされています。

エ　金融機関との交渉

　こうしたリスケジュールの交渉は、10前後やそれを超える数の金融機関と取引をしているような比較的大きな会社であれば、金融機関の担当者に集まってもらって債権者会議（バンクミーティング）を開催することも考えられますが、そのような一部の会社を除けば、個別に訪問するのが通常の進め方といえるでしょう。比較的規模の大きな会社でも、金

融機関ごとに異なる反応が予測されるような場合には、個別に訪問して質疑応答や協力依頼を行うほうが、結果的には早くまとまる場合も多いと思われます。

　金融機関との個別交渉は、概ね以下の流れで進みます。

　初回は債務者からの説明と銀行側からの簡単な質問が行われます。その後、担当者への電話による質問対応、金融機関内部の決裁に必要な資料の補充、再度の訪問などが行われます。こうしたコンタクトを重ね、金融機関内部の決裁手続を経て、リスケジュールの事実上の合意に至ります。合意の成立後は、金融機関の用意する「借入条件変更契約書」に調印します。

　平均的なリスケジュール交渉の期間は、交渉自体は早ければ１か月、金融機関の決裁や契約調印の完了など最終的な事務手続まで含めると、２か月程度かかります。信用保証協会や保証会社の保証付き融資の場合には、窓口銀行を通じてこれらの保証機関の承認も得る必要がありますから、さらに時間がかかります。交渉を行っている間に資金繰りに行き詰まることがないように、余裕をもって早めに交渉をスタートする必要があります。リスケジュールが成立した場合も、金利は従前どおり支払わなければなりませんので注意が必要です。また、従前では、金融機関は、条件変更に応じた場合、金利を引き上げる対応をすることが多かったですが、金融円滑化法施行以降は、そのような対応は行われないのが一般的となっているようです。

　なお、リスケジュール期間中は、リスケジュールを依頼した金融機関から追加融資を受けることは、通常は難しくなります。リスケジュールの相談をする場合は、そのことも十分に考慮した上で、安易に依頼すべきではありません。会社の実態を隠したまま銀行から追加融資を受けると、将来の元利金の負担が増して、さらに資金繰りが悪化しますし、保証人の追加や担保の積み増しを求められる場合もあります。最終的には

条件変更を求めることすら不可能なほどに債務の負担が過大になり、金融機関の金融支援を得ることができずに破綻に至ってしまう企業も散見されます。後継者のために「いま、何をしておくべきか」の見極めが大切です。

> **コラム** 金融円滑化法とは
>
> 　「中小企業者等に対する金融支援の円滑化を図るための臨時措置に関する法律」（金融円滑化法）が制定され、平成21年12月4日施行、平成23年3月末に失効する予定でしたが、平成24年3月末まで延長され、さらなる延長で平成25年3月末が最終期限とされました。
>
> 　中小企業や住宅ローンを借りた個人から金融機関に返済期限の猶予など貸付条件の変更の申出があった場合に、金融機関がこれに応じることの努力義務を定めたものでしたが、金融機関には条件変更に応じた件数・金額の報告義務が課されたことや、一定期間内に経営計画の策定が見込まれる場合には当該条件変更がなされた貸付債権を不良債権として取り扱わなくてもよい（金融機関にとっては引当金の積み増しが不要となることを意味します。）メリットがあったため、金融機関が条件変更に応じる比率が飛躍的に高まりました。条件変更の応諾率は90％を超え、国内で条件変更を受けた中小企業の数は30～40万社ともいわれています。
>
> 　金融円滑化法の期限経過後も、引き続き金融機関に貸付条件の変更等や円滑な資金供給に努めるように求めている政府方針を受けて、金融機関の側でも「金融円滑化に向けた当行の基本方針は何ら変わるものではありません」といったリリースを行っています。
>
> 　近年、企業倒産件数が20数年ぶりの低水準となっている理由としては、アベノミクスによる景気回復の影響もありますが、金融円滑化法施行後の金融機関の姿勢の変化が大きいようです。

② 債権カット
ア　債権カットとは
　私的整理においても金融機関に対し借入金の元金について一部債権放棄を要請することがあります。これを債権カットといいます。
　裁判所を介さずに、金融機関との間で個別に債権の一部を放棄する内容の和解をするものであり、金融機関としては貸倒損失になりますから、リスケジュールの要請と比べると相当にハードルは高くなります。それが会社の再建のために必要なのか、金融機関にとって最大回収をもたらすものであるか（破産等の法的整理の場合の弁済率と比較してより回収が見込まれるか＝経済的合理性があるか）、債権者間の平等性は確保されているかといった点について、金融機関の慎重な審査を通過しなければなりません。
イ　DDS、DES
　どうしても債権カットには応じるのは難しいという金融機関に対しては、債権カットに代えて、債務の劣後化・准資本化（デット・デット・スワップ（DDS））を提案することが行われます。DDSとは、従来の借入金について、金融機関との合意によって返済条件の異なる他の借入金債務に変換するもので、他の借入金の分割弁済をすべて終えた後に弁済するというように順位を劣後させる（劣後ローン化する）のが通常です。金融機関にとっては債権カットにあたらず、債務者会社にとってはDDSを行った債務の弁済時期が大きく先送りされる（5年超。ただし一括払いが原則となります。）ので、再建期間中の支払負担が軽減されるメリットがあります。また、債務の株式化（デット・エクイティ・スワップ（DES））を提案することも検討します。DESとは、債権者が債務者会社に対して有する債権を現物出資する代わりに会社の株式を発行することにより借入金を出資金に変換するものです。ただ、金融機関にとっては実質的に債権カットと同様の処理を行わざるを得ないため、金

融機関の設立した地域再生ファンドなどを通じた支援を受ける場合などを除けば、中小企業の私的整理の手続で利用されることは稀であるといえます。

ウ 経営者責任・株主責任

債権カットに応じることとの均衡の観点から、一般的には、経営者責任、株主責任を十分に果たすことを求められます。もっとも、粉飾決算などが発覚した場合などは別ですが、他に代わる経営人材が不在であるといった事情がある場合もありますので、代表者が必ず辞任しなければならないということではありません。窮境原因に対する経営者の関与度合、金融支援の内容、債権者の意向、事業継続における経営者の関与の必要性などを考慮して個別に対応するものとされています。経営状態を悪化させた責任を直接的に負っていない後継者の方がいる会社であれば、このタイミングで代替りすることも検討することになるでしょう。

> **コラム** 地域再生ファンドとは
>
> 　地方銀行・信用金庫などの地域の金融機関などが中心となって組成し、特定の地域を対象に、過剰な債務で経営状況が悪化しているものの財務体質の改善や事業の見直しにより再生が可能な中小企業の再生を支援するファンドのことをいいます。地域内の自治体や中小企業庁、民間の事業再生支援事業者、株式会社地域経済活性化支援機構などが一部出資を行うものもあります。金融機関の支援対象企業に対する債権を買い取った上で、支援期間内に当該企業の財務体質、事業内容を改善し、金融機関が債権を買い戻すことを最終的に目指す手法が中心となります。対象企業に直接出資をして財務体質を改善したり、再建支援の専門家や経営者人材を派遣したりすることもあります。

③　その他の資金繰りへの協力

　リスケジュール、債権カット以外の金融機関に対する支援要請事項としては、決済口座の利用継続や手形割引への協力、定期預金の解放（自由な資金移動）などがあります。手形割引は与信取引にあたりますし、定期預金は債務者が期限の利益を喪失した場合に金融機関が貸付金と相殺して回収することを予定しているため、金融機関も容易には依頼に応じてくれません。資金繰りの悪化の状況次第により、こうした協力依頼に対する金融機関の反応も変わってきます。

（２）金融機関との交渉・調整の方法

①　任意の個別交渉

　以上のような金融機関との交渉は、裁判所が関与する手続ではないので、手続の透明性・公正性・経済合理性などについて金融機関から疑義を抱かせないように進めることが大切です。例えば、個別に訪問すると言っても、処理方針まで金融機関ごとに場当たり的に対応してしまい、同質の債権の取扱いの平等性を崩してしまった結果、金融機関の横並びの調整が困難になる場合があり得ます。法律の拘束力がない私的整理においては、こうした不信感が生じると、調整に時間を要したり、最終的に私的整理成立の条件である全ての金融機関の同意を得ることができなくなったりしますので注意が必要です。

②　制度化された私的整理（準則型私的整理手続）の活用

　金融機関がこうした裁判所を介さない私的整理、特に債権カットを伴う金融支援要請を受け入れるには、法律などで制度化された私的整理（準則型私的整理）を活用した方が、より円滑に調整が進められる場合があります。準則型私的整理では、中立的な第三者機関が関与し、定められたルールに則って公正に手続が進められるからです。

　このような場合には、各地に設置された中小企業再生支援協議会や、株式会社地域経済活性化支援機構への支援申込み、一定規模以上の大き

さの会社であれば、事業再生実務家協会による事業再生 ADR の申請などを検討します。

こうした手続の申請においては、私的整理手続や事業再生計画の策定、事業譲渡や会社分割などの組織再編スキーム、デット・エクイティ・スワップ（DES）、デット・デット・スワップ（DDS）といった金融に関する知識、税務・会計の知識などが必要とされますので、手続を利用する上では、専門的な知識・経験を有する弁護士や公認会計士の関与を求められることが通常です。

また、事前の相談から調査（デューデリジェンス）、再生計画の策定を行った上で支援の決定を経て、金融機関の同意が成立して条件変更や債権カットが実現するまでに半年程度要することもありますので、事前にどれくらいの時間と費用を要するのかよく確認しておいたほうがよいでしょう。

コラム　いわゆる「暫定リスケジュール」とは

　金融円滑化法終了後の対応策として、中小企業再生支援協議会が関与して金融機関調整を行うリスケジュールのスキームであり、本格的な再生計画を作成する前の準備段階として、まず3年程度の暫定計画を作成するものです。計画期間中に会社は経営者の意識改革と企業体力強化の実現を目指し、金融機関は必要な準備をするというものです。これにより、金融円滑化法終了後も金融機関がリスケジュールに応じる機会が増えたことは間違いありませんが、資金繰り支援の次のステージにある経営改善が進まず、抜本的な再建策を策定できないまま事業継続を断念する事態に至らないようにしなければ、せっかく暫定リスケジュールを受けた意味が失われてしまいます。中小企業再生支援協議会でも「決して単なる先送りの計画になってはならない」ということを強調しています。

(3) 負債の切離しと事業の存続（第二会社方式）
① 第二会社方式とは

　収益性のある事業を事業譲渡や会社分割により切り離して、受け皿となる別の法人（第二会社）に承継させて、事業の維持・再生を図る手法です。この場合、従前の債務者会社については、事業を移管した後で解散し、特別清算手続や破産手続によって清算します。

　金融機関の債権のうち清算手続のなかで配当されない部分は法的手続である特別清算、破産手続において債権カットがなされることになります。私的整理の場合、前述のように、金融機関が債務者会社に対して直接的に、任意の債権カットに応じるには厳格な審査要件を満たさなければならない上に、税務上、カットした部分について寄付金認定されるリスクもあります。第二会社方式は、こうした問題を回避できることから、会社の組織再編の形をとりつつ、金融機関から債権カットによる金融支援を受ける手法としてしばしば利用されています。

　後述するように、スポンサーがつく場合に、スポンサーの意向でこの手法が採用されることも多くなっています。

　第二会社方式のイメージは、次のとおりです。

■第二会社方式のイメージ

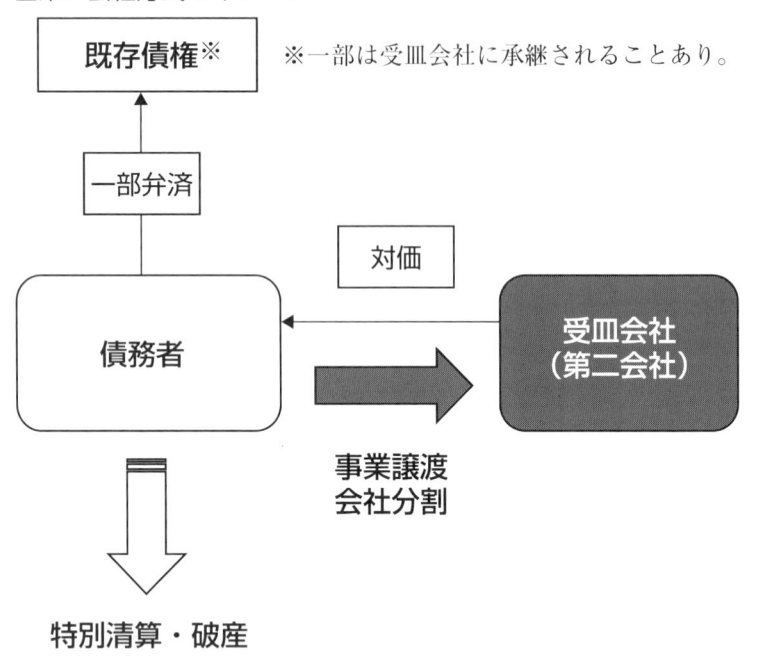

```
既存債権※        ※一部は受皿会社に承継されることあり。
  ↑
一部弁済
          対価
  債務者 ←――――― 受皿会社
          事業譲渡    （第二会社）
          会社分割
  ↓
特別清算・破産
```

② 第二会社方式のメリット

ア　スポンサーへの円滑な事業の承継

　収益性のある事業に着目して支援を申し出るスポンサーも、新会社で承継する既存の借入金の負担は少しでも軽減して投資効果を上げようとするのが通常でしょう。また、中小企業では、過去の帳簿管理や契約書類等の管理を必ずしも十分に行えていないことがあり、経営者の把握していない簿外の債務や、あまり意識せずに第三者の債務に連帯保証していることなどがあります。スポンサーとしてはこのような簿外債務や偶発債務の負担を回避したいのは当然です。これらのリスクを遮断する方法として、まっさらな受皿会社を準備し、スポンサーが資金を供給して支援することを可能にする第二会社方式はメリットがあり、スポンサー型の事業承継の手法として活用することが可能です。

イ　債権カットについて金融機関の調整が容易

　法的整理においては、法律によっていわば強制的に債権カットがされるのに対して、私的整理では、金融機関が任意の判断により債権カットに応じなければなりません。しかし、金融機関にとっては、裁判所が関与せず、必ずしも手続の透明性や公平性が確保されている場合ばかりとは限らない私的整理において、債権カットに応じてよいかの判断は容易ではないようです。また、任意に債権カットに応じた場合において、カット部分を寄付金と認定されて課税されるリスクも気にします。この点、第二会社方式によれば、債権カット自体は旧会社の特別清算や破産などの法的整理の中で行われ、こうしたリスクを考慮する必要がないため、金融機関の賛同を得やすく調整が容易であるといえます。

③　第二会社方式を進める手順

ア　承継する資産・負債の選別

　会社財産について、承継する事業に必要な資産・負債と不要な資産・負債との仕分けを行います。承継事業に関連する商取引債権・債務は全額を承継対象とするのが通常です。金融負債については、事業に不可欠な工場や事業所に設定された担保権で保全されている借入金部分については承継対象とします。後述の事業価値の算定とも関係しますが、担保で保全されていない部分についても、金融機関にトータルで一定の弁済率を保証して賛同を得やすくするため、将来的に承継事業のキャッシュ・フローで弁済が可能な範囲について承継対象とすることも行われています。

イ　事業価値の把握と対価の設定

　複数のスポンサーがいてその提示価格などを参考にできれば理想的といえますが、そのような場合は稀でしょう。ここは第三者の専門家に依頼して承継対象事業の価値を客観的に算定してもらい、その裏付けをもって現金又は交付する株式として適正な対価を定める必要があります

（この点について、第3章の事業価値算定の項目を参考にしてください。）。承継対象とされた債権を保有する債権者からすれば、将来どの程度の範囲まで、どれくらいの期間をかけて分割弁済がなされるかの指標となり、非承継負債として従前の会社に残される金融機関にとっては、その対価が清算会社の弁済原資の中心になるので重要な意味を持ちます。

ウ　金融支援の内容（既存の債権のカット）

不採算部門と事業承継の対価のみ残された従来の会社については解散し、残存資産はすべて換価した上で、特別清算手続により、承継対象外とされた債権に按分（プロラタ）で弁済されるのが一般的です。この段階で、債権カットを受けることになります。

私的整理において第二会社方式で行う場合には、予め金融機関に対して、特別清算を行うことについて説明した上で同意を取り付けておくことが望ましく、この場合、収益部門を移管させずに単純に会社を破産させた場合の弁済率を上回る弁済率となること（清算価値保障）が求められます。

④　第二会社方式を進める場合の注意点

ア　会社法上の組織再編の手続（株主総会の特別決議）

私的整理を前提とする場合、第二会社に事業を承継させる上で、会社分割でも事業譲渡でも、取締役会決議で分割計画書（事業譲渡契約書）の内容を承認した上で、株主総会の特別決議での承認（議決権の過半数を有する株主、又は定款の定める数の議決権数を有する株主が出席し、その議決権の3分の2以上の多数による賛成）を経る必要があります。株主が経営者に好意的な親族ばかりであれば心配ありませんが、そうではなく株式保有が分散している場合は、可決要件を確保できるかの確認が必要です。また、会社分割や事業譲渡の効力発生日から半年間は、株主は組織再編無効の訴えによって争う方法も認められていますから、株

主との間でこうした紛争にならないように進めます。
イ　許認可の承継、契約関係の承継
　別法人に事業を承継すると許認可については一から取り直しになるのが通常です。これに対して、会社分割は包括承継であり許認可の承継については手続も容易であるとされています。事業が許認可事業の場合にはこの点を意識した検討が不可欠です。
　賃貸借契約などの契約関係についても、会社分割で行えば第二会社への承継に関し相手方の個別承諾は法的には不要とされていますが、実際には円滑な事業承継を行うために、事前・事後に承継の手続を行うか、最低限通知は行っておくほうが紛争にならないと思われます。
　雇用関係の承継については、従業員、労働組合があれば労働組合に十分説明を行って理解を得ながら進める必要があります。特に会社分割を行う場合には、会社法や労働契約の承継に関する法律によって事前の説明や協議、従業員に提示する書類などが定められています。
　また、債権者保護の手続も忘れずに行う必要があります。
ウ　租税債務の負担
　租税等の優先債権を従前の会社に残して回収不能にした場合や、無償又は著しい低額で第二会社に事業の譲渡が行われたときは、国税徴収法の定めにより、第二会社側にも納税義務が課されることがあります。したがって、租税債務を承継対象外にする場合は、従前の会社で納付できるだけの資産を残すか、第二会社側でも納税義務を負担することを想定しておくかの検討が必要です。
エ　承継対価の適正性
　事業譲渡代金や会社分割対価の適正性を軽視して事業の移管を強引に進めると、非承継とされた債権の債権者から詐害的な組織再編にあたるとして第二会社に弁済を求めることが平成27年5月施行の会社法の改正により可能になりましたので、注意が必要です。

また、従前の会社について破産させる場合には、後日、破産管財人から適正な対価に見合う部分までの対価相当額の支払いを求められる（否認権の行使）おそれがあります。

2　保証人の責任についての対応
(1)「経営者保証ガイドライン」
　債権カットを伴う金融支援を受ける場合、従前は、債権カットに対応して、会社から回収不能になる部分について、保証人である社長や役員による債務の弁済の履行、担保の実行、私財提供などが求められるのが通常でした。個人資産から債務を完済することができない場合、金融機関からは、自己破産の申立て等法的整理をすることを暗に求められ、そのことが、資金繰りが悪化していても抜本的な再建策を講じることに対して経営者が二の足を踏む大きな要因になっていました。

　経営者に連帯保証などの過大な負担を負わせないようにして、窮境にあっても再建できる可能性のある会社が早期に事業再生・債務整理に着手できるようにするため、平成25年12月、「経営者保証に関するガイドライン」（経営者保証ガイドライン）が策定されました。

　この経営者保証ガイドラインは、金融機関の「経営者保証に依存しない融資の一層の促進」、「経営者保証に係る契約を締結する際の債権者の対応」、「既存の保証契約の適切な見直し」を内容としており、法的整理や準則型の私的整理の申請を行った主たる債務者である事業者について、その債務の保証人となっている経営者の既存の保証契約の解除、事業承継を行う際の保証契約の切替えについても適切な見直しを図ることを求めています。

(2) 保証債務の負担軽減のための検討事項
　経営者保証ガイドラインに基づく保証債務を整理する場合の具体的な手続としては、以下の点が求められています。

① 財産の状況の情報開示

経営の透明性を確保し債権者の信頼性を高めるため、主たる債務者である会社及びその保証人である経営者の資産負債の状況に関する情報を適切な方法で債権者に対して開示することが必要です。

② 保証債務の弁済計画案の策定

保証債務を分割弁済する場合には、原則として5年以内とする必要があります。保証債務の減免、期限の猶予その他の権利変更を要請するときはその内容も記載します。弁済の原資となる資産の換価処分の方針も定めます。

弁済計画案においては、主たる債務及び保証債務の破産手続による配当よりも多くの回収を得られる見込みがあり、債権者にとっても経済的合理性が期待できる内容とすることが求められます。ここでは、単に保証人について破産手続の配当率との比較をするのではなく、主たる債務者及び保証人の全体の回収について破産手続との比較をすることとされており、早期の事業再生を促す内容となっています。

③ 私財提供と残存資産の範囲

弁済計画案において債務の弁済原資とされるのは、保証人の所有不動産や車両、有価証券、現金預金などの財産ですが、保証人の生活状況などを考慮し、関係者が協議の上、一定の範囲の私財を残存資産として手元に残すことが許容されています。経営者保証ガイドラインに基づく場合でも、残存資産の範囲の基準は、原則として破産事件における自由財産（99万円以下の金銭、差押えが禁止された動産・債権等）となりますが、これに加え、「一定期間の生計費に相当する額」の現金や、医療保険の付加された生命保険、「華美でない自宅等」などを残存資産として手元に残すことができる場合があります。

ここにいう「一定期間の生計費に相当する額」とは、雇用保険の給付期間の考え方を参考にしており、「生計費」とは1か月当たりの「標準

的な世帯の必要生活費」として民事執行法施行令で定められている額（33万円）であるとされています。

例えば、60歳以上65歳未満の人であれば、破産事件における自由財産として許容されるものとは別に、最大で330日間（約11か月分）、363万円までが残存資産として認められる可能性があります。経営者保証ガイドラインではこの考え方を目安としつつ、保証人の経営資質、信頼性、窮境に陥った原因の帰責性等を勘案し、個別案件ごとに増減を検討するものとされています。

もっとも、準則型私的整理手続において保証債務の整理を行う場合、残存資産は、会社及び保証人が破産した場合の配当金額との比較において、私的整理における会社及び保証人の弁済計画に基づく金融機関の回収金額が増加する分の範囲内でのみ認められるということには注意が必要です。

また、「華美でない自宅」についても、表現が曖昧であり判断基準は難しいのですが、当該自宅が店舗を兼ねており事業との分離が難しく、当該自宅兼店舗が必要であるといった場合には、残存資産と認められやすいといえますが、必ずしも自宅が店舗や工場を兼ねていない場合であっても、当該自宅の「公正な価額」に相当する額については担保権者など優先権を有する債権者に優先弁済を行うことにする代わりに当該資産の換価処分を行わずに残存資産として認められる場合もあります（第5章第4節「保証債務の整理方法」において具体的なケースを用いて説明しています。）。

④　事業承継時の対応

主たる債務者及び後継者は、債権者からの要請に応じて情報開示を行い、経営者の交代により経営方針や事業計画等に変更が生じる場合にはその点について説明を行います。

なお、後継者が個人保証を提供することなしに、債権者に新たに資金

調達を依頼することも可能とされていますが、この場合、会社の業務、経理、資産所有などについて法人個人の一体性の解消に努め、財務状況・経営成績の改善を通じた返済能力の向上により信用力を強化し、債権者に対して適時適正な情報開示を行って透明性を確保することが求められます。

⑤ 支援専門家の関与

保証人の資産状況の開示に関する表明保証に対する適正性の確認、破産手続における免責不許可事由の有無の調査、弁済計画の策定などには、弁護士、公認会計士、税理士などの外部専門家の関与が求められています。経営者保証ガイドラインの適用についてもさまざまな要件が定められていますので、まずはこうした専門家に相談し、適用を受けられるかどうかの確認をするとよいでしょう。

第5節 法的整理を用いた事業の再生

裁判所の手続を利用すべき場合

C社長 資金繰りが非常に厳しくなってきました。今月末に手形の不渡りを出してしまうかもしれません。

X弁護士 銀行だけでも一時的に猶予をもらい、支払期限の延長など再建計画の提案を検討してもらえる状況ですか。

C社長 メインのA銀行は、ある程度理解があるのですが、一時資金を借りたB銀行は強硬で、「うちはメインとは違う」と言って話し合いに応じてくれる雰囲気ではありません。こんな状況でも息子に会社を譲れるのでしょうか。

X弁護士 まだまだ諦めるのは早いですよ。B銀行が話し合いに応じてくれる可能性もないとはいえません。ただ、状況によっては、手形の不渡りを出してしまう可能性があるので、民事再生手続など法的整理も検討してみましょう。

C社長 法的整理というと、倒産ということで、会社をやめなくてはならないのですか。続けられるとしても信用がなくなって取引先や仕入先が相手にしてくれなくなるのではないですか。

X弁護士 大丈夫です。法的整理＝倒産というイメージは昔のものですよ。なかでも民事再生などの再建型の手続は会社の状況が悪くなりすぎないうちに行うべきで、法律も早期の申立ができるように作られています。また、むしろ裁判所の監督下で公正に手続が行われます

ので、取引先にきちんと説明すれば安心して取引を継続してくれることが多いようです。

C社長 それは安心しました。でも、私がまだしばらくは会社に残っていないとお得意様との取引も続けることができなくなるかもしれませんが、会社に残ることができるのでしょうか。

X弁護士 民事再生手続は、原則として、現経営陣がそのまま会社を経営しながら再建できる手続です。それでは、御社に民事再生手続が適しているかどうか検討してみましょう。

解 説

1 事業承継のために法的整理を用いるのに適しているのはどのような場合か

(1) 一部の債権者が私的整理に反対している場合

前節まで、後継者に事業承継するにあたり、資金繰りに窮していたり、過剰な債務がある場合、後継者に重荷を背負わせないため、そのような事態に陥った原因の分析を行い、資金繰りを改善したり、私的整理によって金融機関を中心とした大口債権者と支払期限の延期や債務の減額を図る方法について検討しました。

しかし、私的整理は、関係当事者の合意による手続ですので、対象となる全ての金融債権者や対象とする大口取引先と全員合意（和解）を成立させることが必要です。一部の債権者が強硬に反対したり、他の債権者に先んじて回収行為に及んだりした場合には、私的整理に好意的に対応していた債権者もこれを放置することができなくなり、集団的な合意（和解）を成立させることは困難となります。

法的整理は、事業と負債のリストラを行い、事業の再生を図る点においては、私的整理と異なりません。私的整理と異なるのは、債権者の多

数決によって再建計画を成立させることができる点にあります。したがって、一部の金融機関が予め私的整理に強硬に反対することが予想され、私的整理の成立の見込みの立たない場合には、私的整理を経ずに、法的整理を申し立て、事業の立て直しを図ることとなります。

また、私的整理では、総債権者の合意成立のために、債権弁済時期の繰延べ（リスケジュール）が選択されることが多く、また、債権放棄（債権カット）を行う場合も、放棄の程度が不十分であるため、将来、二次破綻するケースも見受けられます。この様な中途半端な計画では、問題を先送りさせるだけであり、後継者に過大な負担を強いることになりかねません。そのような場合には、将来に不安を残さずに、抜本的な解決を図ることが必要であり、法的整理を検討すべき場合といえます。

（2）資金繰り破綻が目前に迫っている場合や既に差押えなどが行われている場合

資金繰りの逼迫の度合いが高く、私的整理を進める期間の資金繰りにも窮する場合や、債権者により差押え等が実行されることが想定される場合には、弁済禁止の保全処分などを利用して、当面の資金繰りを維持したり、差押えや担保の実行の中止により事業継続に必要な設備等を確保しながら、法的整理を進めていくこととなります。

法的整理においては、事業継続に必要な法的手段のメニューが用意されていますので、強力に事業再生を進めることができる場合もあります。

（3）金融債権者以外の債権が多い場合

私的整理の場合は、商取引債権を支払いながら、過剰な債務となっている金融機関を中心とした大口債権者を対象として、交渉を進めることが通常です。仮に、金融債権者以外の商取引債権の債権総額が大きく、金融債務のカットだけでは、債務超過が解消しない等事業再生に支障が生じる場合には、法的整理を検討する必要があります。

（4）粉飾決算等がある場合

債務者が、悪質な粉飾決算を行っている等の不正な会計処理が行われていたような場合には、金融機関の信頼を得て私的整理を進めることが困難と言わざるを得ません。そのような場合には、裁判所の監督のもとで公正な手続によって行われる法的整理にて事業の再生を図ることが必要となります。

（5）事業再生に支障となる事態の是正を必要とする場合

法的整理では、事業再生に支障となる事態及び不公正な事態を是正するため、次のような制度が設けられています。

① 収益性を阻害する不利な契約関係について相手方が任意の条件変更に応じない場合、当該契約を解除できる場合があります（双方未履行双務契約の解除権）。

② 会社財産を不適切に安く売却したり、一部の債権者だけに債務弁済を行うなど、債権者を害する行為あるいは債権者平等に反する行為がある場合、これを原状に復するための制度があります（否認権行使）。

③ 担保権について担保権者との協議が整わないとき、事業の再生のために不可欠であれば、担保権の実行を中止したり、適正な価格を支払うことによって消滅させたりすることができます（担保権実行中止命令・担保権消滅請求）。

このような事態が生じた場合、私的整理では、対応できませんので、法的整理を検討することとなります。

2　法的整理とはどのようなものか

再建型の法的整理とは、経営状態が思わしくない企業が、裁判所の手続を利用し、その管理・監督下で、事業リストラと過剰な債務を削減することで事業を再生する手続をいいます。事業承継との関係では、法的

整理により、事業リストラを行い、過剰債務を解消することで、後継者が無理なく事業承継を行うことができることとなります。

（1）法的整理にはどのような種類があるか

　法的整理には、再建型と清算型とがあります。再建型としては、会社更生手続（会社更生法）と民事再生手続（民事再生法）があり、清算型としては、破産手続（破産法）と特別清算（会社法）があります。そして、会社更生手続と破産手続は、経営陣を退陣させて、裁判所の選任する管財人が、企業を管理運営する「管理型」、民事再生手続と特別清算は、裁判所の監督の下、経営陣がそのまま企業を管理運営する「DIP型」と分類されています。

　しかし、近時は、会社更生手続においてもDIP型会社更生の運用がなされ、民事再生でも管財人が選任されることもあります。また、既に前節で説明した、いわゆる第二会社方式によれば、清算型といわれている破産手続や特別清算を使用することで適切に事業を再生することもできますので、必ずしもこうした分類にとらわれることなく、事案にあった適切な手続を選択することが必要となります。本節では、中小規模の事業再生に一般的に利用されている民事再生手続による法的整理について、説明することとします。

（2）民事再生手続とはどのような手続か

① 沿革

　民事再生法は、バブル経済崩壊後激増していた中小企業の倒産に対応するため、和議にかわる再建型倒産手続の基本法として、平成12年4月に施行された法律です。

② 特徴

ア　DIP型〜再生債務者の第三者的地位

　手続としての特徴は、原則として、法的整理申立後も、裁判所の監督の下、再生債務者自らが会社を経営しつつ、法的整理を行う点にあり、

DIP型といわれます。DIPとは、Debtor in possession（占有を継続する債務者）の略です。

実際の手続は、申立代理人と呼ばれる弁護士とその補助者として公認会計士などがチームとなって再生債務者とともに手続を進めることになります。

イ　事業再生のため利害関係人を強制的に従わせることができる制度

民事再生手続では、前述したとおり、旧債権の弁済禁止、双方未履行双務契約の解除権や否認権等、事業を再生するために必要だが、平時では相手方の同意がなければ認められないものが、特別に認められます。これらの制度やこれらに基づく裁判所の決定には反対している債権者も従わなくてはなりません。私的整理の場合には、あくまで債権者の同意がなければ、これらの問題を解決できませんが、民事再生では、同意が得られなくとも、これらの制度により、事業を再生することが可能です。

ウ　担保権や税金は手続に拘束されない

民事再生手続では、会社更生手続とは異なり抵当権や譲渡担保等の担保権は別除権といって、原則として民事再生手続外での権利行使が許されていますので、再生債務者は、別除権者と話し合い、別除権のついた債権の支払方法等について合意すること（別除権協定）が必要となります。

また、税金等租税債権は、民事再生手続では、一般優先債権として、再生手続によらずに随時弁済しなければならず、税務署などは再生手続による制約を受けずに滞納処分を行うことが可能です。そして、別除権や共益債権と異なり、事業再生のため例外的にその実行を中止する等の規定もないため、民事再生手続において租税債権については特に注意が必要です。

エ　再生計画の成立は債権者の多数決による

債権者全員の合意が必要な私的整理と異なり、法的整理では、再生債

務者が提出する再生計画案（主として負債の減免と弁済方法に関する計画）の成否は、債権者の多数決によります。民事再生手続では、再生計画案が、議決権を行使した再生債権者の過半数の同意（頭数要件）と議決権者の議決権総額の2分の1以上を有する再生債権者の同意（議決権額要件）があれば可決と認められ、裁判所の認可を経て、計画に従った弁済をしながら、事業を再生することができます。

オ　短期間、迅速な手続

私的整理の場合は、合意成立までの期間について期限がなく、債権者全員の合意に至るまで長期間を要することがあります。

民事再生手続は、標準的なスケジュールでは、申立てから再生計画案の認可が確定するまで6か月とされています。会社の状況によっては更なる短縮も可能です。また、承継させたい事業だけを再生計画策定前に、裁判所の許可を得て承継先に事業譲渡して事業の継続を実現して民事再生手続から離脱させ、譲渡後の再生債務者を手続のスケジュールに従って処理することも可能です。

民事再生手続標準スケジュール（平22.7.27改訂）

東京地方裁判所民事第20部

手　続	申立日からの日数
申立て・予納金納付	0日
進行協議期日	（0〜1日）
保全処分発令・監督委員選任	（0〜1日）
（債務者主催の債権者説明会）	（0〜6日）
第1回打合せ期日	1週間
開始決定	1週間
債権届出期限	1月＋1週間
財産評定書・報告書提出期限	2月
計画案（草案）提出期限	2月

第2回打合せ期日	2月
認否書提出期限	2月＋1週間
一般調査期間	10週間～11週間
計画案提出期限	3月
第3回打合せ期日	3月
監督委員意見書提出期限	3月＋1週間
債権者集会招集決定	3月＋1週間
書面投票期間	集会の8日前まで
債権者集会・認可決定	5月

（出典）金融財政事情研究会『破産・民事再生の実務〔第3版〕民事再生・個人再生編』
　　　　（東京地裁破産再生実務研究会 編著）

3　民事再生手続を申し立てるために検討すべき事項

　民事再生法に準備されている各種の制度を利用し、予め懸念される状況を回避しつつ、民事再生手続を着実に進めることで、事業承継を実現するために不可欠な事業再生への道を一歩一歩進めることになります。それでは、民事再生手続を申し立てるために検討・準備すべき事項を説明します。

（1）経営不振の原因と今後の事業継続に必要なものを把握し、事業計画を立てよう

　民事再生手続による債務免除などを受けるとしても、免除後の債務について計画どおりに弁済することができなければ、事業を承継しても早晩二次破綻してしまうことになり意味がありません。

　過大な債務を負担したり、資金繰りが苦しくなった原因がどこにあるのかを分析することが重要です。

　会社の事業の採算性を分析するにあたり、単一事業の場合は取引内容や収益状況などを分析し、複数の事業部門がある場合は、会社の採算事業と不採算事業を見極め、継続すべき事業・取引とそうでないものを仕

分けます。

　そして、民事再生の場合は、このように分析した事業や取引について、各種法律上の制度を用いることで収益性改善に向けて事業をリストラすることが可能です。

　まず、継続すべきでない事業・取引に関する契約、例えば、損益上逆ざやになっている取引等について、契約上は解除ができなくても、民事再生であれば、双方未履行契約の解除権を行使して、契約関係から離脱することができます。

　他方で、採算性のある事業や取引を今後も継続するために欠かせない設備、取引関係等が何かを見極め、これを確保するための方法を検討します。継続すべき取引なのに取引先から取引継続を拒絶されることもありますが、電気、ガス、水道に代表される継続的供給契約については、法律上、申立前の供給分の不払を理由として供給の拒絶はできません。なお、民事再生の申立てが契約書上解除理由となると主張して、取引の解除を申し入れてくる場合もありますが、この様な契約上の規定は、判例上無効とされています。

　このように、民事再生に用意されている諸制度を利用して、事業を収益体質にリストラし、今後の収益が安定することを丁寧に説明すれば、取引先は、取引を継続し、将来提出する再生計画案にも賛成してくれることが多いので、取引先の信頼を得るため、適時適切にこれらの対応を行うことが必要です。

(2) 資産の状況を把握しよう

　民事再生手続では再生計画案を策定するにあたり、破産する場合を想定し、それ以上の弁済が可能な弁済計画でなくてはなりません。これを清算価値保障原則といいます。そこで、資産について、清算した場合の処分価格を検証し、債権者にどれくらい弁済できるかの試算をすることになります。そのため、会社の資産について手続開始決定時に仮決算を

行う等して、資産の実在性や評価を見直し、担保の有無などを確認していくことが必要です。

また、資産を把握する際には、今後の事業継続に必要不可欠な資産について、それが確保できるかどうかも検討します。

事業上不可欠な資産に担保権が設定されているような場合は、申立後、担保権者と協議した場合の動向について予め検討しておきましょう。そして、担保権者との協議での解決が困難と予測される場合には、民事再生法は、担保権実行中止命令や担保権消滅請求という制度を協議促進のため準備していますので、これらの制度の活用を検討することになります。

(3) 負債の状況を把握しよう

民事再生手続を申し立て、再生計画案にしたがって、会社を再建するためには、議決権を行使した再生債権者の過半数の同意（頭数要件）と議決権者の議決権総額の2分の1以上を有する再生債権者の同意（議決権額要件）が必要です。そのため、予め債権者の種類ごとに、金額や頭数を把握しておく必要があります。

(4) 再生計画案を作成することができるか検討しよう

民事再生手続では、手続外で随時弁済する必要のある共益債権や優先債権や担保権協定に基づく弁済金を弁済したうえで、再生債権について、清算価値を保障する弁済が可能な再生計画を立てられなければなりません。例えば、未払の税金や賃金が非常に多額で、そもそも再生債権を弁済することができないことが明らかな状況か確認する必要があります。

このように再生計画案立案の可能性が全くなければ、事業再生のための手法として民事再生を選択することは相当でないことになりますので、破産等別の手続の利用を検討する必要がでてきます。ただし、破産といっても必ずしも廃業のための制度ではなく、事業を再生し事業承継

することも可能ですので、専門家に相談しましょう。

（5）民事再生を申し立てた場合の資金繰り

　民事再生手続を選択しうるか否かについて、手続を申し立てた後の資金繰りが破綻しないかどうかは重要です。民事再生手続においては、申立後再生計画案の認可決定の確定まで、通常6か月間を要しますので、この手続期間中に資金繰り上の問題が生じ、事業継続が困難となった場合には、破産手続に移行せざるを得なくなります。

　資金繰りについては、過去1年分（特定月にのみ生じる状況を検討するため前年同月の状況を確認できるとよい）の資金繰り実績表と、売掛金など入金管理データや取引債務や固定費、金融債務の返済等出金管理データをもとに検討することになります。

　出金については、民事再生申立後は、開始決定ないし開始前の保全命令により申立前の債務は弁済禁止となりますので、この点に関しては申立前の資金繰りよりも楽になります。

　他方で、売掛金など資金繰り上で見込んでいた債権についても、売掛先などから申立前に発生している債務と相殺され回収できなくなる等の点で、資金繰りを圧迫する要素もあります。

　これらの要素を加味して、資金繰りは日次で作成し（月次で作成しているとその期中に資金繰りが破綻する可能性を認識することができません。）、随時発生した事実や予測している状況変化に応じて修正していくことになります。

　資金繰りが自前では維持できないような場合には、金融機関や専門業者からDIPファイナンスと呼ばれるつなぎ資金の調達やスポンサーによる資金繰り支援の途もありますし、後述するように、早期の段階で裁判所に許可を得て事業譲渡等を実施する方法もありますので、これらを検討することになります。

4 事業承継を可能にするための再生計画案とはどのようなものか

　事業承継のために、民事再生手続を申し立てるのは、承継させる事業や負債について、後継者がその後も安定して事業を営めるように、事業や過剰債務を適切なものに再構成するためです。そこで、まず、再生計画案が満たすべき条件等を確認したうえで、事業承継に向けた再生計画案を検討してみましょう。

(1) 再生計画案が満たすべき条件と策定の前提条件とは
① 再生債権の減免と清算価値の保障

　再生計画案の中心となるのは、過剰債務の解消すなわち債務の減免です。前述したとおり、再生計画案は、最低限の条件として、共益債権などへの優先的弁済が可能なことを前提に、再生債権に対して、破産した場合以上の弁済を行うこと（清算価値の保障）が必要です。

　また、原則として債権者間で平等であり、分割弁済の場合は、弁済猶予期間は10年以内であることが必要です。これら最低限の条件を満たしたうえで、債権者の賛同を得るための再生計画案を模索していくこととなります。

② 担保権の処理

　資金繰りが苦しくなっているような場合でなくとも、中小企業の場合には、事業継続に必要不可欠な工場等の資産に抵当権などの担保権が金融機関などから設定されていることが多いでしょう。担保権は民事再生では拘束されませんので、再生債務者は、担保権者と交渉し、競売等担保権が実行されることなく、当該資産を事業に使用することを認めてもらい、最終的には担保権を抹消することについて担保権者の合意を得ること（担保権協定や別除権協定といいます。）が必要です。

　事業に不可欠な資産に担保権が設定されている場合は、担保権協定の見通しなくしては事業計画が立たず、再生計画案も立案することはでき

ませんので、担保権協定の締結は再生計画案策定の前提として重要な要素です。

　担保権協定を行う際は、担保権が設定されている対象資産、例えば工場の価値を改めて評価し、仮に会社が破産した場合、担保権者が支払を受ける金額などと比較しつつ、その評価に見合う部分についての弁済額とそれ以外の部分（不足額といいます。）について再生債権としての弁済額を説明し、担保権者の賛同を得ることになります。

　しかし、事業継続に不可欠な財産の担保権者が、不当に高額な協定額の支払いを求め、頑強に協議に応じない場合もあります。このような場合、私的整理だと膠着状態に陥りますが、民事再生には、担保権消滅請求という制度があります。これは、適正な評価額（価格について争いになれば、裁判所が決定します。）を支払うことで担保権を消滅させる制度です。評価額を一度に支払うことができれば、これは担保権協定を促進又は処理するうえで強力な制度となります。

　他方で、事業継続に不可欠ではない資産に担保権が設定されている場合には、担保権を実行されても問題が少ないので、適宜の協議を行えばよいでしょう。

（2）事業を承継するための再生計画案にはどのような種類があるか
① 将来収益による分割弁済か資金調達による一括弁済か

　共益債権、一般優先債権を随時支払うことができることを前提とする再生債権弁済額と、担保権協定額を弁済していくためにはその原資が必要です。弁済原資を何にするかにより、「収益による分割弁済型」と「外部資金調達による一括弁済型」に分かれます。

　親族など身内である後継者に事業承継する場合には、弁済に必要な金額が比較的少額で、後継者に外部資金を借入れ可能な与信力があれば、金融機関などから資金調達したうえで、一括弁済を行うことも可能です。それが難しければ、将来の収益の中から事業継続に必要な金額を除

いた弁済原資により、10年間で再生債権を分割弁済することが可能かどうかを検討することになります。

担保権協定が一括弁済でなければ合意できない場合などには、この部分のみ一括弁済とし、再生債権などは将来収益からの分割弁済とする計画案とすることも考えられます。その場合、担保権協定額の範囲で後継者が資金を調達することが可能であれば、外部のスポンサーに頼る必要はありません。

これらの資金調達には、通常の金融機関の他、事業再生支援ファンドがMBO（取締役が事業を買収して事業を承継すること）を支援している場合もありますので、相談している専門家を通じてこのような資金調達先を探索するとよいと思います。

② 会社の再生か事業の再生か

再生するのが会社なのか、事業なのかにより、再生計画案を分類することができます。

これは、現在、再生債務者である会社の法人格を今後も使用して事業継続する類型と、再生債務者の事業の全部又は一部を事業譲渡や会社分割により別の会社に承継させて事業継続し、再生債務者は清算的な再生計画案により消滅させる類型かという分類です。

ア　会社の再生（同じ法人格のもとで事業を再生）

まず、前者の会社の法人格をそのまま使用して事業継続し再生する類型ですが、将来収益による分割弁済の場合は、法人格をそのまま利用するのが通常です。事業を別法人に承継させるためには、事業譲渡などの会社法の手続や不動産や車両の登記・登録名義の変更手続の他、事業の許認可の承継も必要となり、手間や費用がかかりますので、一括弁済による計画案でも特に必要性がなければ、この類型が選択されます。この場合は、後継者に株式を承継させることで簡便に後継者への事業の承継も行えます。

イ　事業の再生（承継させた別法人のもとで事業を再生）

　次に、後者の別の法人格に事業を承継させて継続する類型ですが、これは、一括弁済型の再生計画案で後継者が外部から資金を調達する際、資金調達先やスポンサーが、会社の収益性の良い事業だけ、支援に応じる場合や偶発的な債務を承継させることを回避する必要がある場合に行われます。再生債務者である会社は、後継者が出資して設立する新会社に事業を承継させた対価（現金や株式など）を受け取り、これを弁済原資として債権者に一括弁済し、その後、会社を清算する再生計画案を立てることになります。

　このような場合は、再生債務者である会社は清算することになりますが、事業自体は、負債という重荷をおろした上で、新会社で再建を図ることになります。

　この事業の承継については、事業譲渡や会社分割といった会社法上の手続が使用されます。会社分割は、取引的行為である事業譲渡と異なり、合併と同じ組織法上の行為なので、再生債務者と第三者の契約関係を相手方の承諾なくして新会社に承継させることができるのが原則であることや、一定の税務メリットがありますので、それらの必要性がある場合に利用されています。

　民事再生の場合、この事業譲渡や会社分割は、再生計画案認可時のみならず、資金繰りや事業価値の低下等のおそれがある場合には、それ以前の早期の段階で、裁判所の許可を得て行うことができます（東京地裁破産再生部では、再生計画案に記載されている場合には別途許可を不要とする運用がなされています。）。ただし、会社更生法と異なり、事業譲渡等は、あくまで会社法上の制度として行われますので、株主総会の特別決議による承認が必要ですが、民事再生では、株主の間に意見対立がある場合に備え、再生債務者が債務超過の場合は、裁判所が、株主総会の決議に代わる許可（代替許可）により事業譲渡などを可能としていま

す。このように債権者だけでなく、株主間で事業譲渡などによる再生に反対する者が存在する場合であっても民事再生であれば解決することができます。

5 民事再生手続における税務面の問題点
(1) 債務免除益等に対する税負担
　民事再生手続を通じて、大幅に債権カットされ、弁済負担を回避することができたとしても、税務上考慮しなければならない重要な問題が存在します。債権（借入金等）がカットされるということ（つまり債務が免除されること）は、会社にとっての利益（債務免除益といいます。）となり、税務上の益金となります。民事再生手続では通常、多額の借入金等がカットされることとなりますが、この債務免除益により法人税等を支払う必要があると、再生計画の大きな負担となります。

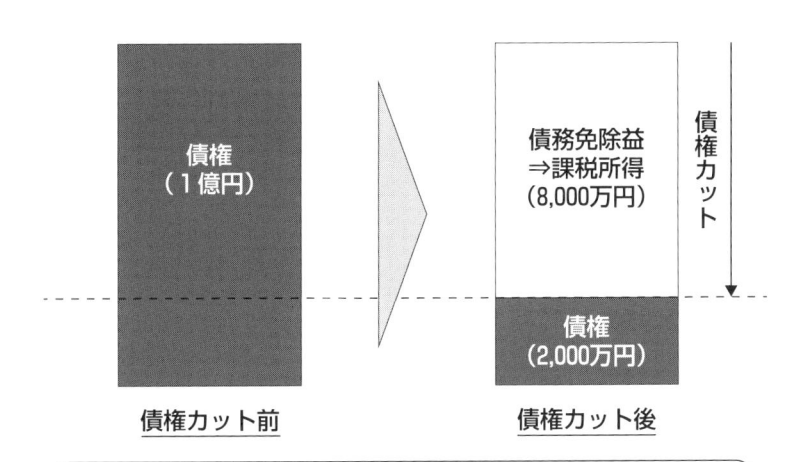

債権カット前	債権カット後
債権（1億円）	債務免除益⇒課税所得（8,000万円）／債権（2,000万円）

仮に1億円の債権が80％カットされた場合
※単純化のため、他に損益がなく、実効税率30％として仮定した場合

　課税所得： 　1億円　×　80％＝8,000万円
　税負担額：8,000万円　×　30％＝2,400万円

また、債務免除益以外に、経営者から私財の提供を受けた場合にも、私財提供益として益金に計上されることになります。
　これではせっかく債権者の協力を得て債権をカットしてもらったり、経営者が身銭を切って会社のために私財を投入したりしても、税負担によりその効果が圧縮されたり、納税資金が会社の資金繰りを圧迫することになります。債権者からすれば、税金を払うくらいなら、免除を減らして、もっと弁済に充てるべきだということになり、何とか弁済できる弁済額として算定していたとしても、債権者の納得感が得られません。
　しかし、税法の規定に従ってタックス・プランニングをすればこうした問題を解決できる場合があります。単純化して言えば、債務免除益・私財提供益等（以下、債務免除益等といいます。）に見合う税務上の損失を計上することができれば課税所得の発生を回避できることになります。具体的には、①資産の評価損、②青色欠損金、③期限切れ欠損金の３つの税務上の損失を有効に活用できないかということになります。

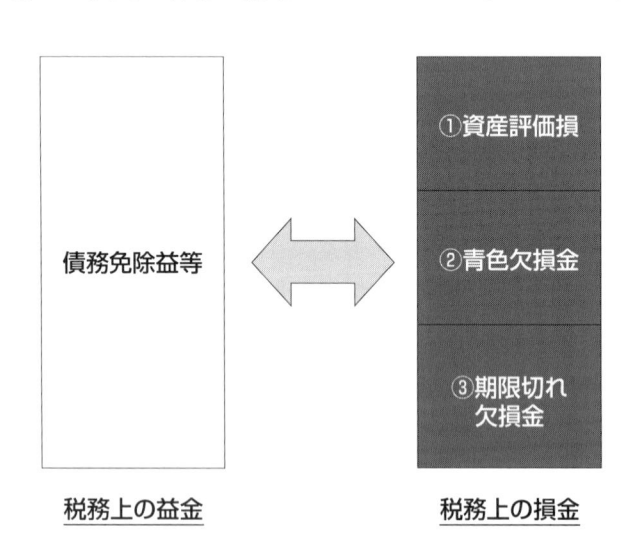

債務免除益等	⇔	①資産評価損
		②青色欠損金
		③期限切れ欠損金
税務上の益金		税務上の損金

（2）資産の評価損について

　多くの場合、会計上、資産の評価損を計上したとしても、法人税法上、損金とは認められません。しかし、民事再生法の適用等、一定の条件を満たした場合には、評価損は税務上の損金として認められます。したがって、これまで取得原価で評価していた資産を時価で再評価することで保有資産に含み損が生じた場合には、取得原価と時価との差額が税務上の損金と認められ、債務免除益等に見合う損金を計上できるのです。

　なお、時価は、当該資産が使用収益されるものとしてその時において譲渡される場合に通常付される価額となりますが、その時価をどのように立証できるかが重要となります。また、適用する条文によって、資産の評価損の計上時期が異なるとともに、評価益の計上が必要となったり、会計と税務の処理方法の違い等が生じるため、様々な必要性に応じた対応を幅広く検討するにあたっては、民事再生手続に詳しい公認会計士や税理士等の専門家に相談しながら進めていくことが望ましいでしょう。

（3）繰越欠損金について

　法人税法では、過去に生じた赤字（欠損金）を累積して繰越しすることができ、黒字となった事業年度の損金に算入できる制度があります。

　したがって、債務免除益等により多額の益金が生じたとしても、過去の欠損金の累積が多ければ、その分損金算入できる額も多くなり、税負担を軽減させることができます。

　ただし、この欠損金は、通常、9年前まで（平成27年度税制改正により、平成29年4月1日以後に開始する事業年度において生じた欠損金については10年）しか遡れません（これを「青色欠損金」と呼びます。）。したがって、例えば11年前の事業年度において、多額の赤字を出していたとしても、その欠損金を当該事業年度で損金算入することができないのです（こうした欠損金を「期限切れ欠損金」と呼びます。）。

しかし、民事再生手続により債務免除益等が生じている場合には、期限切れ欠損金についても損金算入することが認められます。ただし、期限切れ欠損金を損金算入する場合には、資産の評価損の計上時期や評価益の認識の有無等により、税負担が異なってくる可能性があるので、税務上最適な方法について事前に専門家に相談することをお勧めします。

（4）債務免除益等に見合う損金を計上できなかった場合

　このように、民事再生手続を利用していれば、税務上の特例を受けることができ、債務免除益等による課税を回避できる可能性が高まります。

　では、資産評価損や繰越欠損金の額が足らず、債務免除益等に見合う損金を計上できなかった場合には、どうすればいいのでしょうか。その場合には、課税自体を回避することは難しいですが、課税のタイミングをずらすことは可能です。債務免除益は、再生債務者が債務免除を受けた年度に発生しますが、多くの民事再生手続では再生計画案の認可決定の確定時に債務免除が確定し、債務免除益が計上される再生計画案となっています。再生計画案により債務免除のタイミングを定める場合に、例えば一定の条件を満たした時に債務免除を受けるようにすれば、債務免除益に対する課税所得の発生のタイミングをある程度コントロールすることができます。しかし、金融機関等の債権者にとっては、損失の繰延べになるので十分な調整が必要になります。

　それ以外にも、前述の第二会社方式を取るなど、状況に応じてさまざまな対応策が考えられます。賛同を得ることは容易ではありませんが、債務免除益等による税金の負担が過大となる場合には、あらゆる観点からその対応策を検討すべきです。こうした点からも、民事再生手続に詳しい公認会計士、税理士、弁護士ら専門家に相談しながら手続を進めていくことが望ましいでしょう。

6　経営者など保証人の責任

　再生債務者である会社が、民事再生手続で債権カットできたとしても、経営者など保証人の保証債務が免除されるわけではありません。したがって、保証人について、保証債務の弁済を行うことができない場合には、会社とは別に私的整理や個人再生等の個人の法的整理により対応する必要が生じます。前節**2**で説明した、経営者保証ガイドラインの利用等も含めて、会社の民事再生手続の中で経営者責任について具体的に説明できるように、できるだけ早期に方針を決めて対応すべきです。

第5章

廃業という選択肢

―― 第5章の登場人物 ――

D社長　　X弁護士　　Y会計士

第1節

事業の廃止に向けて

廃業にあたって知っておくべきことは？

D社長 当社は、後継者もいませんし、事業自体の将来性も厳しいので、事業承継することも難しい状況です。廃業する方向で考えています。

　できれば、会社に残ったお金で、老後を過ごしたいと思っていますので、ご相談にのっていただけないでしょうか。

X弁護士 もちろんです。まずは、会社の財産状況を確認させていただきたいと思います。本日、決算書をお持ちいただいたでしょうか。

D社長 はい。こちらになります。主な資産としては、製品を製造するための工場を所有しています。約30年前に建てましたので、建物の価値はないと思います。

貸借対照表（決算書）

（百万円）

【資産】		【負債】	
現預金	20	買掛金	20
売掛金	10	借入金（銀行）	100
棚卸資産	10	借入金（D社長）	5
機械装置	10	その他	5
建物（工場）	20		
土地（工場）	80		
保証金	5	【純資産】	30
その他	5		
合計	160	合計	160

X弁護士 工場には、担保は付いているのでしょうか。

D社長 銀行の借入れのために抵当権が付いています。

X弁護士 工場を売却した場合、銀行の借入金を完済することはできそうですか。

D社長 土地の評価はしておらず、実際に売却してみないとなんとも言えない状況です。

X弁護士 それでは、次に、社長ご自身の資産の状況についてお伺いします。

社長は、確かご自宅を所有されていましたよね。ご自宅には、会社の借入金のための担保は付いているのでしょうか。

D社長 先生のおっしゃるとおり、私名義で自宅を所有しています。自宅には、会社の借入金のための担保は付いていませんが、住宅ローンのために担保が付いている状況です。

X弁護士 概要は分かりました。今後の流れについて、簡単に説明します。

事業を停止した場合に、会社の債務を弁済できる場合と弁済できない場合とに分けて考える必要があります。

会社の債務を弁済できる場合には、会社法で規定されている通常の清算手続を採ることができ、資産を処分し債務を支払った後の資産は株主に分配することになります。

D社の株主は社長お一人ですので、余った資産は社長の手元に残ることになります。

問題は、会社の債務を弁済できない場合です。

この場合、社長は、銀行の借入金について連帯保証をしていますので、銀行から保証債務の履行を求められることになります。社長がご自身の財産等で弁済できれば通常の清算手続を採ることができますが、それができない場合には、会社は、破産手続を検討することにな

ります。

D社長 破産ですか…。

会社が破産をした場合、私の自宅はどうなるのでしょうか。

この歳になって、自宅を失いたくはないのですが…。

X弁護士 会社が破産したからといって、直ちに自宅を失うことにはなりません。会社の破産により、社長は、銀行から保証債務の請求を受けることになりますが、社長の保証債務については、経営者保証ガイドラインによる債務整理や民事再生手続を利用すれば、自宅を残せる可能性もあります。

いずれにしても、会社の債務をすべて弁済できるかどうかにより、今後、選択する手続が大きく変わってきますので、まずは我々の方で会社の資産と負債の状況を精査させていただきます。そのうえで、どのような手続で進めるべきか検討していきましょう。

解　説

1　会社の財産状況によって事業の廃止方法が異なる

事業を廃止することを決断した場合、事業の廃止に向けて準備を進めていくことになりますが、会社の財産状況によって、採るべき手続が大きく異なってきます。採るべき手続が異なれば、それに向けて準備すべき内容も変わってきます。

そこで、まずは、事業を廃止するための手続から見ていくことにしましょう。

（1）資産超過の場合――通常清算手続

会社の資産を処分することによって、金融機関からの借入金、仕入先に対する買掛金などの会社の債務を全額支払うことができる場合、すなわち資産超過であれば、会社法に規定されている通常の清算手続によっ

て清算を進めていくことになります。

通常清算手続においては、会社の財産を換価して債権者へ弁済後、会社に残った財産については、残余財産として株主に分配されることになります（第2節「通常清算手続」参照）。

（2）債務超過の場合──破産手続又は特別清算手続

会社の資産全てを処分しても債務を全額支払うことができない場合、すなわち債務超過の場合で、連帯保証をしている代表者などの個人の資産を加えても、会社の債務全額を弁済できない場合には、通常の清算手続を採ることができません。

この場合、破産手続あるいは特別清算手続によって会社を清算していくこととなります（第3節「破産手続・特別清算手続」参照）。

会社が債務超過にある場合には、資産の処分あるいは一部の債権者に対する債務の弁済・担保の提供については、破産法で定める否認権（300ページのコラム【否認制度について】参照）の対象となることがありますので、専門家と相談をしながら、適正かつ慎重に対応していくことが必要となります。

なお、本章においては、当初は資産超過であるとされていたものの、後に債務超過であることが判明したケースを想定し、第2節及び第3節の順でストーリーの記載をしていますが、当初から債務超過が明らかな場合には、第3節「破産手続・特別清算手続」から検討していただければと思います。

2　資産超過か債務超過か

では、会社が資産超過・債務超過のいずれであるかについては、どのように見極めればよいでしょうか。

以下の点を参考に、会社の資産及び負債の状況を確認していくことになります。

(1) 資産状況の確認

　資産については、会社の貸借対照表や、勘定科目明細の個別の資産ごとに、その内容を確認していくことになります。

　その際、簿価ではなく、現時点で会社の資産を処分した場合の価格を基準に評価する必要があります。例えば、工場などの不動産については、不動産業者などに査定評価をしてもらい、実際の売却見込み価格で評価することになります。

　また、資産の中には、売却が困難な物もあります。売却が困難な物の場合、処分するための費用が別途生じる場合もありますので、見積書を取得するなどして、概算を算出しておくことが必要です。

(2) 負債状況の確認

　負債についても、会社の貸借対照表をもとに精査していくことになります。

　貸借対照表は、一定の時点における資産・負債をもとに作成したものにすぎませんので、作成後に新たに生じた負債は当然反映されていません。作成時以後の取引や財産状況の変化について、確認する必要があります。

　また、事務所や工場などを賃借している場合には、賃貸借契約を中途解約することにより違約金が発生しないかどうか、明渡しのための原状回復費用がどれくらいかかるのかなどを検討する必要があります。

　従業員との関係では、残業代などの未払賃金が発生していないか、退職金が発生しないかなどの確認も必要となります。

　このように、事業を廃止するにあたっては、事業継続中には意識していない債務なども含めた簿外債務の洗い出しが重要となりますので、必要に応じて専門家に相談をしながら進めてください。

3 経営者個人の保証債務あるいは個人資産に設定した担保の取扱い

中小企業の経営者は、金融機関の債務について保証しているケースがほとんどでしょう。また、その債務のために、自宅などの個人資産を担保に提供している場合も少なくありません。

事業を廃止するにあたり、保証債務あるいは自宅に設定した担保の取扱いがどうなるのかは、経営者にとって大きな関心事です。会社の事業を終了させたのはよいが、金融機関から保証債務の履行を受けて自宅を手放さざるを得なくなったというような事態だけは避けたいと考えるはずです。

そこで、事業を廃止した場合に、保証債務あるいは個人資産に設定されている担保権がどうなるのかについて説明をします。

(1) 会社が資産超過の場合

会社の資産を処分することによって、会社の債務をすべて弁済することができれば、保証債務や担保権は消滅し、経営者個人の資産に影響はありません。債務を完済した場合には、金融機関より完済証明書を受領しましょう。

(2) 会社が債務超過の場合

会社が債務をすべて弁済できない場合には、残債務の返済のために、個人資産で保証債務を履行することや担保設定した個人資産の処分が必要となります。

この場合、個人資産と会社の残債務との関係によって、対応が異なってきます。

① 個人資産で会社の残債務を弁済できる場合

代表者の個人資産の総額が、会社の残債務を上回る場合には、個人資産で会社の残債務を弁済することになります。手元現金・預貯金などの流動資産によって会社の残債務を弁済することになりますが、預貯金等

が不足しており、流動資産のみによっては会社の残債務を弁済できない状況において、自宅を所有している場合、自宅を処分するかどうかの問題に直面します。

このような場合には、自宅の処分を回避する方法として金融機関と分割弁済の交渉をしたり、あるいは、親族等から金銭を借りて一括弁済をするなどの方法を検討することになります。

個人資産で会社の残債務をすべて弁済できた場合には、金融機関より完済証明書を受領するとともに、担保権については、忘れずに抹消登記手続を行いましょう。

② 個人資産で会社の残債務を弁済できない場合

代表者の個人資産の総額が、会社の残債務を下回る場合には、個人資産を加えても、会社の債務を全額弁済することができませんので、会社は破産手続あるいは特別清算手続によって清算せざるを得ないことになります。

これらの手続を利用した場合、経営者個人の保証債務あるいは個人資産に設定された担保権は残ることになります。

親族などからの借入れによって残債務の弁済をして保証債務の履行をすることも考えられますが、それが難しい場合には、保証債務の整理（保証債務の全部又は一部の免除等）を考えることが必要となります。

(3) 保証債務の整理の方法

それでは、保証債務はどうやって整理すればよいでしょうか。

以前は、裁判所の関与する法的手続である破産手続あるいは民事再生手続を行うのが一般的でしたが、現在では、裁判所の関与しない「経営者保証に関するガイドライン」に基づく債務整理の方法を選択することができるようになりました。

① 「経営者保証ガイドライン」に基づく債務整理

経営者保証ガイドラインに基づいて保証債務を整理する場合、一定の

要件を満たせば、自宅などの個人資産を残すことも可能となっています。この点については、第4節「保証債務の整理方法」において詳細に説明します。

② 小規模個人再生手続

自宅に住宅ローンがある場合、民事再生手続の中の小規模個人再生手続を申し立てて、民事再生法の「住宅資金特別条項」を利用することにより、自宅を維持しながら保証債務を整理することが可能となります。

ただし、負債総額が5,000万円以下（住宅ローンを除く）であり、かつ自宅に住宅ローンの担保権のみが設定されているなどの条件を満たす必要があります。

なお、債務の総額が住宅ローンを除いて5,000万円を超える場合でも、通常の民事再生手続により手続を進めることが可能です。ただし、小規模個人再生手続より、手続は厳格となり、費用もかかることになります。

③ 破産手続

破産手続を選択した場合、原則として、所有している資産はすべて売却対象となります。自宅も、当然売却の対象になります。

したがって、自宅を残すことを希望する場合には、まずは破産手続以外の方法を選択できないかを検討することになります。

以上をまとめると、手続の全体像は、以下のようになります。

■手続概略図

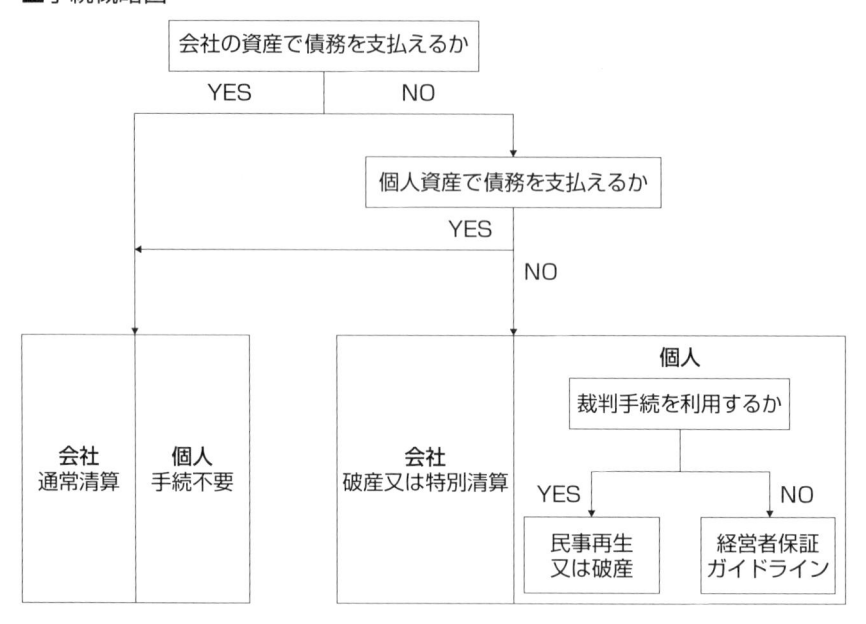

```
           会社の資産で債務を支払えるか
         YES              NO
          │               │
          │         個人資産で債務を支払えるか
          │              YES
          ├───────────────┘
          │              NO
          │               │
┌────┬────┐   ┌────┬─────────────┐
│会社 │個人 │   │会社 │    個人         │
│通常 │手続 │   │破産 │ 裁判手続を利用するか │
│清算 │不要 │   │又は │ YES        NO   │
│     │     │   │特別 │ 民事再生  経営者保証 │
│     │     │   │清算 │ 又は破産  ガイドライン│
└────┴────┘   └────┴─────────────┘
```

4　事業を終わらせるタイミング

　事業を終わらせるのは、いつがベストでしょうか。

　事業の廃止を決めた経営者にとって、最大の悩みどころかもしれません。

　事業を終わらせるタイミングも、会社の財産状況によって対応が異なってきます。

(1) 会社が資産超過の場合

　会社の資産で債務を全額弁済することができる場合は、直ちに事業を廃止することに障害はなさそうに思われます。

　しかし、事業を突然廃止すると、取引先に重大な影響を与えます。

　例えば、Ｄ社が商品を販売する先においては、必要とする商品の調達ができず、事業活動に重大な支障が生じる可能性があります。また、Ｄ社の材料等の仕入先においては、Ｄ社の事業の廃止により売上げが減少し、事業活動に支障が生ずる可能性があります。

そこで、事業の停止にあたっては、取引関係者に対して事前に告知して、取引関係者に必要な準備を行う時間的猶予を与えるなど、できる限り影響を低減できるように手当することが望ましいといえます。

また、従業員に対していきなり解雇を言い渡せば、従業員は次に働く職場を見つける時間的余裕がなく、生活に重大な影響を受けます。会社の事業廃止時期を明示した事前説明を行い、事業廃止までの協力を求めるとともに、従業員に対し、転職先の斡旋等を行うなどして、従業員が次の生活設計を検討する時間を確保できるように配慮するべきでしょう。

このように、事業廃止による取引先、従業員などの関係者への影響を踏まえると、実際に事業を廃止する時期については十分に検討して判断する必要があります。

また、事業廃止後に会社に資産をどれだけ残せるかという観点からも、事業の損益の状況と今後の見通し、事業の廃止に要するコストなどを勘案して廃止時期を判断する必要があります。

例えば、資産超過ではあるものの、事業が赤字の状況にあって回復見込みがないのであれば、事業を継続すればするほど会社の資産が目減りすることとなるので、早期に事業を廃止するという判断になるでしょう。

他方で、事業は黒字の状況にあるものの、賃貸借契約を解約するにあたり違約金が発生するような場合には、賃貸借契約が終了するまで事業を継続して資産を多く残すという判断をするケースもあり得ることになります。

(2) 会社が債務超過の場合

会社が債務超過となった原因にもよりますが、事業が赤字であって回復見込みが低いのであれば、できる限り早期に事業廃止の決断をする必要があります。

このような場合、事業を継続すればするほど、会社の資産が目減りして債権者への弁済額が減少し、債権者に与える影響が大きくなります

し、経営者が会社の債務を保証している場合には、その負担が増える結果となるからです。

　また、保証債務の整理において、経営者保証ガイドラインを利用した場合には、主債務者である会社について早期に法的手続の申立てをしたことによるインセンティブにより、個人資産を残せる範囲が広がる可能性もあります（第4節「保証債務の整理方法」参照）。

　事業廃止の早期決断は、関係者への迷惑を最小限に抑えるだけでなく、個人の資産を保全するという観点からも重要となります。

第2節 通常清算手続

より多くの財産を残すために

X弁護士 不動産の簡易査定を依頼したところ、工場の土地の時価が1億1,000万円でした。

D社長 その金額で売却できれば、会社の資産で、債務を全額支払うことができ、余ったお金を手元に残せると思います。

X弁護士 それでは、通常清算手続により、会社を清算することにしましょう。

D社長 清算手続では何をすればよいのでしょうか。

X弁護士 株主総会で清算人を選任し、清算人が会社の資産を売却して、債務を弁済していくことになります。清算人は誰でもよいですが、会社の業務に精通している社長がなるのがよいでしょう。

D社長 我が子のように愛する会社ですから、私自身の手で最後まできちんと片づけたいと思います。

事業の廃止の時期はいつ頃とするのがよいのでしょうか。

X弁護士 清算を決議して事業を廃止する時期については、従業員、取引先などへの影響を考える必要があります。

この判断を社長お一人ですることは難しいと思いますので、協議して決めていくようにしましょう。

また、会社の資産で債務を完済すれば、残ったお金は100％株主である社長に配分されますから、少しでも多く残せるように検討していき

ましょう。

D社長 よろしくお願いします。通常清算に要する期間はどのくらいになりますか。

X弁護士 事前準備及び資産処分にかかる時間にもよりますが、およそ3か月～半年程度とお考えください。

解　説

1　通常清算手続の流れ

　通常清算手続の流れは、概ね次ページの【手続の概略図】のとおりです。

　まず、株主総会を開催し、会社の解散及び清算人（清算中の会社を代表し、清算業務にあたる者）の選任決議をし、これらの登記を行います。解散日をもって事業年度が終了しますので、税務申告が必要になります（その後は、残余財産確定時の最後の税務申告まで、解散の日の翌日から1年間ごとの期間がみなし事業年度となり、税務申告が必要になります。313ページ参照。）。

　その後、2か月以上の期間を定めて債権申出の公告、債権者への催告を行います。

　債権申出期間中は、債権者に対する弁済が禁止され、取引先などに対する仕入債務の弁済もできなくなります。取引先へ迷惑をかけないために、取引先に対する仕入債務の支払いがすべて終了してから、解散決議を行い、通常清算手続に入るなどの配慮が必要でしょう。

　債権申出期間と並行して、会社の解散日時点における財産目録と貸借対照表を作成し、その内容について株主総会の承認を得ます。

　債権申出期間経過後に、会社の財産を換価した金銭を原資として、債権者へ弁済を行うことになります。

　残余財産確定時に最終の税務申告を行い、債権者への弁済後、会社に

■手続の概略図

```
          会社法                              税　務

┌─────────────────────────┐      ┌─────────────────────┐
│ 株主総会における解散の決議・清算人の選任 │      │ 解散事業年度の税務申告 │
└─────────────────────────┘      └─────────────────────┘
              ↓
┌─────────────────────────┐
│     解散及び清算人の登記          │
└─────────────────────────┘
              ↓
┌─────────────────────────┐
│   債権申出の公告・債権者への催告    │
└─────────────────────────┘
              ↓
┌─────────────────────────┐
│   財産目録・貸借対照表の作成       │
└─────────────────────────┘
              ↓
┌─────────────────────────┐
│ 株主総会における財産目録・貸借対照表の承認 │
└─────────────────────────┘
              ↓
┌─────────────────────────┐      ┌─────────────────────┐
│ ・現務の結了（現在の業務の終了）      │      │ 残余財産確定時の税務申告 │
│ ・債権の取立て及び債務の弁済・残余財産の分配 │      └─────────────────────┘
└─────────────────────────┘
              ↓
┌─────────────────────────┐
│       決算報告の作成            │
└─────────────────────────┘
              ↓
┌─────────────────────────┐
│   株主総会における決算報告の承認     │
└─────────────────────────┘
              ↓
┌─────────────────────────┐
│       清算結了の登記            │
└─────────────────────────┘
```

　残った財産については、残余財産として株主に対して分配を行います（みなし配当課税がなされる場合があります。319ページ参照）。

　その後、決算報告書を作成して、株主総会の承認を得た後、清算結了登記を完了すれば、通常清算手続は終了し、会社は消滅することになります。

2 通常清算手続に向けた準備として何をすればよいか
(1) 財産関係の処理
① 資産・負債の把握

　会社には、多くの資産が存在します。例えば土地建物や現預金、自動車といった比較的その存在が明らかなものから、金庫の奥に眠った金券、長期にわたり回収が遅れている売掛債権のように、ともすれば失念しがちなものまでさまざまです。また、リース品や取引先から借りている機械類など、会社の所有物ではない資産の現物も存在します。

　他方、会社の負債も、仕入先に対する買掛金、税金、給料、事務所賃料、水道光熱費などさまざまです。

　通常清算を行うためには、会社の債務を全て弁済できることを要するため、これら会社の資産・負債を正確に把握することが、会社清算事務の第一歩となります。

　その際に最も重要となるのが、貸借対照表を始めとする財務諸表です。会社の資産・負債の変動についてきちんと記録されていれば、貸借対照表と各勘定明細から、会社の資産・負債を把握することができます。まさに、清算事務における案内マップといえます。

　しかし、小さな会社では、財務諸表の作成は確定申告のための年1回限りとなっており、決算日以降の変動については、集計できていないことがあります。また、貸借対照表に計上されていない資産や負債も存在します（いわゆる簿外資産、簿外負債）。

　そのため、財務諸表だけでなく、預金通帳の入出金履歴や領収書、請求書の確認、経理担当者へのヒアリングなどにより、資産・負債の正確な把握に努めましょう。

② 資産の種類に応じた処分の方法

　Ｄ社を例に検討すると、工場の土地建物は会社所有であり（ただし銀行の担保が設定されています。）、建物内には、機械設備が存在していま

す。また、販売先に対する売掛金も存在するようです。

　資産を高く処分できれば、債務完済後に手元に残る金額も大きくなります。努力を惜しまずできるだけ高く売れる方策を考えましょう。

　それでは、主な資産の処分方法を具体的に見ていきましょう。

ア　工場

　不動産売却の方法としては、仲介業者に依頼することが一般的です。

　工場（建物）は、通常他に用途はなく、資産価値に乏しいことが比較的多いと考えられます。建物を取り壊す場合には費用がかかりますので、土地を売却する際に、建物の価値を０円として買主に引き取ってもらうことが合理的な場合もあります（もちろん、取壊し費用分だけ土地売却代金は下がることになりますが、会社で撤去をする手間をかけずに済みます。）。また、会社を清算すると売却の主体が存在しなくなり、将来的に瑕疵担保責任（売却した財産に隠れた不備等があった場合に、買主から契約解除や損害賠償請求をされること）などを負えないため、売買契約書に免責条項は必ず入れるようにしましょう。

　工場の場合、その取り扱っていた原材料や製造設備によっては、土壌汚染の可能性があります。売却後に、経営者個人が不法行為責任を追及されないよう、土壌汚染の有無を確かめた上で売却に臨むことが必要となります。

イ　機械設備

　機械設備がリース物件の場合には、リース会社に返還をします。

　会社の所有物である場合には、同業者や専門の買取業者などに売却することを検討します。

　機械としての買い手がつかない場合には、金属（スクラップ）買取業者に依頼することも検討しましょう。

ウ　売掛金

　大手販売先に対する売掛金なら、貸倒リスクは低いといえます。

しかし、販売先にとって、突然製品の納入をストップされては事業活動に大きなダメージを受けることになりますし、場合によっては、納入ストップにより生じた損害賠償請求権と売掛金債権との相殺を主張される可能性があります。

そこで、事業の廃止につき事前に伝え、代替の納入業者を紹介するなどして、実質的に損害を発生させないようにすることが必要でしょう。

また、事業を廃止した会社に対する支払いを渋るケースは珍しくありません。会社の事業の廃止を決めた後は、取引量を縮小して売掛の金額を小さくするなど、事業廃止の影響をできる限り少なくしておくことが望ましいでしょう。

エ　棚卸資産

棚卸資産の内、製品等については、従来の取引先に通常の値段で引き取っていただく努力をすることになります。中には、将来分までの購入を希望する取引先もあり、生産量を増やして対応しなければならない場合もあります。

在庫がある程度まとまって残ってしまう場合、在庫買取業者に依頼をすることになります。通常の取引価格より高く処分できる場合もありますが、一般的には、安い価格での処分になる場合が多いです。

売却ができない棚卸資産については、費用をかけて廃棄処分することになります。

（2）従業員への説明

① 説明の時期

従業員は、会社の清算により職を失うこととなるため、清算に入る直前になってこれを知らされては、納得を得ることは困難になります。

可能な限り従業員の再就職に必要な期間等も考慮して、説明のタイミングを決めるようにしましょう。

② 説明すべき内容等
ア　退職・解雇

　従業員に対しては、まず、会社を清算する旨を伝えるとともに、退職につき理解を得られるよう、事情を丁寧に説明し、納得いただいたうえで雇用契約を終了させるようにしましょう。

　自主退職となった場合には、退職の意思表示につき書面を受領することが重要です。

　従業員の中には、職を失うことに不満を持つ者が少なくなく、説得に時間を要する場合も多くありますが、清算を決めた経緯など丁寧に説明して、理解を得る努力をしましょう。

　他方、どうしても納得が得られない場合には、解雇もやむを得ません。退職に応じない場合や、従業員数が多く個別の交渉が困難な場合、解雇を行うこととなります。

　特に、従業員の職務内容によって解雇の時期が異なる場合（D社の例でいえば、工場勤務の従業員は事業停止の日に解雇し、経理事務担当の従業員は解散決議後の通常清算手続の間も雇用を継続する場合など）には、不満の一因となりますので、部署ごと、あるいは個々の従業員ごとに異なる扱いをする理由について、丁寧に説明をする必要があります。

イ　給与、賞与、退職金、解雇予告手当

　通常清算手続は資産超過であることが前提であり、従業員の給与手当も当然全額が支払われることとなります。会社の規程に基づく賞与や退職金についても同様です。

　なお、労働基準法上、労働者の解雇には、少なくとも30日前に解雇予告を行う必要があり、これよりも短い期間で解雇する場合には、解雇予告手当を支払う必要があります。

ウ　再就職支援

　従業員は、次の就業先を探す必要があります。

会社の清算という事情により職を失うこととなる従業員に対し、最後まで面倒を見ることも、会社経営者に求められる責任の一つではないでしょうか。

　例えば、同業他社で人手を欲している会社があれば、手に職を持つ従業員をそこへ紹介することは、当該従業員だけでなく紹介先の会社にとってもメリットとなります。

　また、従業員が自ら同様の事業を行っていきたいと希望する場合には、会社で保有していた機械工具等を譲り渡してあげることもできます。会社の清算を機に転職を考える従業員には、転職支援の会社を紹介したり、あるいは会社が自らの費用負担で転職支援サービス提供会社と契約することも一つの方法でしょう。

(3) 関係者への説明

　これまでお世話になってきた各関係者に対しても、会社の清算により無用な混乱を生じさせないよう、適切な時期に挨拶、説明を行うことが必要です。

　まず、金融機関は、会社に対する貸付金債権を有しており、通常清算手続につき多大な利害関係を持ちます。担当者へ事前にアポイントを取って訪問し、清算するに至った経緯の説明や、借入金をどのように弁済するかなどを協議するようにしましょう。

　次に、事務所の賃貸人（家主）に対しても、賃貸借契約の解約を伝えるとともに、建物明渡しの時期などにつき説明します。特に、建物賃貸借の解約においては、一般的に3か月ないし半年前の解約予告期間が約定されており、これを怠ると違約金が発生するケースもあるため、注意が必要です。賃貸人には、敷金や保証金の取扱いについて確認するとともに、原状回復の方法、費用負担の方法（敷金充当等）についても確認します。

　売掛先に対しては、事前に事業の廃止を伝えておくなど、突然の製品

納入ストップにより迷惑をかけないよう注意しましょう。

仕入先等に対しても、文書をもって通知します。従前の取引に対する御礼、会社を清算するに至った経緯、残りの期間の取引継続に関するお願いなどを記載した通知書を送付しましょう。

(4) 行政への届出

会社を清算するにあたっては、各官公庁に対し、各種届出を行う必要があります。

一般的に届出が必要となるものとして、主に次のものが挙げられます。

対象	主な内容	提出先
税務	異動届出書	税務署 都道府県税事務所 市町村
社会保険	健康保険・厚生年金保険適用事業所全喪届（事業所） 健康保険・厚生年金保険被保険者資格喪失届（従業員）	年金事務所
労働保険	労働保険確定保険料申告書 労働保険料還付請求書	労働基準監督署又は都道府県労働局
雇用保険	雇用保険適用事業所廃止届 雇用保険被保険者資格喪失届 雇用保険被保険者離職証明書	公共職業安定所（ハローワーク）
商業登記	解散登記、清算人選任登記 清算結了登記	地方法務局

第3節

破産手続・特別清算手続

債務超過になったときには…

D社長 通常清算手続の準備として、帳簿を精査していたら、退職金が負債計上されていないことが分かりました。従業員3人分で、合計3,000万円ほどになります。

貸借対照表（当初）

（百万円）

【資産】		【負債】	
現預金	20	買掛金	20
売掛金	10	借入金（銀行）	100
棚卸資産	10	借入金（D社長）	5
機械装置	10	その他	5
建物（工場）	20		
土地（工場）	80		
保証金	5	【純資産】	30
その他	5		
合計	160	合計	160

X弁護士 退職金は就業規則に規定があったのでしょうか。
D社長 はい。就業規則に規定されていました。
　それだけではありません。工場の売却準備をしていたら、調査を依頼した専門業者から、土壌汚染が見つかったという連絡を受けました。このままでは買い手が見つからず、浄化費用には5,000万円ほど必

要ということです。

X弁護士 不動産業者の簡易査定では、工場の時価は建物ゼロ、土地が1億1,000万円でしたので、浄化費用を控除した実際の処分価値は6,000万円程度になりそうですね。

これも合せると、かなりの債務超過になるということでしょうか。

D社長 はい。現在の実態の貸借対照表を作成してきましたので、ご覧ください。4,000万円の債務超過になりました。

貸借対照表（実態）

（百万円）

【資産】		【負債】	
現預金	20	買掛金	20
売掛金	10	借入金（銀行）	100
棚卸資産	10	借入金（D社長）	5
機械装置	10	退職給付引当金	30
建物（工場）	0	その他	5
土地（工場）	60		
保証金	5	【純資産】	▲40
その他	5		
合計	120	合計	120

X弁護士 それは困りましたね。

債務超過だと、通常清算手続は使えません。破産を検討せざるを得ないですね。

D社長 破産ですか…。最近、知り合いの経営者から、債務超過でも破産することなく会社を清算できる手続があると聞いたのですが、これは使えないのでしょうか。

X弁護士 特別清算手続のことですね。特別清算は、債権者の同意を要件に、破産することなく会社を清算する手続です。大口の債権者が全て同意している場合には、活用の途もありますが、債権者は同意

してくれるでしょうか。

D社長 取引先の中には、強硬に支払いを求めてくるところもあり、なかなか同意を得ることは難しいと思います。

X弁護士 それでしたら、債務超過の額が大きく、また、銀行、仕入先などの債権者の同意が得られる見込みも少ない本件では、破産を選択すべきでしょう。

D社長 先生、こんな場面に自分の心配ばかりで恐縮なのですが、会社の資金繰りのために、私が会社に500万円を貸しています。これはどのように扱われるのでしょうか。

X弁護士 社長個人の貸付金も、一般の取引債権などと同じく、破産債権という債権となり、全額回収をすることはできません。会社の資産から、破産手続の中で配当を受けることになります。ただし、一般的には、社長の責任を取るという意味で、配当を受けないことも多いです。

D社長 そうですか、それは仕方がないですね。あと、会社の株も持っているのですが、これはどうなるのでしょうか。

X弁護士 会社が債務超過ですので、価値はないことになります。

D社長 債権者に迷惑をかけている以上、やむを得ないですね。

解　説

1　破産手続とは
(1) 破産手続の特色
　破産手続においては、裁判所の監督のもと、裁判所から選任された破産管財人が会社の資産を処分していきます。また、裁判所及び破産管財人が関与する手続のため、裁判所へ一定の予納金（手続費用）を納めなければなりません。期間は、短くても3か月、長ければ1年以上を要す

ることがあります。

　経営者の中には、債権者からのクレーム等をおそれ、破産の申立てを躊躇される方も多いようです。

　しかし、無理に経営を続けて資産状況を悪化させた後に、破産の申立てを行った場合には、債権者に与える影響が大きくなりますし、保証債務の負担も増える結果となります。したがって、破産の申立ては、できる限り早く決断することが望ましいでしょう。

（２）破産手続の流れ

　概ね次ページの「手続の概略図」のとおりです。

　破産の申立てにあたっては、裁判所へ提出する書類として、債権者一覧表や資産目録が必要となります。これらを作成するために、会社の資産・負債を調査することが必要となります。

　破産手続開始決定後は、会社財産の管理処分権は破産管財人へ移ります。会社の代表者は、破産管財人が行う調査に協力したり、債権者集会（破産管財人から債権者に対して、財産の管理換価の状況や、破産者の負債の状況について報告するための集会）に出席する必要がありますが、手続の遂行は破産管財人に委ねられます。

　破産管財人は、会社の財産を換価し、これにより回収できた財産を基に債権者に対して配当を行います。税金など法律上優先的に支払われる負債が多く、取引債権等の一般の債権者に対する配当ができない場合には、その時点で破産手続は終了することとなります（これを「異時廃止」といいます。）。

　破産手続終結決定又は異時廃止に至れば、会社の破産手続は終了となります。

■手続の概略図

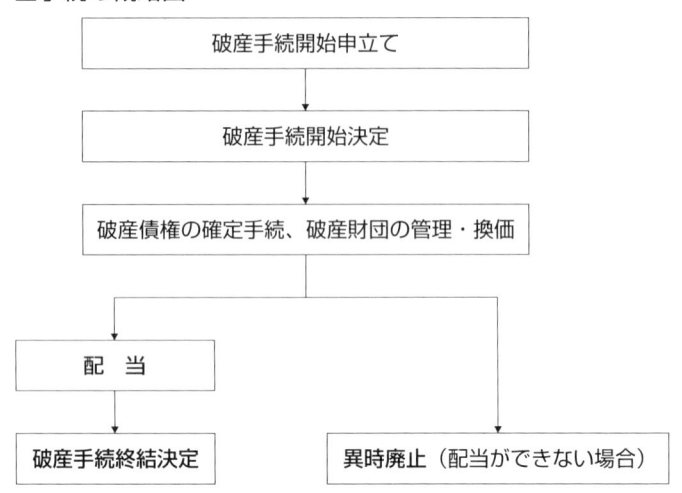

```
┌─────────────────────┐
│   破産手続開始申立て    │
└─────────────────────┘
          ↓
┌─────────────────────┐
│   破産手続開始決定     │
└─────────────────────┘
          ↓
┌─────────────────────────────┐
│ 破産債権の確定手続、破産財団の管理・換価 │
└─────────────────────────────┘
          ↓
    ┌─────┴─────┐
    ↓           ↓
┌────────┐  
│  配 当  │  
└────────┘  
    ↓           ↓
┌────────────┐ ┌────────────────────┐
│ 破産手続終結決定 │ │ 異時廃止（配当ができない場合） │
└────────────┘ └────────────────────┘
```

（3）事前準備

　破産を申し立てる場合には、弁護士に依頼することが一般的であり、事前準備は、弁護士と相談をしながら進めていくことになります。その際、準備すべき事項の要点を把握していれば、円滑かつ迅速に申立ての準備を行うことができます。

　以下では、破産手続開始の申立てをするにあたり、知っておくべき事項につき、簡単に説明をします。

① 財産関係の処理

ア　資産・負債の把握

　会社の資産・負債を正確に把握すべきであることは、通常清算の場合と変わりありません。貸借対照表等の財務諸表に基づきつつ、預金通帳の入出金履歴、領収書や請求書、経理担当者へのヒアリングなどにより、正確な資産・負債の把握に努めましょう。

イ　財産の処分

　破産手続開始の申立てにあたっては、通常清算の場合と異なり、債権

者間の公平や財産散逸の防止といった要請が加わることとなります（次ページのコラム「否認制度について」参照）。また、破産管財人が売却をすることにより、迅速かつ相当な価格により財産処分ができる場合もあります。

そのため、財産処分は破産管財人に任せることにして、早期に破産手続開始の申立てを行いましょう。

破産申立費用や予納金さえも準備できない場合など、緊急に資産を売却したい場合であっても、否認対象にあたらないように注意する必要があります。

② 従業員への説明
ア 説明の時期

会社を破産させる場合、基本的には従業員は解雇することとなります。ただし、清算業務に必要な場合、一部の従業員に残っていただくケースもあります。

解雇を説明する時期について、従業員の再就職の準備期間等を考えればできるだけ早く伝えるべきである一方、破産を予定しているとの情報が外部へ伝わると、税務署から差押えを受けたり、債権者による取付け騒ぎを招く恐れもあるため、その時期については十分な注意が必要となります。

イ 説明すべき内容

従業員にとって、会社の破産により解雇されることは、自身の生活にも重大な影響を及ぼすこととなります。破産手続を円滑に進めるためにも、従業員への説明は怠るべきではありません。

具体的な解雇日、未払給与の支払い見込み等につき説明すべきでしょう。
また、解雇（又は解雇予告）の日付を明確にしておくため、その通知は、書面で行います。端的に、解雇する旨、解雇の日付及び通知の日付を記載した書面で足ります。労働基準法上、労働者を解雇するために

は、少なくとも解雇の日の30日前に解雇予告を行う必要があり、これよりも短い期間で解雇する場合には、解雇予告手当を支払う必要があります。

ウ　未払賃金立替払制度

賃金が未払いとなっている場合には、独立行政法人労働者健康福祉機構の未払賃金立替払制度があります。この制度は、倒産等により賃金の支払いを受けられなくなった労働者につき、その未払分の8割（ただし、年齢に応じた上限あり。）の立替払いを受けられる制度です。

③　関係者への説明

従業員への説明の場合と同様、破産申立ての情報が外部に漏れることがないよう、十分な注意が必要となります。

事業を継続している会社が破産する場合には、金融機関その他関係者に対して事前に説明をすると混乱を招くため、事前の説明をせずに破産の申立てをするのが通常です。

> **コラム**　否認制度について
>
> 　債務超過が疑われる状態に陥り、すべての債務の弁済ができなくなったにもかかわらず、その所有する財産を実際の価値よりも安く処分したり、贈与したりすると、本来なら債権者への配当原資となったはずの財産が流出してしまいます（これを「詐害行為」といいます。）。また、一部の債権者にだけ優先的に弁済や担保供与をすると、債権者間の公平が害されます（これを「偏頗行為」といいます。）。
>
> 　否認とは、一定の要件の下で、破産管財人が事後的にこのような詐害行為、偏頗行為を是正し、責任財産の回復、破産債権者に対する公平な満足の実現を図るために認められた手段です。
>
> 　具体的には、破産管財人は、ある行為が否認対象に該当すると考えると、否認対象行為により利益を得た者に対し、まずは任意の交渉でその返還を求

め、これに応じなければ、否認の請求など裁判所を通じた手続をとる場合もあります。

例えば、親しい知人から借入れをしている場合、迷惑をかけないために、知人だけに優先して弁済をしてしまいたいと考える経営者もいらっしゃいます。しかし、実際に弁済をしてしまうと、後に破産管財人から否認されて返還を求められることで、逆に迷惑をかけるケースも少なくありません。

また、偏頗行為と近接する問題として、他の債権者を害する目的で、特定の債権者に対し、弁済期前の弁済や担保提供等を行った場合、刑事罰の対象にもなっています。

破産手続開始の申立ての準備にあたっては、このような詐害行為、偏頗行為を行わないよう十分に注意しましょう。

2　特別清算手続とは

特別清算手続は、破産手続に比べ、聞き馴染みのある方も少ないかと思われます。

特別清算手続とは、会社解散後の清算株式会社につき、裁判所の監督の下に行われる清算手続をいいます。

特別清算には、裁判所で行われる債権者集会において弁済計画の可決を受け、裁判所の認可を受けて債務の減免を図る「協定型」と、個別に債権者との間で交渉を行い、債務の減免を受ける「和解型」との2種類があります。

破産と比較して「倒産」のイメージが薄いことなどから、近年その申立件数はやや増加傾向にありますが、出席債権者の過半数及び総債権額の3分の2以上の債権者の同意という要件を充足することは現実には困難なので、実際に特別清算手続を利用できるケースは多くはありません。利用場面は、親会社が不採算の子会社の事業を廃止する場合や、大口の債権者が全て同意している場合などに限られます。

特別清算手続を選択するメリットとしては、債権者の多数による協定又は和解によることとなりますから、破産に比べて柔軟な債務処理が可能となる点が挙げられます。

　特別清算手続に必要となる事前準備としては、概ね破産の場合と変わりありませんが、これに加えて、多数債権者による同意の要件を充足するために、債権者との間で入念な事前交渉を行っておくことが不可欠となります。

■手続の概略図

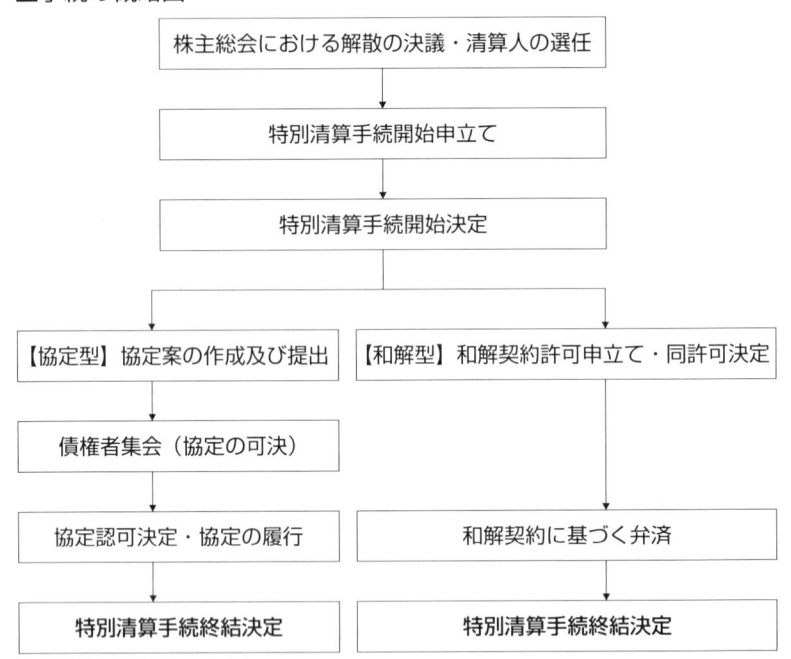

```
        株主総会における解散の決議・清算人の選任
                        ↓
              特別清算手続開始申立て
                        ↓
              特別清算手続開始決定
                    ↓       ↓
  【協定型】協定案の作成及び提出　　【和解型】和解契約許可申立て・同許可決定
          ↓                              ↓
   債権者集会（協定の可決）              和解契約に基づく弁済
          ↓                              ↓
   協定認可決定・協定の履行
          ↓
   特別清算手続終結決定              特別清算手続終結決定
```

第4節 保証債務の整理方法

自宅を残すためには

D社長 会社の破産手続は、落ち着きました。

破産管財人の先生に聞いたところ、配当率は高くなく連帯保証をしている銀行からの借入金は4,000万円くらい残りそうだということです。

自宅を残したいと思っていますが、可能でしょうか。

X弁護士 まず、社長の資産を把握したいと思います。主な資産を教えてください。

D社長 預金が400万円くらいあります。

ほかには、自宅があります。近くの不動産屋に簡単に査定をしてもらったところ、2,000万円の評価でした。ただ、住宅ローンが2,500万円ほど残っています。

X弁護士 自動車や保険はどうですか。

D社長 自動車は持っていますが、登録して10年以上になりますので、価値はないと思います。

保険は、生命保険に加入しています。保険会社に確認をしたところ、解約返戻金は300万円くらいになるということでした。

X弁護士 社長の資産状況によれば、経営者保証ガイドラインに基づいて、保証債務を整理すれば、自宅を残すことができる可能性があると思います。

ただし、経営者保証ガイドラインによる場合、全債権者の同意を得

ることが必要です。もし、全債権者の同意を得られない場合でも、民事再生手続によって、自宅を残す可能性を検討していきましょう。

解　説

1　自宅を残すことができるか－経営者保証ガイドライン
(1) 経営者保証ガイドラインの概要
　経営者保証ガイドラインは、文字どおり、金融機関に対する経営者保証の整理方法を定めたものです。

　経営者保証ガイドラインに基づく保証債務の整理は、裁判所の関与する法的手続ではないため、全債権者の同意が必要となってきます。

　債務者は、弁護士等の専門家（支援専門家）に依頼をして、弁済計画を策定し、債権者に同意を求めていくことになります。

　弁済計画は、債権者にとって、破産した場合と比べて、経済合理性のある内容を策定する必要があります。

　具体的には、以下の基準により、②より①の方が上回る場合に、経営者保証ガイドラインの対象になるとされています。
① 　現時点において清算した場合における会社からの債務の回収見込額及び保証債務の弁済計画に基づく回収見込額の合計額
② 　過去の営業成績等を参考としつつ、清算手続が遅延した場合（最大3年間を想定）の将来の時点における会社からの債務及び保証人からの回収見込額の合計金額

　例えば、破産手続開始の申立てをした会社が毎年赤字であり、3年後に破産をした場合に銀行に対する弁済が3,500万円見込まれるのに対して、現時点で申立てを行ったことにより5,000万円の配当が可能になったと認められる場合には、経済合理性があると判断され、経営者保証ガ

イドラインに基づき保証債務の整理をすることが可能となります。

また、このような場合、債権者に対する弁済額が増額した範囲内、すなわち、1,500万円の範囲内において、一定期間の生計費に相当する金額や華美でない自宅等を残存資産として手元に残すことが可能となっています。

例えば、担保が設定されていない評価額1,000万円の自宅を所有している場合、破産手続によれば、売却代金1,000万円が債権者への配当原資となりますが、経営者保証ガイドラインによれば、早期に破産手続開始を申し立てたことにより、債権者は1,500万円の増額分の配当を受けていますので、その範囲内である1,000万円の自宅については処分の対象とはならず、残存資産として債務者の手元に残すことが認められる可能性があることになります。

■毎年赤字の会社の場合

	会社の破産の時期	金融機関等に対する弁済額
①	現時点	5,000万円
②	3年後	3,500万円

①の方が②よりも経済合理性あり
⬇
経営者保証ガイドラインに基づく保証債務整理可能
⬇
1,500万円（＝5,000万円－3,500万円）の範囲において、「一定期間の生計費」や「華美でない自宅等」の残存が可能
⬇
担保未設定の評価額1,000万円の自宅の残存が可能

(2) 本事例の場合

　以上を前提にD社長の場合について検討してみましょう。D社長の場合、自宅の評価額よりも住宅ローンの残高が上回る状態、いわゆるオーバーローンの状態になっています。

　この場合、D社長個人の破産手続において、自宅が売却されたとしても、自宅の売却代金は、住宅ローンの債権者にしか弁済されず、それ以外の配当原資にはなりません。

　すなわち、D社長が破産をした場合、D社長の債権者に対する配当原資となるのは、預貯金400万円、生命保険の解約返戻金300万円の合計700万円です。

　したがって、700万円を超える金額を弁済する計画を債権者に対し提案する必要がありそうですが、D社が早期に破産をすることにより、例えば、債権者が500万円の増額の配当を受けられると認められる場合には、その増額の範囲において、一定期間の生計費に相当する金額を残存資産として処分の対象から除外することができます。（第4章第4節2（248ページ）参照）

　その結果、最大で500万円を残存資産として認められる可能性があり、この場合には、D社長は、500万円を上回る部分の200万円以上を弁済する計画を策定して、債権者に対して同意を求めることになります。

　弁済計画に対し、全債権者の同意が得られた場合には、経営者保証ガイドラインに基づく保証債務の整理が成立したことになります。この場合D社長は、破産手続に入ることなく、住宅ローンを約定どおり支払うことにより、自宅を維持しながら、保証債務の整理をすることが可能となります。

■ D社長の場合

```
┌─────────────────────────────────────────┐
│  D社の早期破産による増額配当分の500万円が  │
│         残存資産になる可能性あり            │
└─────────────────────────────────────────┘
                    ▼
┌─────────────────────────────────────────┐
│ 200万円［＝700万円（個人の配当原資）－500万円］│
│           以上の弁済計画策定               │
└─────────────────────────────────────────┘
                    ▼
┌─────────────────────────────────────────┐
│          債権者の同意が得られれば           │
│   経営者保証ガイドラインに基づく保証債務整理可能 │
└─────────────────────────────────────────┘
                    ▼
┌─────────────────────────────────────────┐
│   D社長は自宅を維持しながら保証債務整理可能    │
└─────────────────────────────────────────┘
```

　このように、経営者保証ガイドラインは、早期の申立てについて一定のインセンティブを認めるものですので、資産を残したいと考えている場合には、早期申立てを検討することが重要です。

2　自宅を残すためのその他の方法

①　小規模個人再生手続

　経営者保証ガイドラインは、全債権者の同意を前提としています。

　これに対し、小規模個人再生手続は、裁判所の関与する法的手続であり、全債権者の同意は必要ではなく、債権額の2分の1及び債権者数の過半数の同意で、裁判所に再生計画を認めてもらうことが可能となります。

　小規模個人再生手続は、通常の民事再生手続の特則として、個人が経済的生活の再生を図る方法の一つとして制定されたものであり、会社が行う民事再生手続よりも手続が簡易なものとなっています。

　小規模個人再生手続においては、住宅ローンを支払いながら、債務整理をする方法（住宅資金特別条項）が規定されており、これに基づき、自宅を残しながら保証債務の整理をすることが可能となります。

ただし、この方法を採るためには、自宅に住宅ローンのための担保権以外に、担保権が設定されていないこと、かつ債務の総額が5,000万円以下（住宅ローン債務を除く）であることが必要です。

債務の総額が5,000万円を超える場合には、通常の民事再生手続により自宅を残せる可能性もありますが、小規模個人再生手続より厳格な手続となり、費用もかかることになります。

D社長の場合、後順位の抵当権も設定されておらず、住宅ローン債務を除く債務の総額が5,000万円以下であれば、小規模個人再生手続を利用して、自宅を残しながら、保証債務を整理することが可能となります。

② 自宅売却後の破産

経営者保証ガイドラインや小規模個人再生手続による場合、債権者に対して一定の金額を弁済することを前提にしていますが、弁済原資を準備することができず、それが困難な場合もあります。

この場合、自宅を親族等に買い取ってもらった上で、親族から賃貸を受けて自宅に居住し続け、その後、破産する方法も考えられます。

ただし、破産手続開始後、破産管財人による調査が入りますので、売却金額は市場価格で売却することが必要です。

■経営者保証ガイドラインによる保証債務整理
（破産手続及び小規模個人再生手続との対比）

	経営者保証ガイドライン	破産手続	小規模個人再生手続
対象債権者	金融債権を有する金融機関等	全債権者	全債権者
債権者の同意の要否	全債権者の同意が必要	不要	債権額の2分の1及び債権者数の過半数の同意が必要
自宅の取扱い	残存資産として残せる可能性あり	破産管財人処分	住宅資金特別条項により残せる可能性あり
信用情報機関の登録の有無	なし	あり	あり
公表の有無	なし	あり（官報に掲載）	あり（官報に掲載）

第5節 会社を清算する場合の会計・税務を把握しておこう

税制を最大限活用するために

D社長 会社の解散決議をした後は、事業を停止して残務整理を行うことになりますが、そのような状態でも引き続き決算作業は必要でしょうか。

Y会計士 そうですね、清算手続に入ると従業員も減っていくでしょうし、面倒なのは理解しますが、解散前とほぼ同様の決算作業が必要になるとお考えください。ただし、解散前の決算作業とくらべて、作成する決算書類や事業年度の区切り方が変わります。

D社長 そうすると、法人税、地方税、消費税といった税務申告も必要になるということでしょうか。

Y会計士 おっしゃるとおりです。基本的に解散前と同様の税務申告手続が必要です。したがって、清算手続中も経理関係の書類はきちんと保管するとともに、最低限の経理体制を整えておく必要がありますよ。

D社長 もし、きちんと税務申告をしなかったらどうなるのでしょうか。

Y会計士 納付すべき税金を納付せずに株主に残余財産の分配をした場合、清算人あるいは残余財産の分配を受けた者が納付不足分の納税義務を負うことになりますので、ぜひとも適切な税務申告を心がけてください。

D社長 一般的な質問ですが、前期、黒字決算だったので法人税を納付していて、当期が赤字決算である場合に、納付した法人税を取り戻すことはできないものでしょうか。

Y会計士 急激に業績が悪化して清算に追い込まれた場合によくあるケースですね。その場合、欠損金の繰戻し還付という制度を使って、前期の法人税の還付請求をすることができます。

D社長 次に、清算手続の中で、保有不動産（土地及び建物）や機械を売却した際にどのような税金が発生するのでしょうか。

Y会計士 建物や機械などの売却は、消費税の課税取引となりますので、消費税の納税が発生する可能性があります。

また、売却益が生じた場合、法人税や地方税の納税が発生する可能性があります。ただし、税務上の欠損金がそれ以上にある場合には、地方税の均等割以外には法人税や地方税については納税が生じないことになるでしょう。

D社長 ということは、清算手続に入っても、会社として税務申告しなければならないのはもちろんのこと、納税が発生する可能性も結構あるのですね。

ここまで会社の税金についての留意点は分かりましたが、次に気になるのは個人の税金です。まずは株主としての税金への影響を教えていただけますでしょうか。

Y会計士 通常清算手続の場合、株主は、最後に残余財産の分配を受ける可能性があります。所得税の計算上、残余財産分配額は2種類の所得に分かれます。まず、分配を受けた金額のうち、税務上、配当とみなされる部分については「みなし配当」といって、通常の配当金と同様に扱われます。一方、「みなし配当」以外の部分は株式の譲渡価額となり、譲渡所得が生じた場合には所得税の納税が必要となります。

D社長 なるほど、株主としての納税も発生する可能性はあると

いうことですね。ところで、参考までに破産手続や特別清算手続の場合についても教えてください。例えば、私が保有している株式はどうなるのでしょうか。

Y会計士 株式価値はゼロとなりますので株式の取得金額相当の損失が発生します。しかし、D社長のような個人株主の場合、所得税の計算においてその損失を給与所得など他の所得から控除することができません。

D社長 それから、会社に対する貸付金はどうなるのでしょうか。

Y会計士 貸付金のうち回収できなかった部分が損失となります。しかし、所得税の計算上、損失相当額を必要経費に計上できるのは事業として貸しつけたものに限ります。D社長の場合は、会社の資金繰りのために個人的に行ったものですので、損失相当額を必要経費に計上することはできません。

D社長 最後にもうひとつ教えてください。私は、会社の銀行借入れの保証人になっています。仮に会社が特別清算手続や破産手続を申立て、その結果、私が自宅の売却代金をもって保証債務を履行したとします。このとき、売却代金は私の手元に残っていないにもかかわらず、所得税の計算上、自宅の売却収入に対して課税が生じてしまうのでしょうか。

Y会計士 それについては税務上の手当てがあります。一定の要件を満たせば、売却収入の一部あるいは全部について、それがなかったものとして所得税を計算し、納税額を抑えることができます。

D社長 会社も私も、いろいろと気を付けるべきところがあるのですね。

Y会計士 そうですね。今回は主要な点に絞ってご説明させていただきますが、かなり専門的な内容になってきますので、会社及び個人の税金ともに、詳細につきましては専門家にご相談されることをお勧

めします。

解　説

1　清算手続中の決算と税務申告
(1) 決算の基本
　会社の解散決議をした後は、通常は事業を停止し、清算結了に向けて、最低限の組織体制で残務整理を行うこととなりますが、清算手続中も一定の決算作業が必要となります。

　通常清算手続においては、下表のとおり、事業年度の区切り方や作成する決算書類は変わりますが、会社法上、一定の決算手続が求められます。これは、特別清算手続も同様の扱いです。

■清算手続中の事業年度と決算書類

	解散事業年度	清算事務年度	最後の清算事務年度
通常清算及び特別清算			
事業年度	解散日を含む事業年度の開始日から解散日まで（会社法471）	解散日の翌日またはその後毎年その日に応当する日から1年間（定款で定めた事業年度と異なる）（会社法494）	清算事務終了日を含む清算事務年度の開始日から清算事務終了日まで（会社法507）
作成する決算書類	財産目録、貸借対照表（会社法492①）	貸借対照表、事務報告、附属明細書（会社法494①）	決算報告（会社法507①）
株主総会での承認・報告	要（会社法492③）	要（会社法497②③）	要（会社法507③）

　一方、破産手続の場合は、事業年度や決算書類について破産法上の規定はありませんが、後述する税務申告に必要な範囲内で、破産管財人が決算作業を行うこととなります。

　会社の組織も縮小していく中で面倒な作業であるとは思いますが、清

算業務が終了するまでは、最低限の決算作業を行うことができる経理体制を整え、経理関係の書類もきちんと保管しておきましょう。

（2）税務申告の基本

税金については、通常清算手続、特別清算手続、破産手続のいずれにおいても各種税務申告（法人税、地方税、消費税）が必要となります。申告義務を負うのは、通常清算手続及び特別清算手続では清算人、破産手続では破産管財人です。

各清算手続において作成が求められる決算書類は（1）の表のとおりですが、税務申告作業のためには、いずれの手続においても、結局、清算手続前に作成していたものと同等の決算書類（貸借対照表、損益計算書、及び株主資本等変動計算書）を作成することになります。

ただし、税務申告の対象期間となる税務上の事業年度（みなし事業年度といいます。）は清算手続によって異なります。通常清算手続及び特別清算手続の場合には、解散日に事業年度が終了し、その後は残余財産が確定するまで、解散日から1年ごとに申告をすればよいことになります。一方、破産手続の場合には、破産手続開始決定日に事業年度が終了し、その後は残余財産が確定するまで、従来の定款に定める決算日ごとに申告が必要になります。

■税務上のみなし事業年度

	解散事業年度	清算事業年度	最後の清算事業年度
通常清算及び特別清算	解散日を含む事業年度の開始日から解散日まで（法法14①一）	解散日の翌日又はその後毎年その日に応当する日から1年間（法法14①一、法基通1-2-9）	残余財産確定日を含む事業年度の開始日から残余財産確定日まで（法法14①二十一）
破産	破産手続開始決定日を含む事業年度の開始日から開始決定日まで（法法14①一）	破産手続開始決定日の翌日から定款に定めた事業年度末まで。その後は定款に定めた事業年度が継続。（法法14①一）	同上（法法14①二十一）

ところで、税金を納めるのが嫌だ、あるいは面倒だ、と言って、適切な税務申告を行わないまま最終的に残余財産の分配をしたらどうなるのでしょうか。

　例えば、解散した後、無申告で税金の納付をしないまま、残余財産の分配をしたという状況です。

　このようなときは、清算人及び残余財産の分配を受けた者が、残余財産の分配額を上限として、不足している（未納）税金を納付する義務を負います（国徴法34①）。これを第二次納税義務といいます。これは、清算結了の登記までなされていたとしても残る義務ですので、適切な税務申告を行うよう心がけましょう。

2　清算手続における税金還付

　税金の還付に関する規定はさまざまありますが、ここでは、清算手続において特に留意すべきと思われる税金の還付手続の概要について説明します。なお、以下に記載する3つの還付手続は、通常清算手続、特別清算手続、破産手続のいずれにおいても適用できます。

(1) 欠損金の繰戻しによる法人税還付

　「前期は黒字で法人税を納付したけど、今期は一転、赤字決算となりそうだ」というケースは多々あります。このような場合、中小法人等（資本金の額等が1億円以下（資本金の額等が5億円以上である法人等の100％子法人を除く）の普通法人等）については、青色申告をしていれば、欠損金の繰戻し還付という制度を利用することで、前年に納付した法人税について還付請求することができます（法法80①、措法66の13）。つまり、通常は、資本金が1億円超の会社は適用を受けることができません。

　しかし、解散等の事実があった法人については、中小法人等に限らずこの規定を適用することができます（法法80④）。最近の法人税申告書

を見て、納税額がある場合には、還付を受けられる期間中に解散決議をする等の意思決定にも影響を与えますので、欠損金の繰戻し還付の手続を検討しておきましょう。

(2) 消費税の課税事業者又は原則課税制度の選択による還付

　消費税は、その計算の仕組み上、ある課税期間における支払消費税の額（仕入れ等に係る消費税）が預り消費税の額（売上げ等に係る消費税）を上回る場合、支払消費税の一部について還付を受けることができます。したがって、清算手続のある課税期間において、課税売上は少しだけで、清算費用等の課税仕入れとなる経費の方が多い場合や多額の売掛金の貸倒損失が発生したような場合は、消費税の還付を受けることができる可能性があります。

　しかし、そのような場合でも消費税の還付を受けられないケースも想定されます。1つ目は、免税事業者に該当する場合です。ある税務申告期間に係る基準期間（原則として2年前の事業年度のことをいいます。）の課税売上高が1,000万円以下の場合、当該期間の税務申告においては免税事業者として扱われ、消費税は免税となります（消法9①）。つまり、免税事業者になると、消費税の納付義務が免除されるのですが、還付を受けることもできません。

　2つ目は、簡易課税制度を選択している場合です。簡易課税制度とは、実際に支払った消費税の額にかかわらず、業種ごとに決められたみなし仕入率を使用した簡便的な消費税の計算方法です（消法37①）。簡易課税制度を選択していると、仮に支払消費税の額が預り消費税の額を上回っていても還付を受けることができません。

　そこで、清算手続中の各事業年度において多額の支払消費税が見込まれる場合は、あえて免税事業者から外れて課税事業者となる（消法9④）、又は簡易課税制度の利用をやめて原則課税制度にて消費税の申告をする（消法37④）ことにより、消費税の還付を受けることができる可

能性があります。ただし、その選択に係る税務署への届出は事業年度の開始日より前に提出しておく必要がありますので、迅速な清算手続遂行が求められる破産手続の場合は難しいかもしれませんが、どちらが有利か事前に検討して行動する必要があります。また、清算手続中に課税売上げがない場合にはその効果が得られないケースも考えられます。

（3）仮装経理があった場合の更正の請求による還付

会社の決算を少しでもよく見せること等を目的として、架空売上などの仮装経理（いわゆる粉飾決算）を行い、納税を行っていた会社が、資金破綻し、最終的に解散手続に追い込まれたり、破産手続の申立に至るケースが存在します。

仮装経理に基づいて過大申告を行っていた場合に減額更正を受けることができたとしても、通常の場合は、過大納付となっていた法人税額は、すぐに還付してはもらえず、その後5年間の法人税額から控除されることになります。

しかし、通常清算手続において残余財産が確定した場合や特別清算開始の決定、破産手続開始の決定を受けた場合には、5年を待たずに還付を受けることができます（法法135③）。

消費税については、仮装経理によるものであったとしても、上述の法人税法のような規定はなく、税務署長による減額の更正が行われた場合には、その過大納付分が還付されることになります。

3　資産を売却した場合に発生する税金

清算手続における主要作業となる資産処分に着目して、会社の税金を考えます。

清算手続が開始されると、残務整理を行うことが業務の中心となり、それまでのような事業活動は行いませんので、多額の税金を納付することはないと思われるかもしれませんが、不動産などの高額な資産を売却

した場合には、多額の納税が発生する可能性があります。D社長の会社も、不動産や機械の売却を予定していますので、売却価格次第では、法人税や消費税の納税額が気になるところです。そこで、少しでも納税を抑えることができないものか、事前に検討しておく必要があります。

なお、以下に記載する内容は、基本的に、通常清算手続、特別清算手続、破産手続のいずれにも共通するものですが、手続の種類により取扱いが異なる部分があります。

(1) 法人税

清算手続中に、残務整理の一環として不動産や機械などの資産を売却したら、思いのほか売却益が生じてしまったというケースを想定します。

この場合、売却益が清算費用等を上回ると、その事業年度において課税所得が生じて、法人税が発生する可能性があります。

しかし、税務上の青色繰越欠損金があれば、金額次第で、法人税の納税が発生しないこともあります。ここまでは解散前の法人と同じ扱いで、通常清算手続、特別清算手続、破産手続いずれにおいても適用可能です。

さらに、清算手続中の事業年度においては、残余財産がないと見込まれる場合に限りますが、いわゆる期限切れ欠損金（簡単に言うと、税務上の過去からの欠損金の累計額から青色繰越欠損金を控除した金額）を損金の額に算入することにより（法法59③）、課税所得から控除できる欠損金の金額が増えるので、清算中において、納税を回避することが可能となります。ただし、「残余財産がないと見込まれる場合」とは、債務超過であることと同じですから、この規定は原則として破産手続や特別清算手続の会社について適用されることとなります。なお、破産の場合には、破産手続開始の決定があったことを理由として、債務免除益等について期限切れ欠損金を損金算入することができます（法法59②）。

(2) 消費税

清算手続に入って事業を停止することになれば、商品の販売やサービ

スの提供といった課税売上げは発生しませんので、消費税の納付が生じることはほとんどなさそうです。

しかし、通常清算手続、特別清算手続、破産手続のいずれにおいても課税売上げが発生することはありえます。建物や機械などの課税資産を売却した場合などです。特に、不動産のように金額の大きい課税売上げが生じる場合は、消費税の納税額も思いのほか多額となることが見込まれます。

このような場合に、少しでも消費税の納税額を抑えることができないものでしょうか。以下にてその対応策を説明しますが、いずれも、清算業務における資産の売却時期等について柔軟に対応できる状況であることが前提となりますので、迅速な清算手続が求められる破産手続においては実質的に対応が難しい可能性があります。

① 課税資産の売却時期の検討

売却時期を事前に検討し、免税事業者となった期間に課税資産を売却すれば、消費税の納税が不要となります。

② 簡易課税制度の選択

簡易課税制度を選択できる会社は、課税資産の売却等が見込まれる場合に、原則課税方式による納付消費税額と簡易課税方式による納付消費税額を推計して、簡易課税方式の方が有利になる場合には、その選択を検討します。ただし、その選択に係る届出は事業年度の開始日より前に提出する必要があり、いったん選択すると2年間は原則課税方式に戻すことができませんので、どちらが有利か事前に試算することが求められます。

4　経営者個人の税金

最後に、会社の清算手続が、経営者個人の税金に主にどのような影響を与えるか見ておきます。

(1) 通常清算手続の場合
① 残余財産の分配

　D社長のように、経営者が会社の株式を保有している場合、所得税にどのような影響を与えるのか検討します。

　通常清算手続の場合は、株主は会社から残余財産の分配を受けることになります。残余財産分配額は、所得税の計算上、2種類の所得に分かれます。

　まず、その分配額のうち、会社の資本金等の額を超える部分に対応する金額は、みなし配当といわれ、所得税の計算において、通常の配当金と同様配当所得として扱われ、また、配当控除の対象となります（所法25①三）。源泉所得税が控除されている場合には、確定申告によりその精算も行われます。

　次に、その分配額のうち、みなし配当以外の部分については、株式の譲渡価額として認識され（措法37の10③）、所得税の計算において、譲渡価額と必要経費（株式取得費と売買手数料等の合計）の差額が譲渡所得となり、他の所得と区分して税金が計算されます（申告分離課税）。

② 会社に残った財産の受領方法

　清算手続終了時に財産が残りそうな場合、すべてを残余財産の分配として受け取るのではなく、役員としての退職慰労金として受け取る方法も考えられます。この点については、個人と会社双方の税金の観点から検討する必要があります。

　まず、個人の所得税においては、役員退職慰労金の受給は退職所得となり、残余財産の分配として受領した場合は配当所得及び株式の譲渡所得となりますので、所得税計算における所得の種類が異なります。

　一方、会社の法人税においては、適正な役員退職慰労金であれば、課税所得の計算において損金算入することが可能ですが、残余財産分配としての株主への支払は損金算入できません。

以上を踏まえ、個人で納付する税金と会社で納付する税金の双方を勘案して、どれくらいの金額をどのような形で受領したほうがよいのか事前に検討しておきましょう。

(2) 破産手続及び特別清算手続の場合
① 保有株式から生じた損失
　会社が破産手続又は特別清算手続となった場合は、いずれも債務超過ですから残余財産の分配はなく、株式の価値はゼロとなります。所得税法上は、株式取得に要した費用は株式消滅損失（株式の譲渡損失ではないため他の株式譲渡益との損益通算はできません。）となり、その損失は給与所得など他の所得の金額からも控除することはできません。
② 会社に対する債権から生じた損失
　D社長は会社に対する貸付金を有しています。貸付金に限らず、経営者個人が、会社に対して債権を有しているケースは多々あると考えられます。
　破産手続又は特別清算手続の場合は、債権額を上回る担保や保証人の存在がない限り、債権者は債権の一部あるいは全部を回収することができず、回収できなかった部分は損失となります。所得税法においては、事業の遂行上発生した売掛金、未収入金、受取手形、及び貸付金等については、貸倒引当金や貸倒損失として必要経費に計上できますが、D社長のように会社の資金繰りのために個人的に貸し付けたような場合には、所得の計算において、必要経費に計上できません。
③ 保証債務履行のために資産を売却した場合
　経営者が、銀行からの借入金に係る保証債務履行のために自宅などの個人資産を売却した場合であっても、個人の所得税の計算においては、当該売却に係る譲渡所得は課税所得となるのが原則です。経営者にとっては、個人資産がなくなり、手許にその売却代金は一切残っていないにも関わらず、所得税だけを納めなければならないというのは非常に酷な

話です。

　しかし、この場合に、譲渡収入の一部がなかったものとみなして譲渡所得を計算するという所得税の特例があり（所法64②）、これにより所得税の発生を抑えることができる可能性があります。この特例を適用するための要件は以下のとおりです。

> ①保証債務の履行に伴う資産の譲渡であること
> ②求償権（保証債務を履行したことによって会社に対して生じる請求権）を行使することができなくなったこと

　ただし、債務を保証をする時において、既に主たる債務者が債務を弁済する資力を喪失していたり、主たる債務者に対する求償権の行使が可能と見込まれる財務状況であった場合には、認められないケースも生じますので、十分な注意が必要です。

終章

セミナーを終えて

―― 終章の登場人物 ――

X弁護士　　Y会計士

セミナーの総括

　前編（第1章）では、全体セミナーで事業の終活の判断基準のポイントを総括的に説明し、後編（第2章から第5章）では、経営者のそれぞれの置かれている状況に応じて、個別にお話をお聞きしました。

　全ての対応が終わった後に、講師の間で、どんなお話だったのかを確認し合うとともに、今後、どのような協力ができるのかについて話し合いを行いました。

　この話し合いの様子をご覧いただいて、第2章から第5章で検討してきた課題を再度整理していただければと思います。

第1節 事業も順調で後継者もいるA社長

X弁護士 A社長は余裕でしたね。

Y会計士 そうですね。だからこそ、危機感を持っていただくために、幾分厳しい話をさせていただきました。

X弁護士 私の方からは、準備は早い目に始めた方がよいことを強調させていただきました。事業が順調なだけに株価もどんどん高まっていくでしょうし、時間があるので、後継者教育にも十分な時間をかけられるでしょう。

Y会計士 できれば、余裕のある段階で、事業承継計画をきちんと作って実行していってもらいたいですね。

X弁護士 代表者を息子さんにすることが決まっていて、関係者の方々への周知も上手くいったとしても、株式の問題が残ります。株式は最低でも3分の2は息子さんに引き継がなければ、経営は安定しないことをお話しさせていただきました。

Y会計士 その話を受けて、私の方からは、社長の意思で株式を譲渡するには、売買、贈与、遺贈の3つの方法があり、それぞれに税金の話が付いて回ることを説明しました。

特に中小企業の事業承継問題については、国も力を入れており、相続時精算課税制度や贈与税の納税猶予制度、相続税の納税猶予制度や免除制度など、知っていれば実行していたのに、と後から後悔しないように、十分に説明をさせていただいたつもりです。

X弁護士 国の制度としては、主に遺贈の場合に生じる問題として

遺留分の内容と除外合意や固定合意という遺留分に関する民法の特例制度についてもお話しました。

Y会計士 最終的には、自社株式の評価がどれだけの金額になるのかが重要なポイントになってきます。早い段階から試算をして、どんな対策を取っておく必要があるのかを検討しておいていただきたいと思います。

X弁護士 いずれにしても、業績が良いから、後継者がいるから、と油断していたら、何かあったときの耐久力は弱いということですね。自社株式について、何ら対策を講じていないまま、相続が発生した場合、相続人間で遺産分割協議がまとまらず、相続税も多額となり、その結果事業にも影響が出てしまうことが懸念されます。

Y会計士 A社長の会社は時流に乗っていますから、そういうことにはなって欲しくないですね。事業承継に関する基本的な知識から身に着けていただく必要がありますが、理解力は高いですし、行動力もあるので、きっと、お手本になるような事業承継の流れを作っていただけると思っています。早急に事業承継計画の作成に着手するように話をしておきます。

第2節 後継者がいなくて M&Aを考えているB社長

X弁護士 B社長の会社の業績は順調ですが、社長の年齢が高く、後継者もいないため廃業を考えておられました。本来、会社は従業員の雇用の場であり、日本経済を支える存在ですから、会社を譲渡したとしても、存続させることの方が大事だと思うのですが、どうしても会社を売買するというイメージが悪く、抵抗があるようです。

Y会計士 自分が作り上げてきた会社ですから、自分の存在と会社は一体で、まったく別の方が経営していくイメージがわかないのでしょうね。

X弁護士 M&Aを、もっと親しみやすくわかりやすいものにしていく必要があると感じています。M&Aの説明を行う場合には、株式譲渡、事業譲渡あるいは会社分割といった専門的な話になってしまう点が難しいところです。

Y会計士 その点は、やむを得ないのではないでしょうか。私は、方法論というより、どんな相手をどのように見つけるのか、どんな相手を見つけることができれば、皆さんがハッピーになれるかについて議論させていただきました。

X弁護士 会社を売却するときの価値・評価についてもお話しいただきましたね。

Y会計士 はい、事業を手放すと決まったら、実際にいくらで売れるのかが最も重要となりますから。ただ、その評価の方法にはいろいろな方法があるため、複雑な話にどうしてもなってしまいます。最終

的には、買い手の目的やシナジー効果によっても大きく影響を受けますので、一番難しいところです。

X弁護士 結局は、価格の交渉も含めて、M＆Aが上手くいくかどうかは、誰に相談するかによって大きく左右されるところがありますね。

Y会計士 そうだと思います。M＆Aというのは、会社という商品を売るということになりますから、その商品の内容を十分理解できていないと、売れるものも売れないと思います。現場を見て、中身を調べて、社長からいろいろな話を聞いて、その会社の良い所がどこにあるのかを理解して、そこをきちんと相手に伝えようとしてくれるような方に巡り合えれば、きっとうまくいくと思います。

X弁護士 おっしゃるとおりです。専門的な相談だけでなく、法務、税務、相手先探しといった具合に、それぞれの専門家がチームを組んで最適解を求めて頑張ってくれるようなところにお願いするのが、一番成功する近道かと思います。

Y会計士 B社長に対しては、早急に方向性を示してあげて、良い相手を早く見つけられるようにM＆Aアドバイザーを紹介しようと思います。

　　　　　　　　＊　　　＊　　　＊

　その後、具体的に手続が進行し、買い手候補は無事見つかりました。しかし、未払残業代の問題の発生や、従業員の中から事業を引き継ぎたいという話が出たことから、一時手続が止まっています。また、買い手候補との間では、社長の税金問題の解消のために、具体的なスキームの詰めも行っています。

第3節
資金繰りに苦しんでいるC社長

X弁護士 C社長は、後継者がいるものの、資金繰りに苦しんでおられましたね。

Y会計士 はい。今までは、経験だけで資金繰りも含めて経営していたようで、資金繰り表の作り方から説明させていただきました。

X弁護士 中小企業では、あまり資金繰り表は作っていないようですね。

Y会計士 創業時は、資金も足りなくて、必死ですから、作成していたと思うのですが、会社が上手く回りだすと、細かな資金繰り表まで作成せずに、経験で大きく入金・支払いを見ている会社も多いですね。全く作っていないということではなく、細かくは作っていないということかと思います。

X弁護士 それが、お金が回らなくなってくると、そうはいかなくなるということですね。

Y会計士 それだけでなく、何で回らなくなっているのかの分析をきちんとできないと対策も打てません。的確な対策を講じていくうえでも、資金繰り表を作成して、その中身を見ていく必要があるということです。

X弁護士 それも大変重要ですね。

Y会計士 とりあえず、本日はいったん持ち帰ってもらって、早急に資金繰り表を作ってもらって、できたら再度お越しいただくことになっています。

　　　　　　　＊　　＊　　＊

　数日後、資金繰り表を持ってＣ社長が来られました。売掛金の回収不能が原因と言っていましたが、実際資金繰り表を作成してみると、資金繰り悪化の根本原因が別のところにありました。Ｃ社長の会社は、急に資金破綻するということでもないので、まず、経営改善から取り掛かることになりました。
　せっかく後継者の方がおられても、資金繰りの苦労を負わせたまま事業を承継することが望ましいかという問題があります。
　過大債務になっている場合の金融機関との交渉、金融機関交渉がまとまらないような場合や前向きに事業再構築するための法的整理の選択、こうした手段と機会を通じて、負担の少なくなった新生Ｃ社の船頭に後継者が就任し、新たな船出をすることも事業承継の一つの方法かと思います。

第4節

廃業を考えているD社長

X弁護士 D社長は、事業の将来性も厳しく、後継者もいないので、最初から廃業の方向でのお話しでした。

Y会計士 財産の状況も把握されていましたね。

X弁護士 決算書をお持ちで、概ねの中身は把握されておられました。帳簿上の純資産はプラスでしたが、処分価値で評価して、簿外債務の把握をすれば、債務超過になる可能性が高いと思います。

Y会計士 そうですか。最近は未払の残業代の請求があったり、原状回復にお金が必要になったり、簿外の債務が生じる可能性が高まっていますから、不動産を処分価値で評価換えをすれば、会社は債務超過に陥りそうです。個人の保証はどうなっていましたか。

X弁護士 D社長はもちろん保証されておられます。

Y会計士 D社長はそれなりに財産をお持ちの方のようですね。

X弁護士 自宅不動産と幾分の預金をお持ちのようです。

Y会計士 自宅がそれほど豪華なものでなければ、会社は、早期に破産手続をとり、保証人は、経営者保証ガイドラインで金融機関と交渉をするということも考えられますね。

X弁護士 そうですね。今日は、詳しい資料までお持ちでなかったので、次回には、不動産の評価の結果を踏まえて、財産の状況について確認することになっています。それまでに、Y先生にも協力していただいて、他の資産や簿外債務の金額についても、把握しておくことができれば、今後の進め方について十分な議論ができるかと思ってい

ます。

Y会計士 廃業することを決められていたとしても、事業を引き継ぎたいと思われる方がいる可能性がないとは言えません。資産・負債の調査と合わせて、M&Aアドバイザーにも声をかけておきましょうか。

X弁護士 そうですね。せっかく生きている事業ですから、できれば生かしたいですね。守秘義務は差入形式で良いので、アドバイザーから入手しておいてもらえますか。完全成功報酬ということでお願いできればと思います。

Y会計士 了解しました。私の方からは、社長に対して、会社を清算したり、破産になった場合の税金の問題についても簡単に説明をしておきます。債務超過の場合には、気にしてもどうしようもないということになりますが、社長個人の手続をどうするか、もちろん、会社が譲渡できることもあり得ますので、いろんな観点から強弱をつけながら全体説明しておきます。

X弁護士 よろしくお願いいたします。私の方も、資料が集まるまでの間に、それぞれの手続について、社長にもう少し理解を深めておいていただくようにします。十分手続の違いを説明して、理解していただいた上で、最後の決断をしていただくこととします。

Y会計士 そうですね。最終的には、個人の手続も進めないといけないでしょうから、社長にとっては、最後の重要な意思決定ということになります。ぜひともその意思決定のお役に立てるアドバイスをしていきたいと思います。

＊　　　＊　　　＊

その後、通常清算手続の準備の過程で簿外負債が見つかり、債務超過に陥ることが明らかになったので、最終的には破産手続で会社の処理を進める意思決定をされました。早い段階での相談でしたので、早期に申立てをすることにより経済合理性が認められ、経営者保証ガイ

ドラインに基づいて、社長個人については自宅を残存資産とすることができたようです。

第5節

最後に

X弁護士 Y先生、本日はお疲れさまでした。

Y会計士 こちらこそ。X先生も話し続けでお疲れでしょう。

X弁護士 いえいえ。経営者の方々のいろんな悩みの相談を受けて、その解決の道筋を検討していくのは、職業冥利に尽きて、あまり疲れを感じることはありません。逆に、経営者の方々の悩みが少しでも解決して、経営者の方の顔が晴れやかな感じになると、良かったなあという気持ちで私まで元気になります。

Y会計士 そうですね。我々の力など知れていますが、ほとんどの経営者の方々が、仕事に明け暮れ、相談する人もなく、苦しんでいるとすれば、少しでも、役に立つ情報を与えられる機会を持つことができればよいですね。

X弁護士 少し時間を作ってもらって、こうしたセミナーに参加いただくか、1冊でもよいので本を読んでもらうか、顧問の先生方に相談いただくか。

Y会計士 できればそうなってほしいですね。大体の会社には税務顧問がおられますから、相談の入り口の役目は果たせると思います。ただ、残念ながら、すべての税務顧問がこうした事業承継の問題に詳しいとは限りませんので、事業承継を専門とする弁護士さんや他の専門業の方々とタイアップできて、より良い事業承継の形ができて、日本経済の発展に貢献できればよいかと思っています。

X弁護士 おっしゃるとおりです。一通りの税務の知識や事業承継

の知識を身に着けていたとしても、経験に左右される部分も多いですし、特に、M＆Aを進めようと思っても、どこにどのように声をかければよいかもわからない。

Y会計士 そうですね。M＆A専門の会社などとつながりがあればよいですが、中小企業のM＆Aを専門としているところも少ないですし。

X弁護士 そういう場合には、費用面等も踏まえ、とりあえず、商工会議所や金融機関に相談することになるのでしょう。最近では、一般社団法人中小企業再生型事業承継支援機構という組織もできたようです。会社の状況が悪い再生型の事業承継を積極的に取り上げるM＆A業者がほとんどいなかったので、生き残るべき事業が廃業にならないようなマッチングの機会をこうした組織を通じて創出できるようになれば、雇用の維持と地域経済の衰退防止を図ることができるのではないかと思っています。

Y会計士 どうしても、手数料が高くなる大型のM＆A案件に特化する業者が多くなるのは仕方がないところですが、事業承継に悩んでいる会社は中小企業が多いですし、その多くは何かに困っていると思いますので、気軽に相談ができて、マッチングの機会が沢山あるような組織があれば、安心ですね。

X弁護士 簡単にはいかないとは思いますが、1社でも2社でもせっかくの事業が消えていくことのない仕組みができていけばと。

Y会計士 私もそう思います。まだまだ語りつくせないところですが、次回のセミナーまでに、こうした情報ももっとたくさん集めて、もっともっと役立ち情報を提供できればと思っています。本日は本当にお疲れさまでした。

X弁護士 また、次の機会を楽しみにしています。ありがとうございました。

≪執筆者紹介≫

LM法律事務所

〒100-6121

東京都千代田区永田町2丁目11番1号　山王パークタワー21階

TEL 03-6206-1310

ホームページ　http://www.lmlo.jp

小畑 英一（おばた　えいいち）	弁護士（第一東京弁護士会）
柴田 祐之（しばた　ひろゆき）	弁護士（第一東京弁護士会）
島田 敏雄（しまだ　としお）	弁護士（第一東京弁護士会）
髙田 千早（たかだ　ちはや）	弁護士（東京弁護士会）
森　 直樹（もり　なおき）	弁護士（第一東京弁護士会）
本多 一成（ほんだ　かずなり）	弁護士（東京弁護士会）
高木 洋平（たかぎ　ようへい）	弁護士（第一東京弁護士会）
上野 尚文（うえの　なおふみ）	弁護士（第一東京弁護士会）
千吉良 健一（ちぎら　けんいち）	弁護士（東京弁護士会）
土淵 和貴（どぶち　かずき）	弁護士（第一東京弁護士会）

株式会社コンサルティング・モール

〒105-0001

東京都港区虎ノ門3丁目11番9号　シュミット虎ノ門ビル5階

TEL 03-6450-1165

ホームページ　http://www.cns-mall.jp

溝端 浩人（みぞばた　ひろと）	公認会計士・税理士
泉　 範行（いずみ　のりゆき）	公認会計士・税理士
松田 隆志（まつだ　たかし）	公認会計士・税理士
本田 雄輔（ほんだ　ゆうすけ）	公認会計士・税理士
吉田 圭太（よしだ　けいた）	公認会計士
渡邉　 慧（わたなべ　さとし）	公認会計士試験合格者

中小企業経営者のための
事業の「終活」実践セミナー
―親族内事業承継・Ｍ＆Ａ・廃業の考え方・進め方―

2015年9月18日　発行

編著者　ＬＭ法律事務所
　　　　株式会社コンサルティング・モール　ⓒ

発行者　小泉　定裕

発行所　株式会社　清文社
　　　　東京都千代田区内神田1-6-6（MIFビル）
　　　　〒101-0047　電話03(6273)7946　FAX03(3518)0299
　　　　大阪市北区天神橋2丁目北2-6（大和南森町ビル）
　　　　〒530-0041　電話06(6135)4050　FAX06(6135)4059
　　　　URL http://www.skattsei.co.jp/

印刷：亜細亜印刷㈱

■著作権法により無断複写複製は禁止されています。落丁本・乱丁本はお取り替えします。
■本書の内容に関するお問い合わせは編集部までFAX（06-6135-4056）でお願いします。
＊本書の追録情報等は、当社ホームページ（http://www.skattsei.co.jp/）をご覧ください。

ISBN978-4-433-54515-4